U0680592

图说工厂设备管理

（实战升级版）

陈延德　主编

人民邮电出版社

北　京

图书在版编目（CIP）数据

图说工厂设备管理：实战升级版 / 陈延德主编. —
北京：人民邮电出版社，2014.1
（图说管理系列）
ISBN 978-7-115-33256-1

Ⅰ.①图… Ⅱ.①陈… Ⅲ.①工业企业管理—设备管
理—图解 Ⅳ.① F406.4-64

中国版本图书馆 CIP 数据核字（2013）第 226660 号

内 容 提 要

　　本书在《图说工厂设备管理》第一版的基础上对工作内容、板块设置、实景图片进行了适当的改动和更新，系统地阐述了设备前期管理、设备使用与维护、设备点检与润滑、设备维修管理、设备改造更新等12个方面的内容，表述详细、图文并茂，并随书附赠实操光盘，为读者提供了实用的参考范例。

　　本书适合工厂各级管理人员尤其是设备管理操作人员阅读，也适合工厂管理咨询师、培训师阅读使用。

◆ 主　　编　陈延德
　　责任编辑　许文瑛
　　责任印制　杨林杰

◆ 人民邮电出版社出版发行　　北京市丰台区成寿寺路11号
　　邮编　100164　电子邮件　315@ptpress.com.cn
　　网址　http://www.ptpress.com.cn
　　北京天宇星印刷厂印刷

◆ 开本：787×1092　1/16
　　印张：17.5　　　　　　　　2014年1月第1版
　　字数：180千字　　　　　　2025年9月北京第43次印刷

定　价：49.00元（附光盘）

读者服务热线：（010）81055656　印装质量热线：（010）81055316
反盗版热线：（010）81055315

总　序

　　报纸、杂志、网络浏览等传统意义上的"浅阅读"模式正逐渐成为大众阅读的主流，"图说管理系列"图书就恰好顺应了这一趋势。本系列图书以"快餐式、跳跃性、模块化"的写作模式，以"板块分明、图文结合"的形式，把管理的理念通俗化。同时，为了节省读者的时间，本系列图书还随书赠送可改动光盘，以方便读者将光盘内容运用到实际工作中去。

　　"图说管理系列"两大板块

　　"图说管理系列"图书由工厂管理和服务管理两大板块组成。

　　1．工厂管理板块

　　工厂是人们制造各类产品的场所。工厂管理是指将各种有效的生产资源导入制造场所，通过计划、组织、用人、指导和控制等活动，如期完成预定生产目标，生产出质量优异的产品。本系列图书中的工厂管理板块图书针对企业最热门也是最需要解决的七个方面（现场管理、7S管理、目视管理、设备管理、安全管理、品质管理和仓储管理）进行了展开与延伸，注重以市场需求为导向，提供了满足不同层次读者需求的系列产品。

　　2．服务管理板块

　　服务业是指提供各类服务的行业，其产品与工厂生产的产品相比，具有非实物性、不可储存性、生产与消费同时性等特征，如酒店提供的客房服务等。本系列图书挑选了三个占比较大的行业（物业、酒店、餐饮），从管理和服务的角度对有关内容进行了整合与详细解读。

　　"图说管理系列"升级说明

　　"图说管理系列"图书在出版后得到了读者的广泛好评，许多活跃在管理一线的工作人员看了本系列图书以后，通过来信、来电、留言、电子邮件、微博评论等方式与我们探讨管理方面的业务，他们也希望书中能增加一些新的内容，为此，我们再一次认真总结近几年来的管理经验，经过仔细斟酌，推出了"图说管理系列"实战升级版。

　　"图说管理系列"实战升级版在"图说管理系列"第一版的基础上对每本书的板块、内容、图片等做了适当的改动与更新，使图书更符合读者的需求。

"图说管理系列"实战升级版图书特色

"图说管理系列"实战升级版图书特色如下。

◇本系列图书将每本书的第一章设置为"管理导引"，对管理流程、管理架构、管理关键点以及核心术语进行了详细解读。

◇在每本书的第二章及以后各章中，开头设置了一幅"导视图"，方便读者随时了解所学章节在全书中的位置，掌握学习进度。"导视图"之后设置了"关键指引"栏目，对本章内容进行简要介绍，引领读者开始本章的学习。

◇在每本书的每章正文内容中，图书采用"要点01"、"要点02"的形式进行展示，使内容结构更清晰，方便读者逐项学习。同时，图书在正文中插入了大量精美的实景图片，与正文内容互相结合，相互印证，便于读者加深对内容的理解。书中还设置了"请注意"栏目，提醒读者需要重点注意的地方，同时设置了"参考范本"栏目，方便读者即学即用。

◇在每本书的每章末尾设置了"学习笔记"栏目，方便读者将自己的学习心得、学习难点以及运用计划写下来，以加深对正文内容的理解，并将所学知识运用于实际工作中。

"图说管理系列"实战升级版最大特点

"图说管理系列"实战升级版图书板块设置精巧、图文并茂，以简洁精确的文字对企业各项工作的要点进行了非常生动、全面的讲解，方便读者理解、掌握。同时，本系列图书非常注重实际操作，使读者能够边学边用，迅速提高自身管理水平。

"图说管理系列"实战升级版DIY实操光盘

"图说管理系列"实战升级版配备了DIY实操光盘。DIY（英文全称为"Do it Yourself"）实操光盘把工作中已经固化了的，也是日常工作中最常用的管理制度、管理表格及工作内容解读为可改动的Word文件形式，供读者参考、检索、打印、复制和下载。读者在使用这些文件的过程中，可根据机构与企业的自身需要进行个性化修改。

→ 前　言

　　《图说工厂设备管理（实战升级版）》一书对设备管理工作的各个方面进行了详细的阐述。全书共12章，内容包括工厂设备管理导引、工厂设备管理基础知识、工厂设备前期管理、工厂设备使用与维护、工厂设备点检与润滑、工厂设备维修管理、工厂设备改造更新、工厂设备备件管理、工厂特种设备管理、工厂设备安全管理、工厂设备5S管理、工厂设备TPM活动等。

　　本书每个章节都自成体系，其主要内容介绍如下。

　　◇工厂设备管理导引部分，以图表的形式介绍了设备管理工作的基本流程、设备管理架构、设备管理关键点、设备管理核心术语等内容。

　　◇工厂设备管理基础知识部分，主要介绍了设备的常见类型、设备管理的内容与要求、设备管理方式的更新、设备的编号等内容。

　　◇工厂设备前期管理部分，主要介绍了设备布置、设备采购规划、设备的选择与评价、设备招标采购管理等内容。

　　◇工厂设备使用与维护部分，主要介绍了设备分层与分类管理、设备使用控制、设备的合理维护、设备维护成本控制等内容。

　　◇工厂设备点检与润滑部分，主要介绍了点检的实施流程、设备的日常点检、设备润滑的要求、设备润滑作业的实施等内容。

　　◇工厂设备维修管理部分，主要介绍了对设备进行维修管理的内容，如选择设备维修方式、设备维修人员培训、编制设备维修计划等。

　　◇工厂设备改造更新部分，主要介绍了设备工作寿命、设备故障的诊断和预防对策、设备改造、设备更新等内容。

　　◇工厂设备备件管理部分，主要介绍了设备备件的类别、备件的计划管理、备件技术资料管理等内容。

　　◇工厂特种设备管理部分，主要介绍了各类特种设备，如锅炉、压力容器、压力管道、电梯设备、起重机械、场（厂）内专用机动车辆等内容。

　　◇工厂设备安全管理部分，主要介绍了设备安全教育、设备安全制度管理、设备安全操作规程管理、设备伤害防范、电气设备安全管理等内容。

◇工厂设备5S管理部分，主要介绍了设备5S管理的各项内容，包括整理、整顿、清扫、清洁、素养等内容。

◇工厂设备TPM活动部分，主要介绍了TPM活动组织的建立、TPM活动策划、TPM活动培训与宣传、TPM活动开展等内容。

在本书的编写过程中，编者得到了许多培训机构、咨询机构的老师和工厂一线管理人员的支持和配合。其中，参与编写、提供资料和图片的人员有陈英飞、李冰冰、李家林、王生平、张绍峰、刘冬娟、高风琴、吴丽芳、宿佳佳、申姝红、郑洁、刘军、李辉、赵静洁、赵建学、陈运花、段青民、杨冬琼、杨雯、赵仁涛、柳景章、唐琼、段利荣、林红艺、贺才为、林友进、刘雪花、刘海江、匡仲潇、滕宝红。在此，编者向他们表示衷心感谢。

本书图片由深圳市中经智库文化传播有限公司提供并负责解释。

目　录

第1章　工厂设备管理导引

设备是企业开展生产作业必不可少的硬件设施。企业的各类产品都是通过设备加工完成的，设备质量的高低，直接决定了产品质量的高低，同时也决定了生产工作的进展状况。因此，各级设备管理人员都应当做好自己的工作，确保设备正常运转。

第2章　工厂设备管理基础知识

设备管理基础知识包含了设备的常见类型、设备的管理要求、设备的编号等内容。了解设备管理基础知识是学习设备管理的前提条件。

第3章　工厂设备前期管理

设备的前期管理是指设备的布置设计、采购、选择与评价等。要想做好设备的管理工作，前期管理非常重要。通过良好的前期管理，为设备正式投入使用做好充分的准备工作。

第4章 工厂设备使用与维护

各类设备都是企业的重要资产，因此，设备的各级使用人员应当正确使用设备，避免损坏设备，同时做好维护工作，如做好一级保养、二级保养等。

第5章 工厂设备点检与润滑

点检与润滑是确保设备正常运行的重要环节，只有做好了这两个环节的工作，才能及时发现并解决设备存在的问题，以维持设备长效运转。

第6章　工厂设备维修管理

设备技术状态劣化或发生故障后，为了恢复其功能和精度，应对设备的局部或整机进行检查并维修，以使其恢复到正常的工作状态中。

第7章　工厂设备改造更新

设备长时间使用会导致磨损，影响生产质量，因此，必须进行必要的改造和更新工作。通过改造工作，使设备部分恢复功能，继续投入使用；而当设备无法继续使用时，则应及时进行更新，以保证日常工作的顺利进行。

第8章　工厂设备备件管理

做好备件管理工作，就可以花最少的备件资金，科学、合理、经济地开展库存储备活动，保证设备维修的需要，减少设备的停修时间。

第9章　工厂特种设备管理

在企业中，特种设备主要包括锅炉、压力容器（含气瓶）、压力管道、电梯、起重机械等。特种设备是企业的重要资产，在企业中往往承担着非常重要的生产任务，特种设备使用人员应当严格做好特种设备的管理，确保特种设备能够正常运转。

第10章　工厂设备安全管理

设备是企业的重要资产，也是容易出事故的点，因此，企业各级人员都要严格做好设备的安全管理工作，如进行设备安全教育，制定设备安全管理制度等，全方位确保设备及人员安全。

第11章　工厂设备5S管理

5S是指整理、整顿、清扫、清洁和素养，是一种常见的生产及设备管理方法。通过5S管理，可以清除设备污迹，使其保持干净整洁；明确设备摆放位置，加强设备保养；进而确保设备能够长期正常运转。

第12章　工厂设备TPM活动

TPM是指全员参与生产性维护，通过开展TPM活动，可以提高各级员工对设备管理的认识水平，加强设备管理，提高设备使用效率，延长设备寿命。因此，企业应积极推行TPM活动，动员全体员工都来参加，在最大范围内取得活动成功。

附　件

光盘目录

第一部分　工厂设备管理主要内容解读

第二部分　实用制度

第三部分　实用表格

第1章

工厂设备管理导引

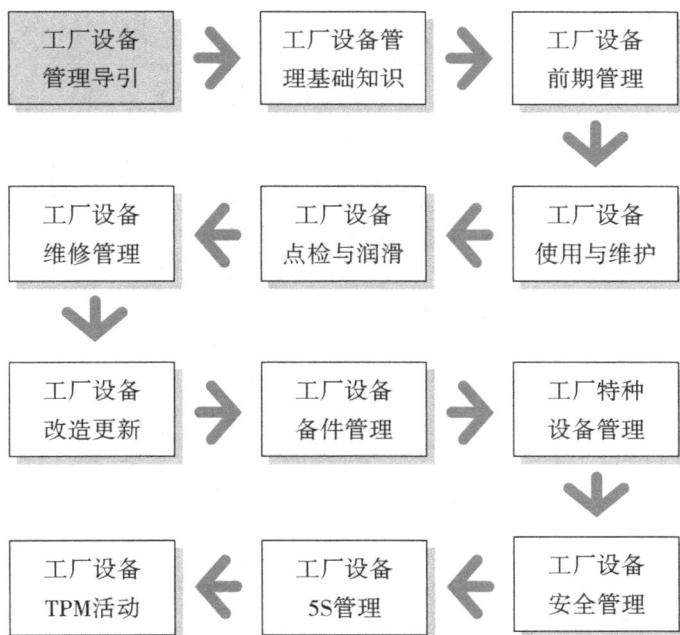

导视图

工厂设备
管理导引 → 工厂设备管
理基础知识 → 工厂设备
前期管理

工厂设备
维修管理 ← 工厂设备
点检与润滑 ← 工厂设备
使用与维护

工厂设备
改造更新 → 工厂设备
备件管理 → 工厂特种
设备管理

工厂设备
TPM活动 ← 工厂设备
5S管理 ← 工厂设备
安全管理

┄┄┄┄┄┄┄ **关键指引** ┄┄┄┄┄

设备是企业开展生产作业必不可少的硬件设施。企业的各类产品都是通过设备加工完成的，设备质量的高低，直接决定了产品质量的高低，同时也决定了生产工作的进展状况。因此，各级设备管理人员都应当做好自己的工作，确保设备正常运转。

导引01：设备管理流程图

设备管理工作事务繁多，必须按一定的流程进行。在具体工作中，读者可参考图1-1所示的基本流程。

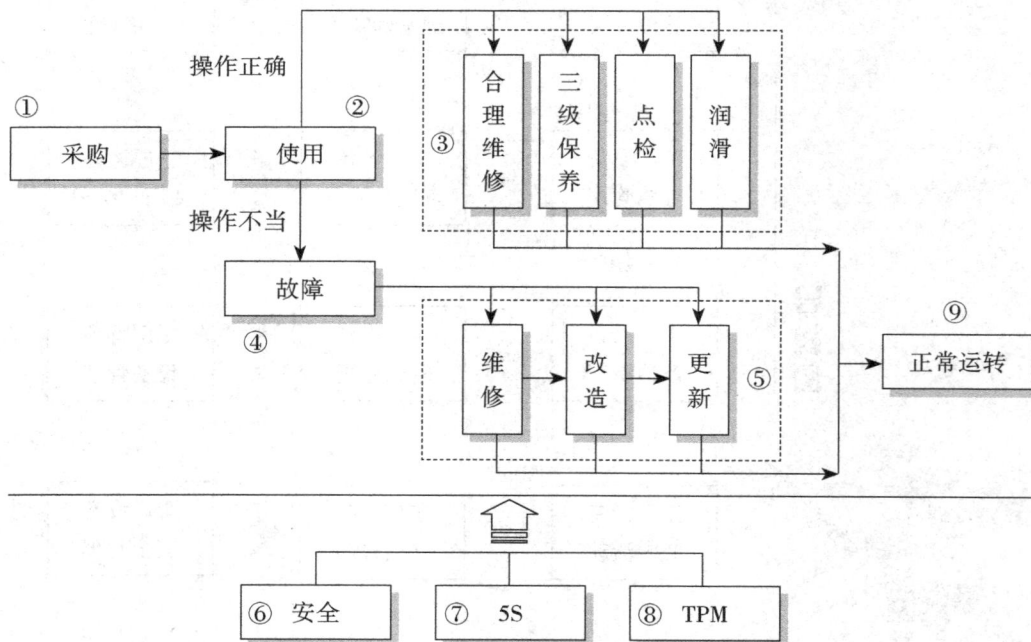

备注：

①采购是设备前期管理的重要内容，企业在采购设备时可以使用招标采购法。

②设备采购回来后应立即投入使用，为企业创造利润。

③设备是企业的重要资产，因此，各级操作人员必须正确使用，同时合理维护、做好三级保养及点检与润滑工作，以确保设备能够正常运转。

④一旦设备操作不当，就容易出现故障。

⑤设备出现故障后，企业应当立即组织维修工作。如果企业自身不具备维修能力，可以采取委托维修的方式。如果设备老化严重、故障太大或经过多次维修仍不能正常使用，就应当进行改造或更新。

⑥安全使用是设备管理的重点，只有确保安全，企业才能够使设备发挥出最大的效力。

⑦企业要定期对设备实施5S管理，使设备始终保持整洁、有序、高效的状态。

⑧通过推行TPM活动，促使全体员工做好设备维护工作，减少设备故障的发生次数。

⑨使设备始终保持正常运转是设备管理的核心目标，只有这样才能确保企业源源不断地生产出高质量的产品。

图1-1　设备管理流程图

导引02：设备管理架构图

在企业中，设备管理工作效率的高低往往取决于其管理架构的好坏，良好的组织架构有利于设备管理工作的顺利推行。一般生产企业的设备管理架构如图1-2所示。

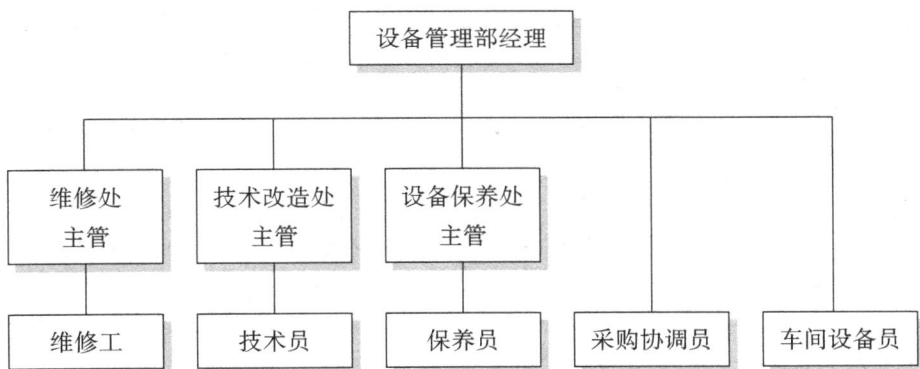

备注：

①有些企业设备较多，往往设置了单独的设备管理部负责设备的管理工作；而有些企业设备较少，设备的管理工作由工程技术部门负责。

②企业应根据设备管理的不同工作要求，设置相应的工作人员，例如设置维修处主管和维修工，全面负责设备的维修工作等。

图1-2　设备管理架构图

导引03：设备管理关键点

设备管理工作中有一些需要进行重点控制的环节，也就是设备管理关键点。具体的设备管理关键点如图1-3所示。

1 设备前期管理

前期管理包括设备的布置设计、采购、选择与评价等。要想做好设备的管理工作，前期管理非常重要

2 设备使用与维护

设备是企业的重要资产，因此，设备的各级使用人员应当正确使用设备，并做好维护工作，如一级保养、二级保养等

3 设备点检与润滑

点检与润滑是确保设备保持正常运行的重要工作，只有做好了这两项工作，才能发现设备存在的问题，并及时解决，以维持设备长效运转

4 设备维修管理

设备技术状态劣化或发生故障后，为了恢复其功能和精度，应对设备的局部或整机进行检查、维修

5 设备改造更新

设备长时间使用会导致磨损，损坏，影响生产质量，因此，必须进行必要的改造和更新工作，以维持设备正常运转

6 设备备件管理

良好的备件管理可以花最少的备件资金，做好科学、合理、经济的库存储备工作，保证设备维修的需要，减少设备停修时间

7 特种设备管理

在企业中，特种设备主要包括锅炉、压力容器（含气瓶）、压力管道、电梯、起重机械等。特种设备是企业的重要资产，因此需要设备管理人员用心做好管理工作

8 设备安全管理

　　设备是企业的重要资产，也是容易出事故的点，因此，企业各级人员都要严格做好设备的安全管理工作，确保设备及人员安全

9 设备5S管理

　　通过5S管理，可以清除设备污迹，明确设备摆放位置，加强设备保养，进而确保设备长期正常地运转

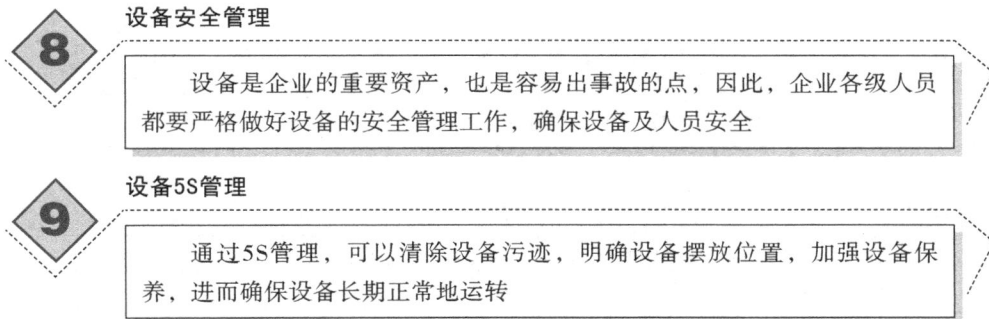

图1-3　设备管理关键点

导引04：设备管理核心术语

　　设备管理工作中的一些非常重要的术语，如动力设备、生产用设备等，都是设备管理人员必须熟练掌握的，具体如图1-4所示。

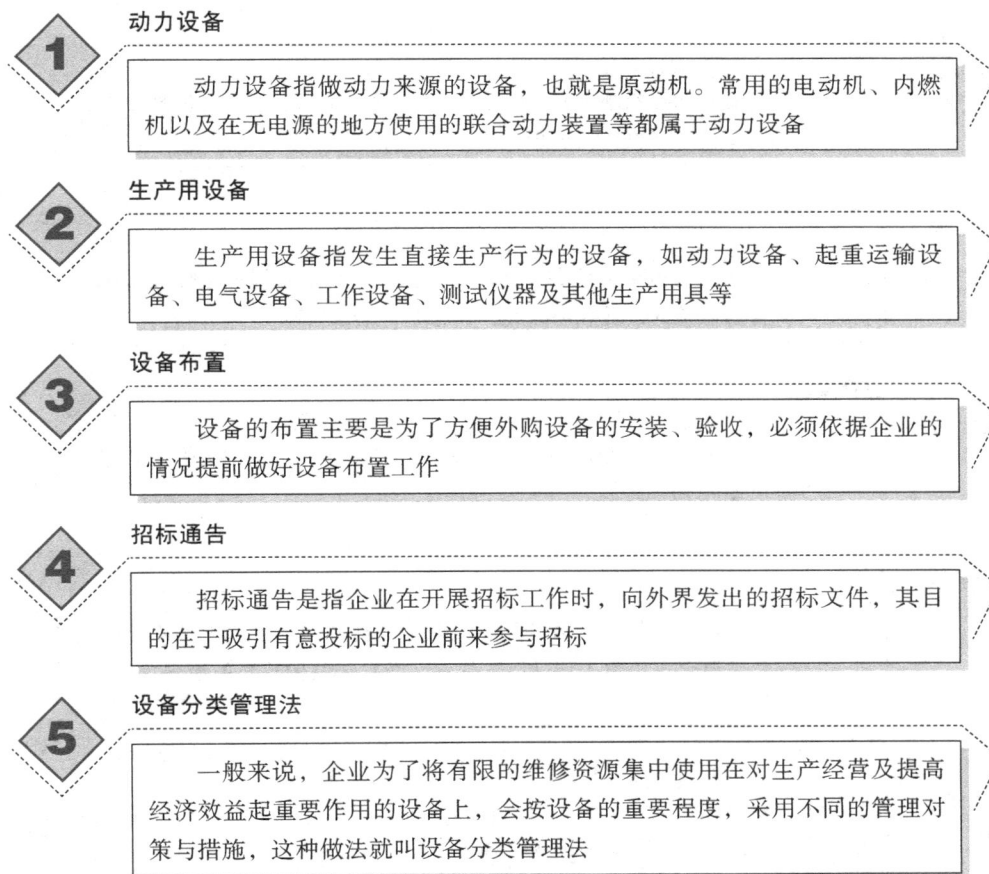

1 动力设备

　　动力设备指做动力来源的设备，也就是原动机。常用的电动机、内燃机以及在无电源的地方使用的联合动力装置等都属于动力设备

2 生产用设备

　　生产用设备指发生直接生产行为的设备，如动力设备、起重运输设备、电气设备、工作设备、测试仪器及其他生产用具等

3 设备布置

　　设备的布置主要是为了方便外购设备的安装、验收，必须依据企业的情况提前做好设备布置工作

4 招标通告

　　招标通告是指企业在开展招标工作时，向外界发出的招标文件，其目的在于吸引有意投标的企业前来参与招标

5 设备分类管理法

　　一般来说，企业为了将有限的维修资源集中使用在对生产经营及提高经济效益起重要作用的设备上，会按设备的重要程度，采用不同的管理对策与措施，这种做法就叫设备分类管理法

6 设备精度校准

设备精度校准是设备使用的前提，只有设备的精度准确无误，设备才能在正常状态下工作，才能保证生产的产品符合要求

7 设备点检

点检就是对机器设备以及场所进行的定期和不定期的检查、加油、维护等工作

8 设备润滑

设备润滑能使设备保持良好的运转状态，从而减少设备磨损及其引起的故障，提高设备利用率

9 设备维修计划

设备维修计划是企业实行设备预防维修、保持设备状态经常完好的具体的实施计划，其目的在于保证企业生产计划的顺利完成

10 设备更新

设备更新是对在技术上或经济上不宜继续使用的设备进行原样更新，或采用新的设备对其更换的过程

11 设备TPM活动

TPM是指全员参与生产性维护。通过TPM活动，可以使全体员工重视并积极参与对设备的日常维护保养，确保设备正常运转

12 设备备件

备件是为缩短设备修理停歇时间或日常进行设备的维护检修，而储备的各类备用零件

13 锅炉的管理

锅炉是利用燃料燃烧释放的热能或其他热能加热水或其他物质，以生产规定参数（温度、压力）和品质的蒸汽、热水或其他物质的设备

14 压力容器

压力容器是指盛装气体或者液体，承载一定压力的密闭设备。储运容器、反应容器、换热容器和分离容器均属于压力容器

15 设备伤害

设备伤害是指由于设备误操作或防护不到位而给设备操作人员造成的伤害

16 设备整理

设备整理就是将工作场所中的设备清楚地区分为"需要"与"不需要"两大类，并对"需要"的设备，加以妥善的保管；对"不需要"的设备进行相应处理的活动

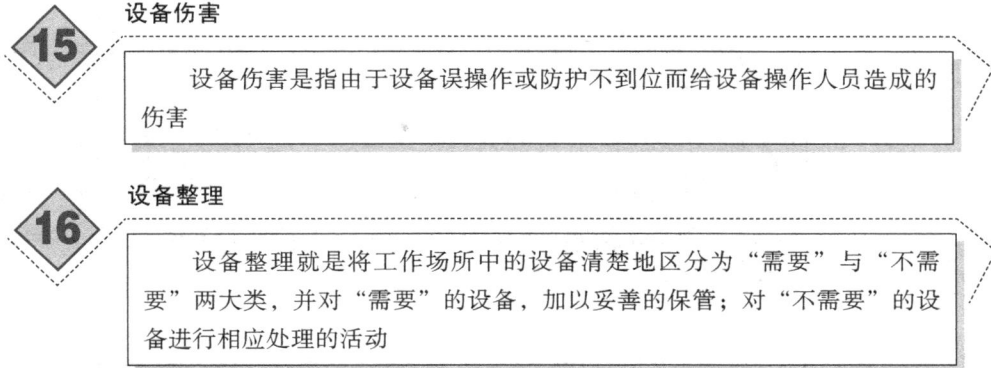

图1-4 设备管理核心术语

学习笔记

通过学习本章内容，想必您已经掌握了不少学习心得，请仔细填写下来，以便继续巩固学习。如果您在学习中遇到了一些难点，也请如实写下来，方便今后重复学习，彻底解决这些难点。

我的学习心得：

1. _____
_____

2. _____
_____

3. _____
_____

4. _____
_____

5. _____
_____

我的学习难点：

1. _____
_____

2. _____
_____

3. _____
_____

4. _____
_____

5. _____
_____

第2章

工厂设备管理基础知识

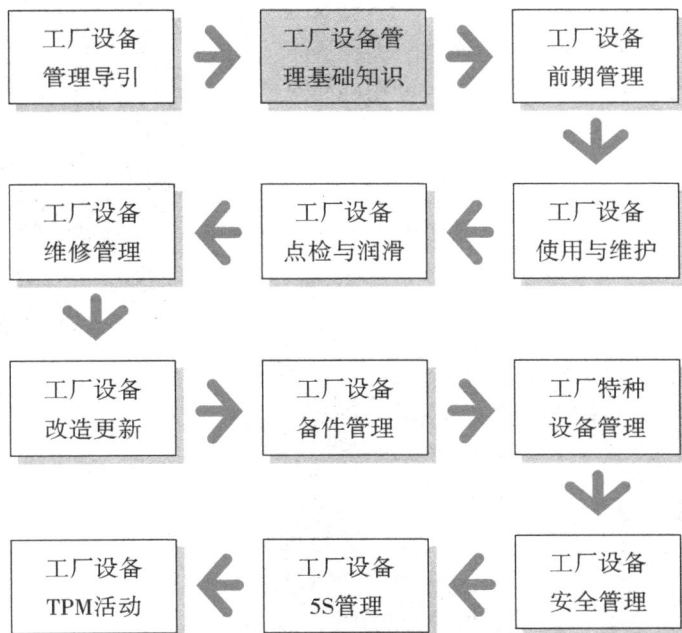

导视图

工厂设备
管理导引
→
工厂设备管
理基础知识
→
工厂设备
前期管理

工厂设备
维修管理
←
工厂设备
点检与润滑
←
工厂设备
使用与维护

工厂设备
改造更新
→
工厂设备
备件管理
→
工厂特种
设备管理

工厂设备
TPM活动
←
工厂设备
5S管理
←
工厂设备
安全管理

········ 关键指引 ········

设备管理基础知识包含了设备的常见类型、设备的管理要求、设备的编号等内容。了解设备管理基础知识是学习设备管理的前提条件。

要点01：设备的常见类型

现代企业生产主要是由设备完成的，常用的设备有许多不同的类型。

1．按设备的适用范围分类

（1）通用设备

通用设备是指企业生产经营中广泛应用的设备，如用于制造、维修设备的各种机床，用于搬运、装卸用的起重运输设备，以及用于工业和生活设施中的泵、阀封等。

（2）专用设备

专用设备是指企业或行业为完成某个特定的生产环节、特定的产品而专门设计、制造的设备，这些设备只能在特定部门、特定的生产环节中发挥作用，不具有普遍应用的能力和价值，例如进行品质检验的设备。

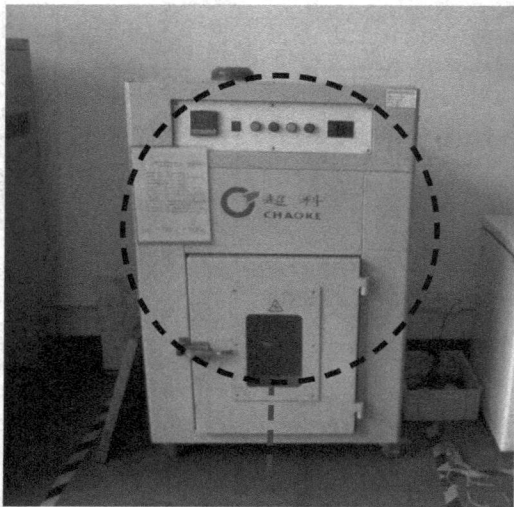

2．按设备用途分类

（1）动力设备

动力设备指用做动力来源的设备，也就是原动机，如日常设备中常用的电动机、内燃机、蒸汽机以及在无电源的地方使用的联合动力装置。

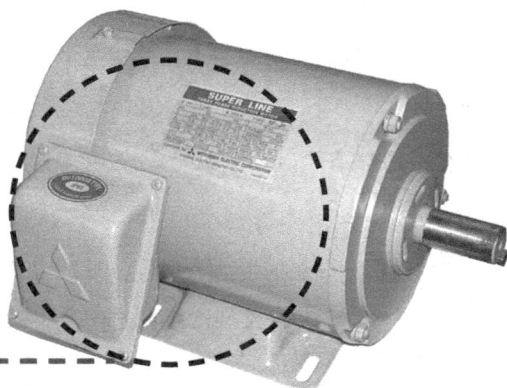

（2）金属切削设备

金属切削设备指对设备零件的毛坯进行金属切削加工用的设备。由于其产品的工作原理、结构性能特点和加工范围的不同，又分为车床、镗床、钻床、磨床、齿轮加工机床、螺纹加工机床、铣床、拉床、刨插床、电加工机床和其他机床等。

（3）金属成型设备

金属成型设备指除金属切削加工机床以外的金属加工设备，如铸造设备、锻压设备等。

（4）起重运输设备

起重运输设备指用于在一定距离内运移货物或人的提升和搬运设备，如各种起重机、运输机、升降机、卷扬机等。

（5）通用设备

通用设备是指广泛用于工业生产的各类设备，如泵、阀、制冷设备、压气机和风机等。

3．按使用性质分类

（1）生产用设备

生产用设备是指发生直接生产行为的设备，如动力设备、起重运输设备、电气设备、工作设备、测试仪器及其他生产用具等。

（2）非生产用设备

非生产用设备主要是指企业中人力资源部、财务部等事务部门所使用的设备，如各种打印机、复印机。

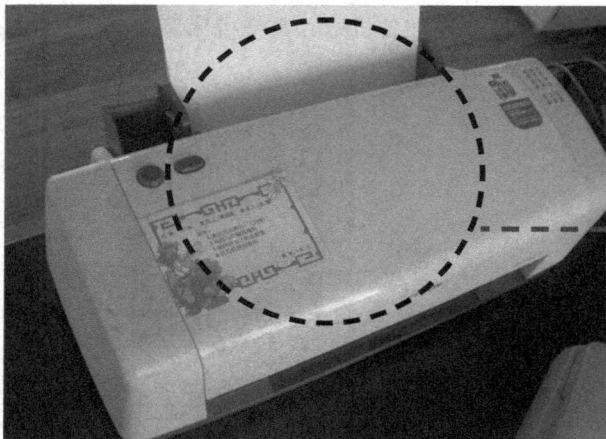

（3）租出设备

租出设备是指按规定出租给外单位使用的设备。

（4）未使用设备

未使用设备是指未投入使用的新设备和存放在仓库准备安装投产或正在改造、尚未验收投产的设备等。

（5）不需用设备

不需用设备是指不适合本企业需要、已报请上级等待调出处理的各种设备。

（6）融资租赁设备

融资租赁设备是指企业以融资租赁方式租入的设备。

4．企业常用的设备

一般来说，企业常用的设备主要有以下七种，具体如图2-1所示。

1 生产设备

指直接改变原材料属性、形态和功能的各种工作设备，如高炉、平炉、转炉、机床等

2 动力设备

指用于产生电力、热力、风力或其他动力的各种设备，如蒸汽机、发电机、柴油机、空压机等

3 传导设备

指用于传送电力、热力、风力、其他动力和固体、液体、气体的各种设备，如电力网、输电线路，蒸气、煤气、石油的输送管道等

4 运输设备

指用于载人和运货的各种运输工具，如卡车、电瓶车等

5 科学研究设备

指实验室用的各种测试设备、计量仪器、仪表等

6 管理设备

指生产管理用的各种计算机和其他装置

7 公用设备

指医疗卫生、炊事及其他生活用设备

图2-1 企业常用的设备

请注意

设备根据不同标准有不同的种类，而本书所指的设备主要是指用于生产工作的设备，企业要根据实际选择生产所需的设备。

要点02：设备管理的内容与要求

企业进行生产作业必须合理使用相关设备，并做好设备的维护保养工作，使设备处于良好的技术状态。

1．设备管理的内容

（1）设备的选购和评价

企业应根据技术先进、经济合理、生产可行的要求，正确地选购设备。

（2）设备技术状况管理

企业一般应按设备的技术状况、维护状况和管理状况将其分为"完好设备"和"非完好设备"，并分别做好登记工作，同时对"非完好设备"进行修理、改造或更新等。

（3）设备润滑管理

对设备润滑管理要做好以下工作，具体如图2-2所示。

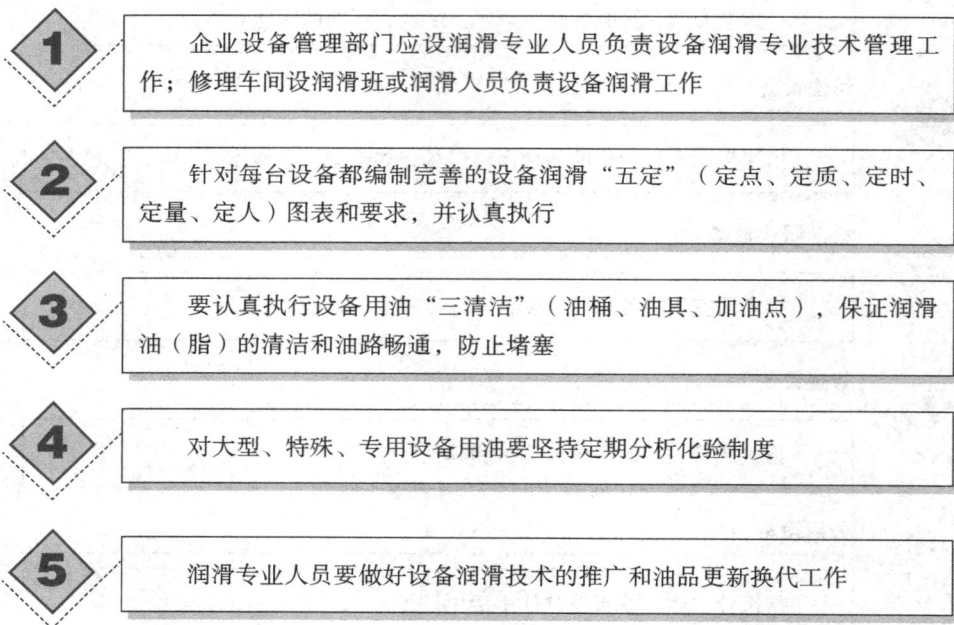

1 企业设备管理部门应设润滑专业人员负责设备润滑专业技术管理工作；修理车间设润滑班或润滑人员负责设备润滑工作

2 针对每台设备都编制完善的设备润滑"五定"（定点、定质、定时、定量、定人）图表和要求，并认真执行

3 要认真执行设备用油"三清洁"（油桶、油具、加油点），保证润滑油（脂）的清洁和油路畅通，防止堵塞

4 对大型、特殊、专用设备用油要坚持定期分析化验制度

5 润滑专业人员要做好设备润滑技术的推广和油品更新换代工作

图2-2 设备润滑管理要做好的工作

（4）设备缺陷的处理

①设备发生缺陷时，岗位操作和维护人员能排除的应立即排除，并在日志中详细记录。

②岗位操作人员要将无力排除的设备缺陷详细记录并逐级上报，同时精心操作，悉心观察，注意缺陷发展。

③对于未能及时排除的设备缺陷，必须在每天的生产调度会上研究决定如何处理。

④在安排处理每项缺陷前，必须有相应的措施，明确专人负责，以免缺陷扩大。

（5）设备运行管理

设备运行管理是指通过一定的手段，使各级维护人员能牢牢掌握住设备的运行情况，依据设备运行的状况制定相应管理措施：

①加强设备日常维护保养

企业应加强对设备的日常维护保养，确保设备正常运行，例如在设备旁边放上一瓶水，以便能够及时对设备进行清洁。

②建立健全系统设备巡检标准

企业要依据其结构和运行方式，对每台设备定出检查的部位（巡视点）、内容（检查什么）、正常运行的参数标准（允许的值），并针对设备的具体运行特点，对设备的每一个巡检点确定出明确的检查周期。检查周期一般可分为时、班、日、周、旬、月检查点。

③建立健全巡检保证体系

岗位操作人员负责对本岗位使用设备的所有巡检点进行检查，专业修理人员要负责重点设备的巡检任务。

④信息传递与反馈

生产岗位操作人员巡检时，如发现设备不能继续运转需紧急处理的问题，要立即通知当班调度，由值班负责人组织处理。对于一般隐患或缺陷，应检查后在相应的表格上进行记录，并按时传递给专职巡检员。

专职维修人员进行设备点检后，要做好记录，除安排本组处理外，还要将信息向专职巡检员传递，以便统一汇总。

专职巡检员除完成重点设备的巡检点任务外，还要负责将各方面的巡检结果按日汇总整理并列出当日重点问题并及时输入计算机，以便企业综合管理。

⑤动态资料的应用

巡检员针对巡检中发现的设备缺陷、隐患提出应安排检修的项目，纳入检修计划。

巡检中发现的设备缺陷，必须立即处理的，由当班的生产指挥者即刻组织处理；本班无能力处理的，应由企业上级领导确定解决方案。

重要设备的重大缺陷，由企业上级领导组织研究，确定控制方案和处理方案。

⑥设备薄弱环节的管理

a．对薄弱环节进行认定。

b．应依据动态资料列出设备薄弱环节，按时组织审理，确定当前应解决的项目，提出改进方案。

c．对设备薄弱环节采取改进措施后，要进行效果考察，提出评价意见，经有关领导审阅后，存入设备档案。

（6）设备的改造更新

为了满足提高产品质量、发展新产品、改革老产品和节约能源的需要，企业应当有计划、有重点地对现有设备进行改造和更新。这项工作包括编制改造更新规划、改造方案和新设备技术经济论证，改造更新资金，处理老设备等。

2．设备管理的基本要求

设备管理的基本要求是操作人员必须做到"三好"、"四会"。

（1）"三好"的要求

设备的"三好"要求具体如表2-1所示。

表2-1　"三好"要求

标准	具体要求
管好	（1）要保管好自己使用的设备及其附件 （2）未经批准，不能任意改动设备结构 （3）非本设备操作人员，不准擅自使用 （4）操作者不能擅离工作岗位
用好	（1）严格遵守设备的操作规程，不超负荷使用 （2）不带病运转 （3）不在机身导轨面上放置工件、计量器具和工具等
修好	（1）保证设备按期修理，认真做好一级保养 （2）修理前主动反映设备情况 （3）修好后认真进行验收

（2）"四会"的要求

在"三好"基础上，还要做到"四会"，其具体要求如表2-2所示。

表2-2 "四会"要求

标准	具体要求
会使用	熟悉设备结构，掌握操作规程，正确合理地使用设备，熟悉加工工艺
会保养	（1）保证设备内外清洁，熟悉掌握一级保养内容和要求 （2）按润滑点正确的加油，保证滑导面无锈蚀和碰伤
会检查	（1）设备开动前，会检查操作机构，检查安全限位是否灵敏可靠，各滑导面润滑是否良好 （2）设备开动后，会检查声间有无异常，并能发现故障隐患 （3）设备停工时，会检查与加工工艺有关的精度，并能作简单的调整
会排除故障	（1）通过设备的声响、温度、运行情况等，能及时发现设备的异常状态，并能判断出异常状态的部位及原因，根据自己确切掌握的技能，采取适当的处理措施 （2）对于自己不能解决的故障，能迅速判断并及时通知检修人员协同处理，排除故障

3. 设备管理的考虑因素

工厂要做好设备管理，必须考虑好相关的技术、经济以及使用人员的因素，具体内容如图2-3所示。

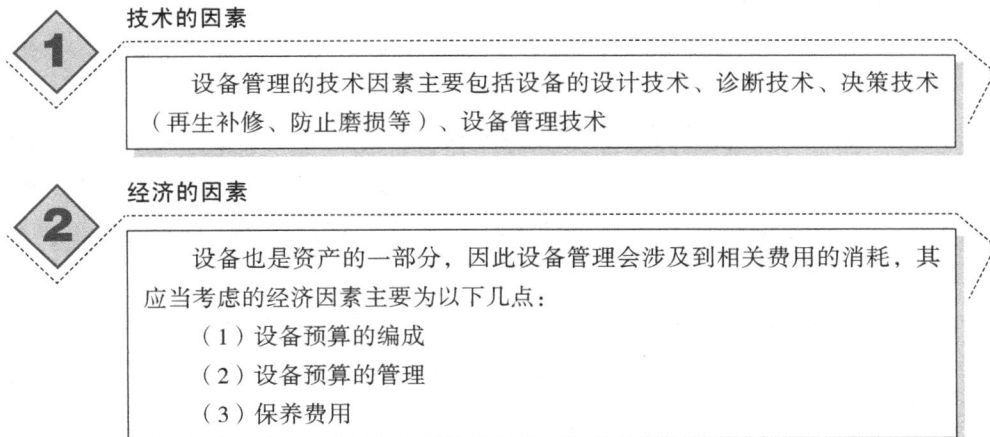

1 技术的因素

设备管理的技术因素主要包括设备的设计技术、诊断技术、决策技术（再生补修、防止磨损等）、设备管理技术

2 经济的因素

设备也是资产的一部分，因此设备管理会涉及到相关费用的消耗，其应当考虑的经济因素主要为以下几点：
（1）设备预算的编成
（2）设备预算的管理
（3）保养费用

3 人的因素

人的因素主要包括有关设备管理的方针和目标，有关人员的资格和教育，人员分工的方法等因素

图2-3 设备管理的考虑因素

要点03：设备管理方式的更新

随着工业化、信息化的发展，设备制造、自动控制等出现了新的突破，设备管理也出现了新的方式。

1. 设备的全员管理

设备全员管理就是以提高设备的全效率为目标，建立以设备使用的全过程为对象的设备管理系统，实行全员参加管理的一种设备管理与维修制度。其主要包括以下内容。

（1）设备的全效率

全效率是指从设备的投入到报废，企业为设备耗费了多少资源，从设备那里得到了多少收益，其所得与所费之比。其目的在于以尽可能少的寿命周期费用使企业做到产量高、质量好、成本低、按期交货、无公害安全生产。

（2）设备的全系统

①设备实行全过程管理

这一过程把设备的整个寿命周期，包括规划、设计、制造、安装、调试、使用、维修、改造直到报废、更新等全部环节作为管理对象，打破了传统设备管理只集中在设备使用过程的维修管理上的做法。

②设备采用的维修方法和措施系统化

在设备的研究设计阶段要认真考虑预防维修，提高设备的可靠性和维修性，尽量减少维修费用。

在设备的使用阶段，应采用以设备分类为依据、以点检为基础的预防维修和生产维修。对那些重复性发生故障的部位，应针对故障发生的原因采取改善维修，以防止同类故障的再次发生。这样，就形成了以设备一生作为管理对象的完整的维修体系。

（3）全员参加

全员参加是指发动企业所有与设备有关的人员都来参加设备管理。

①从企业最高领导到生产操作人员都参加设备管理工作，其组织形式是生产维修小组。

②将所有与设备规划、设计、制造、使用、维修等有关的部门都组织到设备管理中来，使其分别承担相应的职责。

2. 设备管理的信息化

设备管理的信息化应该是以丰富、发达的全面管理信息为基础，通过先进的计算机和通信设备及网络技术设备，充分利用社会信息服务体系和信息服务业务为设备管理服务。

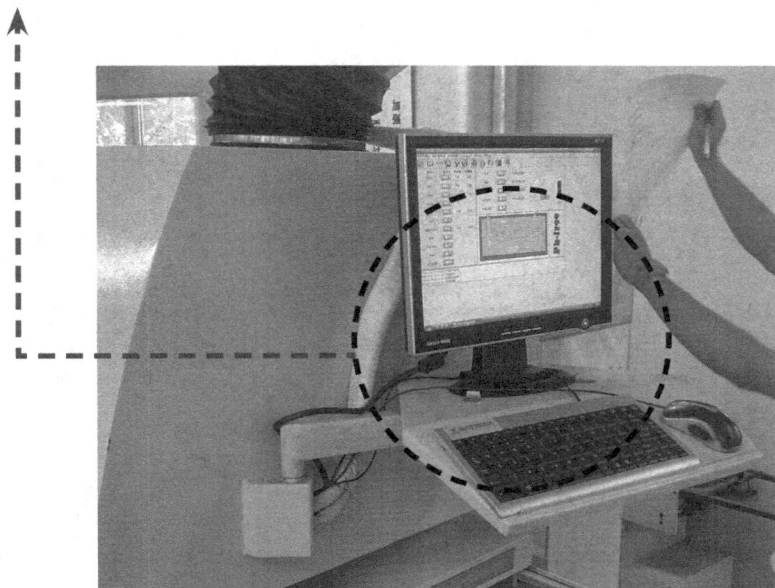

设备管理信息化主要表现在以下三个方面。

（1）设备投资评价的信息化

企业在投资决策时，一定要进行全面的技术经济评估，设备管理的信息化为设备的投资评估提供了一种高效可靠的途径。通过设备管理信息系统的数据库，可以获得投资决策所需的统计信息及技术经济分析信息，为设备投资提供全面、客观的依据，从而保证设备投资决策的科学化。

（2）设备经济效益和社会效益评估的信息化

设备信息系统的构建，可以积累设备使用的有关经济效益和社会效益评价的信息，利用计算机能够短时间内对大量信息进行处理，提高设备效益评价的效率，为设备的有效运行提供科学的监控手段。

（3）设备使用的信息化

信息化管理改变了以往只用文字信息做记录的方式，使得记录设备使用的各种信息更加容易和全面，这些使用信息可以通过设备制造商的客户关系管理反馈给设备制造厂家，提高设备的实用性、经济性和可靠性。同时，设备使用者通过对这些信息的分享和交流，可以强化设备的管理和使用。

3．实施专业的设备维修

建立设备维修供应链，实施专业化的维修方式，以保证维修质量、缩短维修时间、提高维修效率。此外，企业应指导、培训专业的设备维修人员，这样既可以保证维修质量，又可以提高设备使用效率，同时降低了资金占用率。

4．设备系统自动化、集成化

现代设备的发展方向是：自动化、集成化。由于设备系统越来越复杂，对设备性能的要求也越来越高，因而也提高了对设备可靠性的要求。

可靠性标志着设备在其整个使用周期内保持所需质量指标的性能。不可靠的设备显然不能有效工作，因为无论是由于个别零部件的损伤，还是由于技术性能降到允许水平以下而造成停机，都会带来巨大的损失，甚至造成灾难性后果。

可靠性工程是通过研究设备的初始参数在使用过程中的变化，预测设备的行为和工作状态，进而估计设备在使用条件下的可靠性，从而避免设备意外停止作业、造成重大损失和灾难性事故。

5．加强设备故障的监测、诊断

为了保证设备的正常工作状态，做到物尽其用，发挥最大效益，有必要事先做好设备故障的预防，这项工作主要通过设备监测和故障诊断来实现的。

（1）做好设备状态监测

设备状态监测技术是指通过监测设备或生产系统的温度、压力、流量、振动、噪声、润滑油黏度、消耗量等各种参数，与设备生产厂家的数据相比较，分析设备运行的好坏，对机组故障作早期预测、分析诊断与排除，将事故消灭在"萌芽"状态，降低设备故障停机时间，提高设备运行可靠性，延长机组运行周期。

（2）加强设备故障诊断

设备故障诊断技术是一种通过了解和掌握设备在使用过程中的状态，确定其整体或局部是否正常或异常，早期发现故障及其原因，并能预测故障发展趋势的技术。

随着科学技术与生产的发展，设备工作强度的不断增大，生产效率、自动化程度的不断提高，设备越来越复杂，各部分的关联越来越密切，往往某处微小故障就会引发连锁反应，导致整个设备乃至与设备有关的环境遭受灾难性的毁坏，不仅造成巨大的经济损失，而且会危及人身安全，后果极为严重。采用设备状态监测技术和故障诊断技术，就可以事先发现故障，避免发生较大的经济损失和事故。

6．由定期维修转向预知维修

设备的预知维修管理是企业设备科学管理的发展方向，为减少设备故障、降低设备维修成本、防止生产设备的意外损坏，通过状态监测技术和故障诊断技术，可以在设备正常运行的情况下进行设备整体维修和保养。

通过预知维修降低事故率，使设备在最佳状态下正常运转，这是保证生产按预订计划完成的必要条件，也是提高企业经济效益的有效途径。

预知维修的发展是和设备管理的信息化、设备状态监测技术、故障诊断技术的发展密切相关的，预知维修需要的大量信息是由设备管理信息系统提供的，通过对设备的状态监测，得到关于设备或生产系统的温度、压力、流量、振动、噪声、润滑油黏度、消耗量等各种参数，并由专家对各种参数进行分析，进而实现对设备的预知维修。

以上设备管理的趋势是和当前企业生产的技术经济点相适应的，这些趋势带来了设备管理水平的提升，具体内容如表2-3所示。

表2-3　设备管理的趋势与改进

趋势		所带改进	
信息化趋势	（1）设备投资评估的信息化（2）设备经济效益、社会效益评价的信息化（3）设备使用的信息化	可靠性工程的应用	（1）避免意外停机（2）保证设备的工作性能
维修的社会化、专业化、网络化趋势	（1）保证维修质量、缩短维修时间、提高维修效率、减少停机时间	状态监控和故障诊断技术	（1）保证设备的正常工作状态（2）保证物尽其用，发挥最大效益（3）及时对故障进行诊断，提高维修效率

（续表）

趋势			所带改进
维修的社会化、专业化、网络化趋势	（2）保证零配件的及时供应、价格合理 （3）节省技术培训费用	从定期维修向预知维修的转变	（1）节约维修费用 （2）降低事故发生率、减少停机时间

要点04：设备的编号

为了便于对设备做好资产管理，每一台设备都应该有自己的编号。设备的编号直接关系到设备账、卡、物的统一管理，是实行资产分类管理的基础。

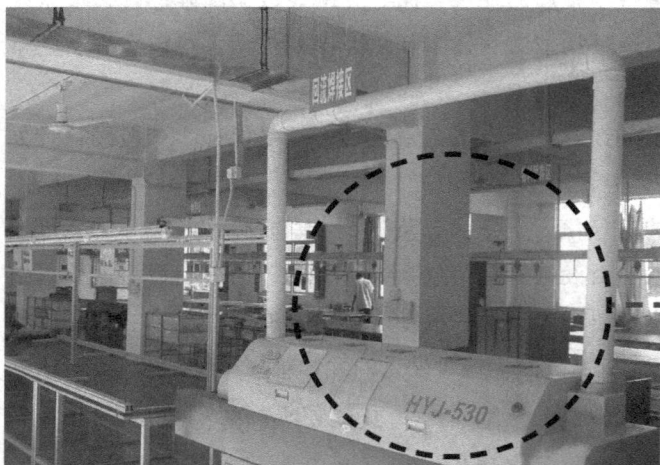

1. 设备的编号范围

企业日常用到的各种设备都要编号。有些工具，如计量器具、仪器仪表等，虽然其价值较低，但是对于生产的管理很重要，因此也需要对其进行编号管理。

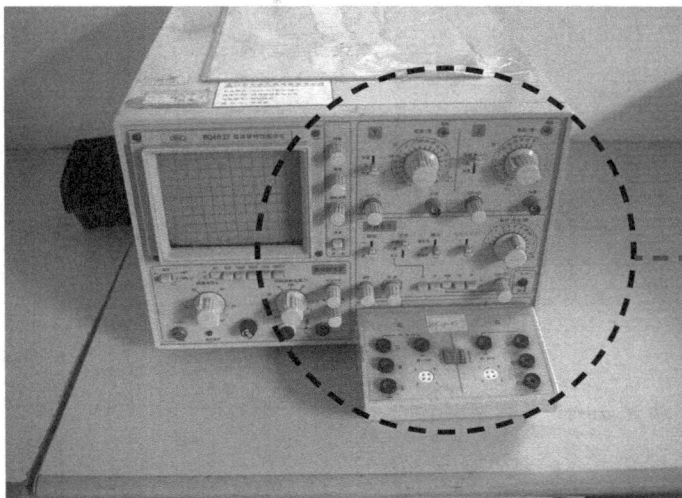

2. 设备编号要求

设备的分类编号主要应遵循以下要求，具体如图2-4所示。

1 系统性

编号要具有一定的系统性，便于分类和识别

2 唯一性

设备的编号必须唯一，否则将无法进行汇总数据计算

3 通用性

设备编号要考虑设备类别和数量，为了便于管理要全面考虑，尽量减少编号位数，使编号的结构简单明了

4 实用性

设备的编号必须要便于使用、容易记忆

5 可扩展性

进行设备编号时要留有相应的扩展余地：一是对设备类别的扩展，二是对设备数量的扩展

图2-3　设备编号要求

请注意

编号要便于扩展，且扩展追加后不会引起设备编号体系的混乱，因此企业必须事先设计出最合适的编号规则，以方便扩展。

3．设备编号的具体实施

（1）编号的方式

编号的方式如表2-4所示。

表2-4　设备编号方式

编号标准	优点	缺点
设备的组织归属	此类设备编号能体现设备的归属情况，可以通过设备代码看到其所属部门	缺乏稳定性，一旦企业机构调整、设备变动就失去原有的意义
设备工艺位置编号	能明显体现设备与装置之间的关系，也是大多数工业企业普遍采用的方式	在编号过程中需要垮部门的人员配合，前期编号工作比较烦琐
设备分类编号	此类编号可以清楚的看到设备的所属类别，设备的划分结合管理基准，专业性较强，也便于管理	难以识别设备系统装置之间的关联性，以及所属部门，需要借助设备树的系统来进行树状结构的数据整理，才能实现良性管理

（2）具体实施

①鉴于以上各种常见的编号方式有着各自的优缺点，具体进行设备编号工作时，各种编号方式最好能够结合使用。

②为实现编号的准确、科学性，可运用计算机进行信息化管理，并采取较先进的条形码方式。

③对不容易在机身上直接编号的设备可以悬挂一块编号牌。◄-----┐

学习笔记

　　通过学习本章内容，想必您已经掌握了不少学习心得，请仔细填写下来，以便继续巩固学习。如果您在学习中遇到了一些难点，也请如实写下来，方便今后重复学习，彻底解决这些难点。

　　同时本章列举了大量实景图片，与具体的文本内容互为参照和补充，方便您边学边用，请如实填写您的运用计划，以使工作与学习相结合。

我的学习心得：

1. _____
2. _____
3. _____
4. _____
5. _____

我的学习难点：

1. _____
2. _____
3. _____
4. _____
5. _____

我的运用计划：

1. _____
2. _____
3. _____
4. _____
5. _____

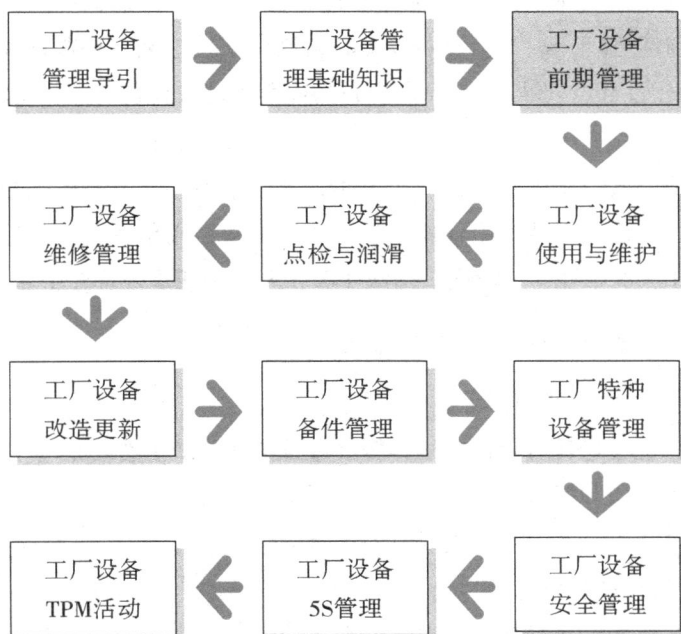

第 3 章

工厂设备前期管理

导视图

工厂设备
管理导引
→
工厂设备管
理基础知识
→
工厂设备
前期管理
↓

工厂设备
维修管理
←
工厂设备
点检与润滑
←
工厂设备
使用与维护
↓

工厂设备
改造更新
→
工厂设备
备件管理
→
工厂特种
设备管理
↓

工厂设备
TPM活动
←
工厂设备
5S管理
←
工厂设备
安全管理

设备的前期管理是指设备的布置设计、采购、选择与评价等。要想做好设备的管理工作，前期管理非常重要。通过良好的前期管理，为设备正式投入使用做好充分的准备工作。

要点01：设备前期管理的内容与职责分工

设备的前期管理是一项系统工程，企业各个职能部门应有合理的分工和协调的配合。

1. 设备前期管理内容

设备的前期管理就是企业对设备前期的各个环节（包括技术和经济）的全面管理。设备前期管理一般是指外购设备和自制设备的管理。外购设备的前期管理主要包括选型采购、安装调试、验收等；自制设备的前期管理主要包括调查研究、规划设计、制造等。

由于设备是生产经营的主要部分，所以设备的购买价格往往很高。如果所采购的设备只是一次性使用或偶尔一次使用，就非常不经济。所以，企业在采购设备时，一定要慎重，若只是一次性使用或偶尔使用，则应考虑用租赁方式。另外，要注意设备的先进性、可靠性、维修性、节能性、操作性等方面的特征是否符合企业自身的要求。

2. 设备前期管理职责分工

（1）设备使用部门

①进行设备可行性调查，提出设备更新改造申请计划。

②参与和配合新设备的安装及调试验收。

③负责试车记录并提供设备有关信息。

（2）设备采购部门

①负责设备规划和选型的审查与论证。

②提出设备可靠性、维修性要求和可行性分析。

③协助企业领导做好设备前期管理的组织、协调工作。

④参加自制设备设计方案的审查，以及制造后的技术鉴定和验收。

⑤负责设备的外购订货和合同管理，包括订货、到货验收与保管、安装调试等。

（3）研发部门

①设备的设计及造型。

②设备图纸、资料移交。

③收集设备使用信息。

（4）工程部门

①参加基建、设施项目的设计审查。

②参加设备安装调试、试用验收和移交。

（5）生产部门

①负责新设备工艺装备的制造、新设备试车准备，如人员培训、材料、辅助工具等。

②对于自制设备，负责其加工制造。

（6）品质部门

负责自制和外购设备质量、安装质量和试生产产品质量的检查，参加设备验收。

（7）设备管理部门

①编制设备更新改造计划。

②参加基建设施项目的设计审查。

③组织或参加更新、零购设备的可行性调查，非定型设备的设计审查。

④做好设备通用化、系列化、标准化的审查。

⑤负责设备采购、验收入库、保管和出库。

⑥提供采购设备的有关图纸、资料。

⑦组织企业内施工单位施工项目的设备安装、调试及交工验收。

（8）安全与环保部门

提出新设备的安全环保要求，对于可能对安全、环保造成影响的设备，提出安全、环保技术措施的计划并组织实施。参加设备验收，并对设备的安全与环保实际状况作出评价。

（9）财务部门

①筹备资金，进行资金平衡，控制资金的合理使用。

②结算工程费用。

③进行设备改造过程的经济效果分析。

> **请注意**
>
> 对于设备的前期管理，应由企业领导统筹安排，指定一个主要责任部门如设备管理部门作为牵头单位，明确职责分工，加强相互配合与协调。

要点02：设备布置

设备布置主要是为了方便外购设备的安装、验收，在具体工作之前，必须依据企业的情况提前做好准备。

1．布置的要求

设备的布置必须满足一定的要求，具体如下。

（1）按直线形式流程布置。

（2）设备生产时间是可预测的。

（3）保持少量的物料储存。

（4）处于开放空间中，使员工都可方便地看见作业。

（5）尽量接近插座，避免导线太长，绊倒行人。

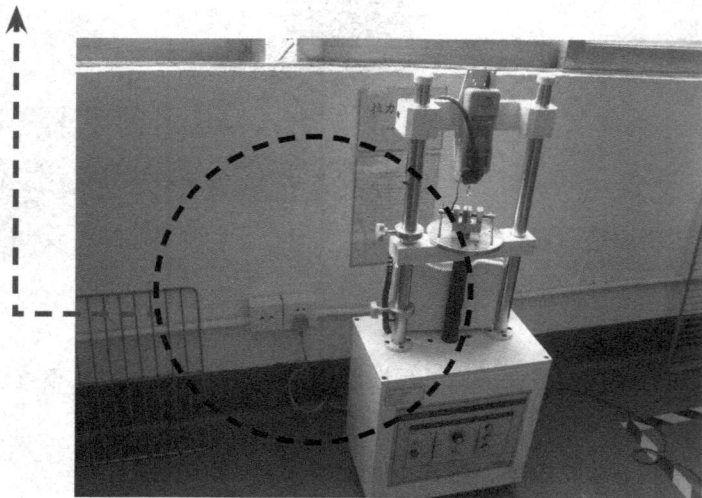

（6）"瓶颈"作业得以控制。

（7）物料的储存依序处理。

（8）有必要物料的重新处理。

（9）容易调整以适应环境的改变。

2．基本布置形态

根据不同的布置考虑，设备布置主要有以下几种形态。

（1）产品布置

产品布置是一种依照产品完成的行程来安排设备或工作流程的布置。若设备是为某产品持续不断地生产而设的，即称之为生产线或装配线。

（2）制程布置

在制程布置中，有类似功能的设备被归在一起，例如，所有的车床放置于一处，而所有的压铸设备放置于另一边。零件集中在一处做完后，再根据所建立的作业程序，从一处被转移到另一处适合作业的设备所在的位置。

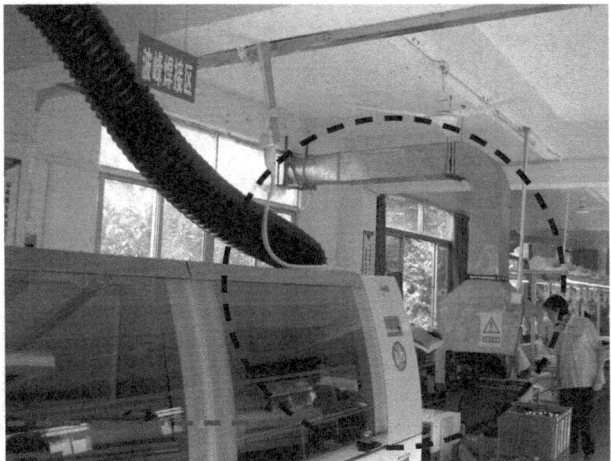

（3）群组技术（GT布置）

这种方法指的是将不同种类的设备放于同一个工作中心，以使同形状和同加工需要的产品可以在一起处理，例如将铣床统一放到铣床区。GT布置与制程布置类似，每个中心都可执行某特殊的制程，同时它也类似于产品布置，其中每个中心都用于从事某系列产品的生产（群组技术可指用来区分进入GT中心的设备种类的零件分类和分号系统）。

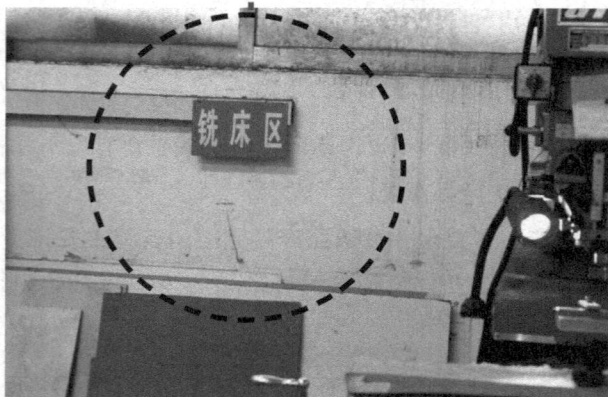

（4）刚好即时布置

有两种形式：生产线布置以及工作站或制程布置的流程生产线。在生产线布置中，工作站和设备都是依序排列。在工作站或制程布置中，重点在于简化材料处理和建立标准路径，将这一系统与频繁的物料移动联结在一起。

（5）定点布置

在定点布置中，各类设备将被放置在固定的地方，并用明确地线圈起来。

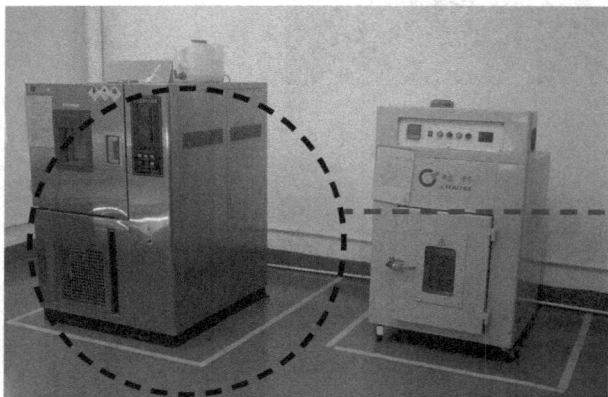

要点03：设备采购规划

设备采购是设备前期管理的重要内容。在进行设备采购前，企业要综合各方面的因素做好设备的采购规划工作。

1．设备采购的考虑因素

（1）生产性

生产性指的是设备的生产效率。通常表示为设备在单位时间内生产的产品数量。企业在进行设备选型时，要根据自身条件和生产需要，选择生产效率较高的设备。

（2）可靠性

可靠性主要包括两个指标：设备的可靠度以及生产的产品精度。可靠度指设备在规定的使用条件下，一定时间内无故障地发挥机能的概率。企业应选择能生产高质量产品的、可靠度高的设备。

（3）安全性

安全性是指设备对生产安全的保障能力，企业一般应选择安装有自动控制装置的设备。

（4）可修性

可修性是指设备维修的难易程度。企业选择的设备要便于维修，为此应尽可能取得设备的有关资料、数据，或取得供方维修服务的保证。

（5）成套性

成套性是指设备在性能方面的配套水平。成套设备是机械、装置及其有关的其他要素的有机组合体。大型企业特别是自动化程度较高的企业越来越重视设备的成套性，选择配套程度高的设备有利于提高生产效率。

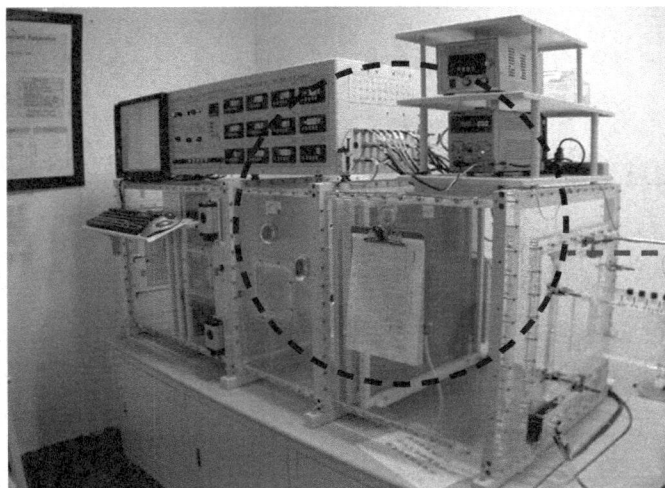

（6）节能性

节能性是指企业设备节约能源的可能性，企业在采购设备时应购进能耗较少的设备。

（7）环保性

环保性是指设备的环保指标达到规定的程度。企业采购设备时应选择噪声与"三废"排放较少、的设备，达到国家有关法规性文件规定的环保要求。同时有些设备具有特殊的环保要求，例如不含铅（Pb），企业在采购时也要予以注意。

（8）灵活性

灵活性是指设备的通用性、多能性及适应性。工作环境易变、工作对象可变的企业在设备选型时应重视这一因素。

（9）时间性

时间性是指设备的自然寿命、技术寿命较长。优良的设备因其使用期长、技术上较先进，不会很快被淘汰，企业应尽可能采购。

2．采购管理的注意事项

（1）要选择合适的采购方式。

（2）采购过程中，一定要做好设备的质量控制工作。

（3）采购合同要经双方协商，并注意其中的约定事项。

（4）要重视跟踪设备的安装调试和试运行工作。

要点04：设备的选择与评价

企业创建、扩建或对原有设备进行更新时均需添置新的设备，这就要求企业对所需采购的设备从技术性和经济性等方面进行选择与评价，以采购到符合要求的设备。

进行设备管理是为了取得良好的投资效益，达到设备寿命周期费用的最佳化。为此，企业在考虑技术的先进性、适用性的同时，还应重视设备的经济评价，使之在经济上合理。设备的经济评价常用下列几种方法。

1．设备投资回收期法

（1）含义

设备投资回收期法又称归还法或还本期法，常用于设备采购投资方案的评价和选择。它是指企业用每年所得的收益偿还原始投资所需要的时间。

这种方法是把财务流动性作为评价基准，用投资回收期的长短来判定设备的投资效果，最终选择投资回收期最短的方案作为最优方案。

（2）计算方法

由于对企业每年所得的收益应包括的内容有不同的见解，因而投资回收期有三种不同的计算方法。

①用每年所获得的利润或节约额补偿原始投资。我国大多数企业常用这一方法计算投资回收期。其计算公式为：

$$投资回收期 = \frac{设备投资额（元）}{年利润或节约额（元 / 年）}$$

②用每年所获得的利润和税收补偿原始投资。其计算公式为：

$$投资回收期 = \frac{设备投资额（元）}{年利润 + 年上缴税金（元 / 年）}$$

③用每年所获得的现金净收入，即折旧加税后利润补偿原始投资，这种方法常被西方企业所采用。其计算公式为：

$$投资回收期 = \frac{设备投资额（元）}{年现金净收入（元 / 年）}$$

在上述公式中，若各年收入不等，可逐年累计其金额，与原始投资总额相比较，即可算出投资回收期。

（3）投资回收期法的缺点

①没有考虑货币的时间价值。

② 只强调了资金的周转和回收期内的收益，忽视了回收期之后的收益。

就某些设备投资在最初几年收益较少的长期方案而言，如果只根据回收期的长短做出取舍，就可能会做出错误的决策。

2．设备投资现值法

（1）含义

现值法是把不同方案设备的每年使用费，用利息率折合为"现值"，再加上最初投资费用，求得设备使用年限中的总费用（也称现值总费用），据此进行比较，从而判断设备投资方案经济性优劣的一种方法。

（2）计算公式

现值法总费用的计算公式为：

设备使用年限中的总费用＝最初投资费用＋（每年使用费用×现值系数）

$$现值系数 = \frac{(1+i)^n - 1}{i(1+i)^n}$$

式中：i是年利率；n是设备使用年限。

现值系数除了可以用上面的公式计算外，还可通过查表求得。例如，某企业需采购某种设备，其中有两种型号A、B，有关资料如表3-1所示。

表3-1　A、B型号设备比较

相关费用设备型号	A	B
最初投资费用	8 000元	10 000元
每年使用费用	1 000元	800元
使用年限	10年	10年
年利率	10%	10%
残存价格	0	0

当年利率$i=10\%$，设备使用年限为10年时，现值系数为6.444，则A设备现值总费用为：

8 000+（1 000×6.444）=14 444（元）

B设备现值总费用为：

10 000+（800×6.444）=15155.20（元）

由于A型号设备现值总费用比B型号低711.2（15 155.20–14 444）元，因此应选择A型号的设备。

3．设备投资年费用法

（1）含义。

年费用法是把不同方案的年平均费用总额进行比较，以评价其经济效益的方法。

（2）计算方法。

年平均费用总额是指每年分摊的原始投资费用与每年平均支出使用费用之和，用公式表示：

$$年平均总费用=年使用费用+（设备最初投资费用×投资回收系数）$$

其中：

$$投资回收系数=\frac{i（1+i）^n}{（1+i）^n-1}$$

式中：i是年利率；n是设备使用年限。

可见，投资回收系数是现值系数的倒数。它既可以按上式计算，也可以通过查表求得。

例如，仍以上表的资料为例，说明年费用法的评价方法。

当i=10%，n=10年时，投资回收系数为0.16275。

A型号设备的年平均总费用为：

1 000+（8 000×0.16275）=2 302（元）

B型号设备的年平均总费用为：

800+（10 000×0.16275）=2 427.5（元）

计算结果表明，设备投资费用A型号比B型号低125.5（2 427.5–2 302）元，故应选择A型号的设备。决策方案与现值法的结果相同。

> **请注意**
>
> 在采购设备前，必须做好相关的分析评价，以保证设备符合技术先进和经济合理的要求。

要点05：设备招标采购管理

招标采购是设备采购的主要方式，必须依照其具体程序实施。

1．设备招标采购程序

设备招标采购程序如图3-1所示。

1	资格预审	6	详细评标
2	准备招标文件	7	编写并上报评标报告
3	发布招标通告	8	资格后审
4	开标	9	投标与合同签订
5	初步评标		

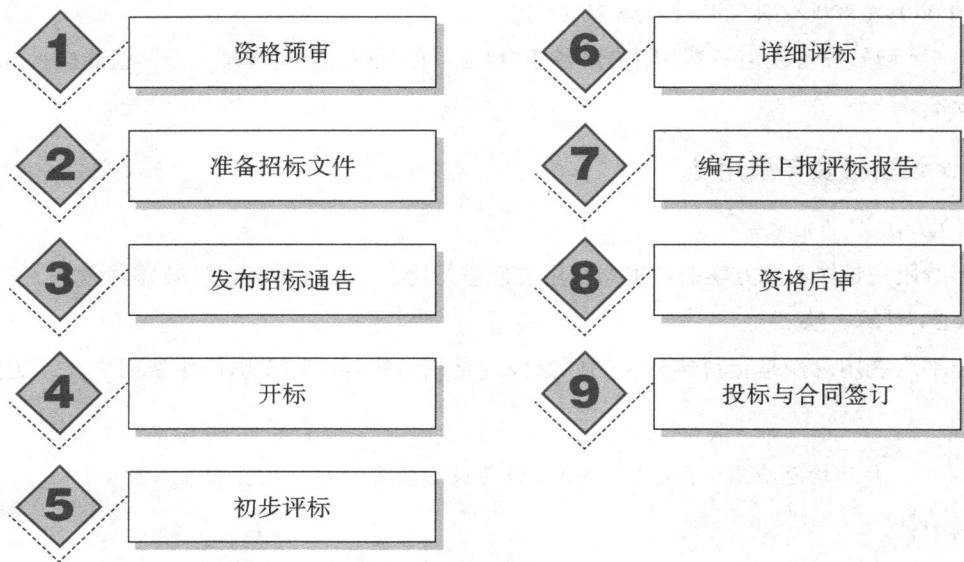

图3-1 设备招标采购程序

2．资格预审

对于大型的、复杂的设备或成套设备，在正式组织招标以前，一般都需要对其供应商的资格和能力进行预先审查，即资格预审。它主要包括基本资格预审和专业资格预审。

（1）基本资格预审

基本资格是指供应商的合法地位和信誉，包括是否注册、是否破产、是否存在违法违纪行为等。

（2）专业资格预审

专业资格是指已具备基本资格的供应商履行拟定采购项目的能力，具体包括。

①经验和以往承担类似合同的业绩和信誉；

②为履行合同所配备的人员情况；

③为履行合同任务而配备的机械、设备以及施工方案等情况；

④财务情况；

⑤售后维修服务的网点分布、人员结构等。

（3）采购资格预审程序

采购资格预审程序具体如图3-2所示。

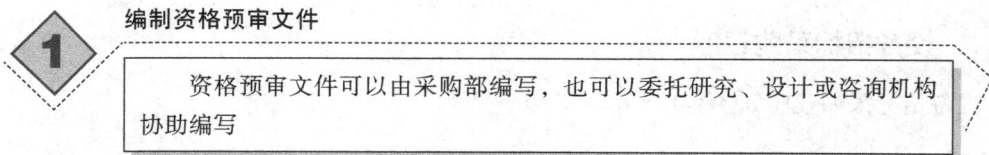

1 编制资格预审文件

资格预审文件可以由采购部编写，也可以委托研究、设计或咨询机构协助编写

②　**邀请潜在的供应商参加资格预审**

邀请潜在的供应商参加资格预审，一般是通过在官方媒体上发布资格预审通告进行的。通告的内容一般包括：采购企业名称，采购项目名称，采购规模，计划采购开始日，交货日期，发售资格预审文件的时间、地点和售价，以及提交资格预审文件的最迟日期

③　**发售资格预审文件和提交资格预审申请**

资格预审通告发布后，采购部门应立即开始发售资格预审文件，资格预审申请的提交必须按资格预审通告中规定的时间。对截止期后提交的申请书应一律拒收

④　**资格评定，确定参加投标的供应商名单**

采购部门负责在规定的时间内，按照资格预审文件中规定的标准和方法，对提交资格预审申请书的供应商的资格进行审查

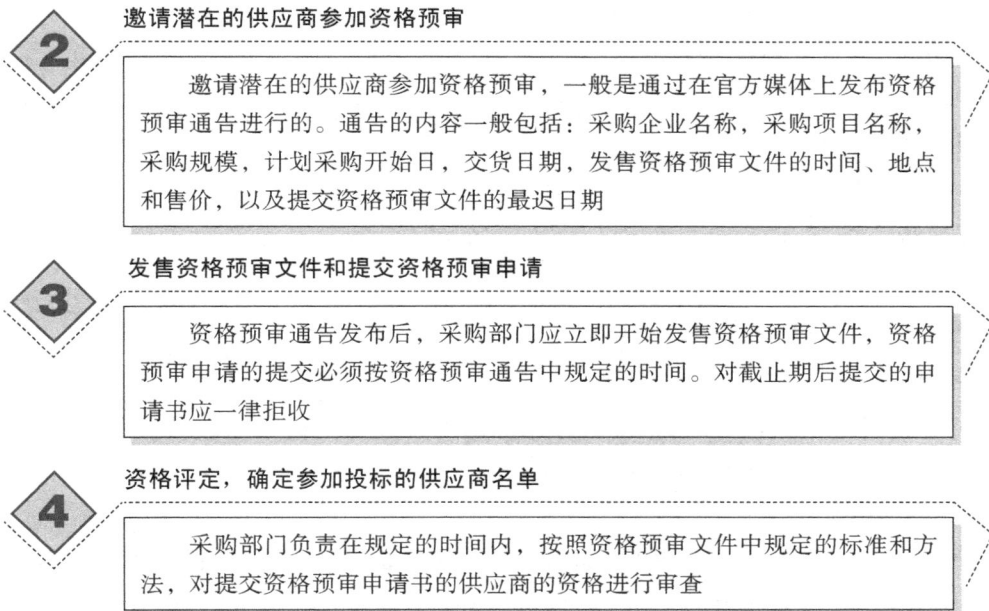

图3-2　采购资格预审程序

3．准备招标文件

招标文件是供应商准备投标文件和参加投标的依据，同时也是评标的重要依据，因为评标是按照招标文件规定的评标标准和方法进行的。此外，招标文件是签订合同所遵循的依据，招标文件的大部分内容要列入合同之中。因此，准备招标文件是非常关键的环节，它直接影响到采购的质量和进度。

招标文件至少应包括以下内容。

（1）招标通告

（2）投标须知

投标须知是具体制定投标的规则，投标商在投标时必须遵循。投标须知的主要内容包括以下内容：

①资金来源。

②如果没有进行资格预审的，要提出投标商的资格要求。

③货物原产地要求。

④招标文件和投标文件的澄清程序。

⑤投标文件的内容要求。

⑥投标语言。尤其是国际性招标，由于参与竞标的供应商来自世界各地，必须对投标语言作出规定。

⑦投标价格和货币规定。对投标报价的范围作出规定，即报价应包括哪些方面，统一

报价口径便于评标时计算和比较最低评标价。

⑧ 修改和撤销投标的规定。

⑨ 标书格式和投标保证金的要求。

⑩ 评标的标准和程序。

⑪ 国内优惠的规定。

⑫ 投标程序。

⑬ 投标有效期。

⑭ 投标截止日期。

⑮ 开标的时间、地点等。

（3）合同条款

合同条款包括一般合同条款和特殊合同条款。

（4）技术规格

货物采购技术规格一般采用国际或国内公认的标准，除不能准确或清楚地说明拟招标项目的特点外，各项技术规格均不得要求或标明某一特定的商标、名称、专利、设计、原产地或生产厂家，不得有倾向某一潜在供应商或排斥某一潜在供应商的内容。

（5）投标书的编制要求

投标书是投标供应商对其投标内容的书面声明，包括投标文件构成、投标保证金、总投标价和投标书的有效期等内容。

① 投标书中的总投标价应分别以数字和文字表示。

② 投标书的有效期是指投标有效期，使投标商确认在此期限内受其投标书的约束。该期限应与投标须知中规定的期限一致。

（6）投标保证金

投标保证金是为了防止投标商在投标有效期内任意撤回其投标，中标后不签订合同或不交纳履约保证金，而使采购企业蒙受损失。

① 投标保证金可采用现金、支票、不可撤销的信用证、银行保函、保险公司或证券公司出具的担保书等方式交纳。

② 投标保证金的金额不宜过高，可以确定为投标价的一定比例，一般为投标价的1%~5%，也可以确定一个固定数额。

③ 国际性招标采购的投标保证金的有效期一般为投标有效期加上30天。

（7）供货一览表、报价表和工程量清单

供货一览表应包括采购设备品名、数量、交货时间和地点等。对于在境内提供的设备和在境外提供的设备，在报价时要分开填写。

① 对境内提供的设备要填写设备品名、设备简介、原产地、数量、出厂单价、出厂价境内增值部分占的比例、总价、中标后应缴纳的税费等。

②对境外提供的设备要填写设备品名，设备简介，原产地，数量，离岸价单价及离岸港、到岸价单价及到岸港、到岸价总价等。

4．发布招标通告

（1）招标通告的内容

招标通告的内容因项目而异，一般应包括采购实体的名称和地址，资金来源，采购内容简介，获取招标文件办法和地点，采购实体对招标文件收取的费用及支付方式，提交投标书的地点和截止日期，投标保证金的金额要求和支付方式，开标日期、时间和地点。

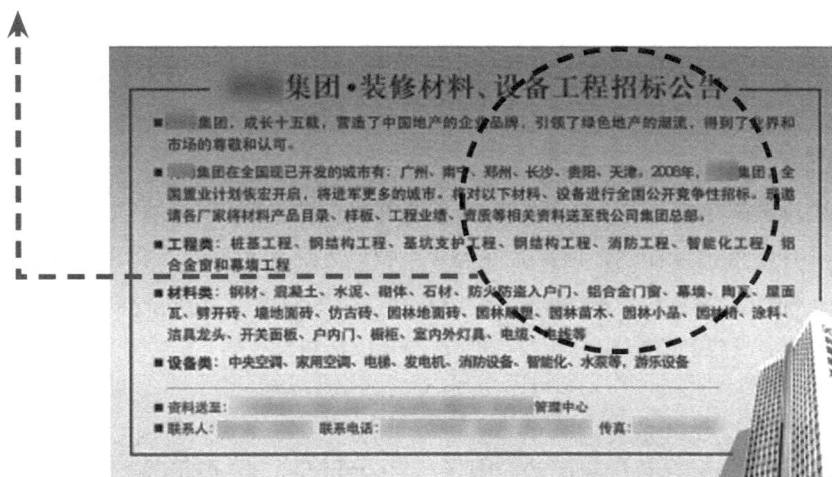

以下为招标通告的一个范例。

【参考范本】××有限公司招标通告（格式）

××有限公司招标通告（格式）

1．招标编号：

2．招标项目：

3．领取招标文件时间：

4．领取招标文件地点：

5．接收投标文件截止时间：

6．投标书送达地点：

7．开启投标文件时间：

8．开启投标文件地点：

9. 投标保证金：

全称：

开户银行：

账号：

地址：

10. 招标机构：

地址：

联系人：

电话：

传真：

（2）发布方式方法

① 如果经过资格预审程序，招标文件可以直接发售给通过资格预审的供应商。

② 如果没有资格预审程序，招标文件可以发售给任何对招标通告作出反应的供应商。

③ 招标文件的发售可采取邮寄的方式，也可以让供应商或其代理前来购买。如果采取邮寄方式，则要求供应商在收到招标文件后要告知招标机构。

5．开标

（1）开标应按招标通告中规定的时间、地点公开进行，并邀请投标商或其委派的代表参加。

（2）开标前，应以公开的方式检查投标文件的密封情况，当众宣读供应商名称，有无撤标情况，提交投标保证金的方式是否符合要求，投标项目的主要内容、投标价格以及其他有价值的内容。

（3）开标时，对于投标文件中含义不明确的地方，允许投标商作简要解释，但其所做的解释不能超过投标文件记载的范围，或实质性地改变投标文件的内容。

（4）以传真、电话方式投标的，不予开标。

（5）开标要做开标记录，其内容包括项目名称、招标号、刊登招标通告的日期、发售招标文件的日期、购买招标文件单位的名称、投标商的名称及报价、截标后收到标书的处理情况等。

6．评标

（1）招标采购评标方法

评标必须以招标文件为依据，不得采用招标文件规定以外的标准和方法进行评标，凡是评标中需要考虑的因素都必须写入招标文件之中。以下介绍几种常用方法。

① 综合评标法

综合评标法是指以价格另加其他因素为基础的评标方法。在采购耐用货物如车辆、发动机以及其他设备时，可采用这种评标方法。在采用综合评标法时，评标中除考虑价格因素外，还应考虑如运费、保险费、交货期、付款条件等其他因素。

②以寿命周期成本为基础的评标方法

a．适用范围：采购整套厂房、生产线或设备、车辆等在运行期内的各项后续费用（零配件、油料、燃料、维修等）很高的设备时，可采用以寿命周期成本为基础的评标方法。

b．计算方法：在计算寿命周期内成本时，可以根据实际情况，评标时在标书报价的基础上加上一定运行期年限的各项费用，再减去一定年限后设备的残值，即扣除这几年折旧费后设备的剩余值。在计算各项费用或残值时，都应按标书中规定的贴现率折算成净现值。

（2）招标采购评标程序

①初步评标

a．初步评标工作比较简单，但却是非常重要的一步。初步评标的内容包括确认供应商资格是否符合要求，投标文件是否完整，是否按规定方式提交投标保证金，投标文件是否基本上符合招标文件的要求，有无计算上的错误等。

b．经初步评标，对凡是确定为基本上符合要求的投标，下一步要核定投标中有没有计算和累计方面的错误。在修改计算错误时，要遵循两条原则：如果数字表示的金额与文字表示的金额有出入，要以文字表示的金额为准；如果价格和数量的乘积与总价不一致，要以单价为准。

但是，如果采购单位认为有明显的小数点错误，此时则要以标书的总价为准，并修改单价。如果投标商不接受根据上述修改方法而调整的投标价，可拒绝其投标并没收其投标保证金。

②详细评标

a．只有在初评中确定为基本合格的投标，才有资格进入详细评定和比较阶段。

b．具体的评标方法取决于招标文件中的规定，并按评标价的高低，由低到高评定出各投标的排列次序。

c．在评标时，当出现最低评标价远远高于标底或缺乏竞争性等情况时，应废除全部投标。

7．编写并上报评标报告

评标工作结束后，采购单位要编写评标报告，并上报采购主管部门。评标报告应包括以下内容。

（1）招标通告刊登的时间、购买招标文件的单位名称。

（2）开标日期。

（3）投标商名单。

（4）投标报价以及调整后的价格，包括重大计算错误的修改。

（5）价格评比基础。

（6）评标的原则、标准和方法。

（7）授标建议。

8．资格后审

（1）如果在投标前没有进行资格预审，在评标后则需要对最低评标价的投标商进行资格后审。

（2）如果审定结果认为某投标商有资格、有能力承担合同任务，则应把合同授予该投标商；如果认为其不符合要求，则应对下一个评标价最低的投标商进行类似的审查。

9．授标与合同签订

（1）合同应授予最低评标价的投标商，这一过程应在投标有效期内进行。

（2）决标后，在向中标的投标商发中标通知书时，也要通知其他没有中标的投标商，并及时退还其投标保证金。

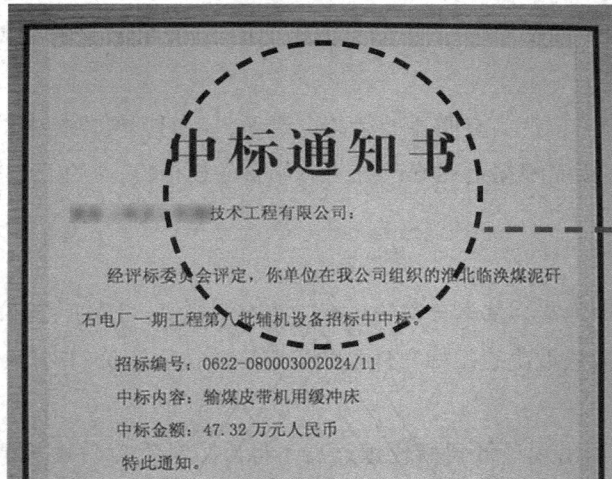

中标通知书

□□·□□□□□□技术工程有限公司：

经评标委员会评定，你单位在我公司组织的淮北临涣煤泥矸石电厂一期工程第八批辅机设备招标中中标。

招标编号：0622-080003002024/11

中标内容：输煤皮带机用缓冲床

中标金额：47.32万元人民币

特此通知。

要点06：设备订货与验收

在确定了设备供应商后就要签订合同，待设备到达后进行验收。

1．设备订货

（1）设备管理部根据对外订购设备明细表进行市场货源调查，签订订货合同。合同内容由设备订购方与供应方商定，一般包括以下条款。

①采购方与供应方的名称、地址、联系方式、账号、签约代表、一般纳税人号码。

②设备的型号、规格和数量。

③设备质量技术要求和验收标准。

④设备价款及运输、包装、保险等费用及结算方式。

⑤设备交货期、交货地点与交货方式。

⑥违约责任和违约处罚办法。

⑦合同的签订日期和履行有效期。

⑧合同纠纷解决争议的途径和方法。

（2）设备管理部对国外设备订货要做好以下工作。

①外汇资金的来源和支付方案。

②设备询价与报告。

③签订合同。

（3）订货合同是供需双方在进行矛盾仲裁时的依据，设备管理部要对订货合同妥善保管，不得丢失。

2. 设备验收

（1）新设备到货后，设备管理部应会同档案处、工程部共同做好开箱检查。设备的原始技术资料由档案处负责保管，对于设备管理部、使用单位、施工单位需要的设备技术资料，由档案处负责提供。

（2）开箱检查的步骤和主要内容有以下几点。

①检查外观及包装情况。

②按照装箱单清点零件、部件、工具、附件、备品、说明书和其他技术资料是否齐全，有无缺损。

③检查设备有无锈蚀。

④核对实物是否符合图纸要求。

⑤在开箱检查过程中要做好检查记录。

（3）开箱检查合格后，设备管理部应及时办理验收手续入库、保管。

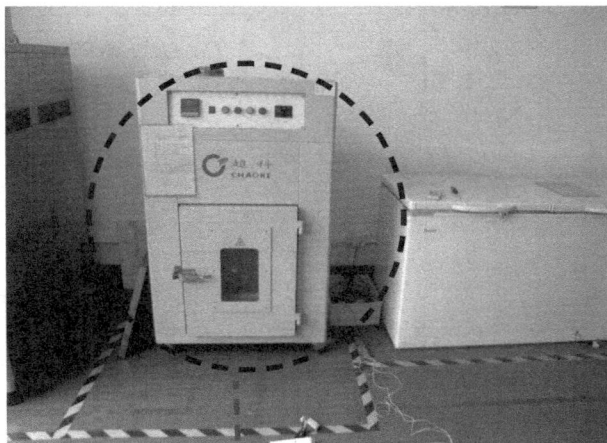

（4）根据开箱检查出现的问题，设备管理部要及时向发货单位、运输部门提出查询并向责任单位联系索赔。

请注意

企业应对订货合同及订货过程中发生的所有资料都妥善保管，最好进行分类整理，并建立台账和档案。

要点07：设备安装与移交

在设备运送至企业后，就要对其进行安装、调试，并做好最终验收工作。

1．验收移交程序

验收移交程序如图3-2所示。

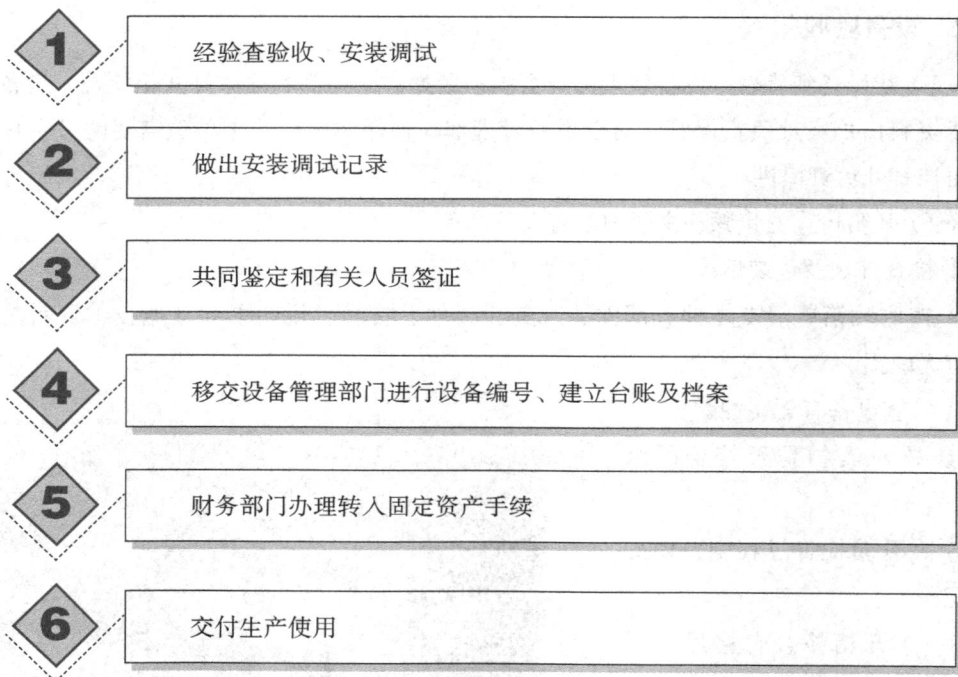

1	经验查验收、安装调试
2	做出安装调试记录
3	共同鉴定和有关人员签证
4	移交设备管理部门进行设备编号、建立台账及档案
5	财务部门办理转入固定资产手续
6	交付生产使用

图3-2　验收移交程序

在用设备经大修理或技术改造后，也要办理验收交接手续。有关技术文件、图纸资料和交接凭证记录应存入设备档案。

以下是某企业的设备安装、验收、移交规程。

【参考范本】××有限公司设备安装、验收、移交规程表

××有限公司设备安装、验收、移交规程

一、设备开箱验收

新设备入厂后，由设备工具处和使用单位共同参加开箱检查，其内容为：整机是否完好，随机附件、技术文件是否与装箱单相符。检查完毕，填写设备开箱检查验收单，同时移交使用单位保管。检查验收发现的有关问题由设备工具处协调解决。

二、设备安装

设备安装工作由设备工具处负责组织实施。其中，基础施工由基建处实施。使用单位有能力安装的由单位自装；无能力安装的，由设备工具处组织操作人员安装完成。

三、设备移交

设备安装完工后，由设备工具处会同使用单位、基建处、安技环保处及有关安装施工单位按标准进行验收试车，并移交随机附件、工具。验收合格后，有关部门、单位签字并填写移交生产验收单，交付生产使用，同时，在设备工具处登记、编号；在财务处、成本处入账。结算全部费用列入固定资产管理。

2. 设备安装

（1）基础设备安装

①在制订企业设备布置方案时，可根据设备厂家指定的图纸来进行设计。一般确认这一布置结果时，可由提供设备的厂家自己进行安装施工。有时为了确认是否按方案进行，企业布置负责人员也要会同参加。

②在设备即将安装之前，有时，由于特殊情况在基础螺栓等位置尚未确定的情况下要决定其位置，这种情况下一般是由企业布置负责人和提供设备的厂家共同来决定其位置。

（2）顶部安装设备

其对象就是高架式输送机等，顶部安装的设备，在建筑设计阶段就要研究安装位置并对托架的形状加以决定。关于托架等的相互牵扯和安装方法，可根据设备厂家的图纸作出详细规定。

（3）地面安装设备

①在地面上安装设备时，必须完全按照负责人员决定的位置或指示进行，也就是要根据部门布置的图纸来决定设备安装的位置，或重新准确地确定位置或决定未定部分的位

置。这些均属于准备阶段的工作。

②一般在部门布置的完成图纸上并未表示出安装设备的准确位置时，它的方向不会有错。当然，如果事前能决定位置，在部门布置的图纸上注明它的尺寸即可。

③许多设备管线很多，因此安装时要注意分清管线类别，不能弄错。

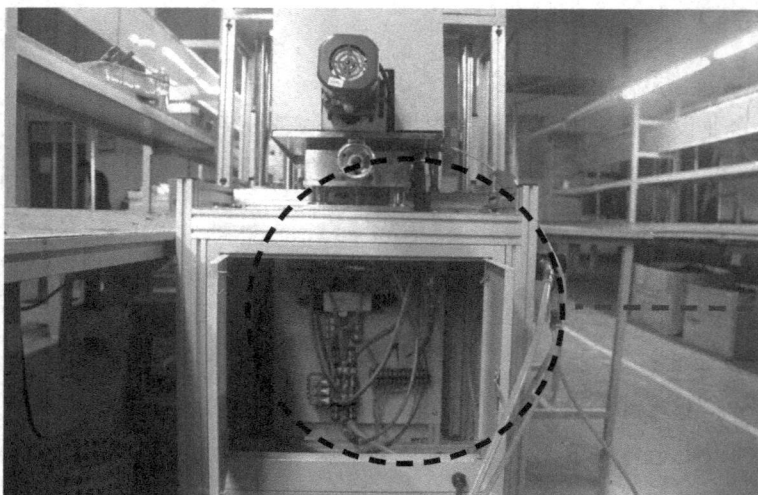

（4）通道区划

关于通道的区划位置，通常也要标示在部门布置的图纸上，在这一阶段应该再次确定正确的位置。对于地面上的标记，可暂时用布带等标记，最后要用特殊涂料画上界线。在地面施工阶段还要埋上瓷砖等加以区划。

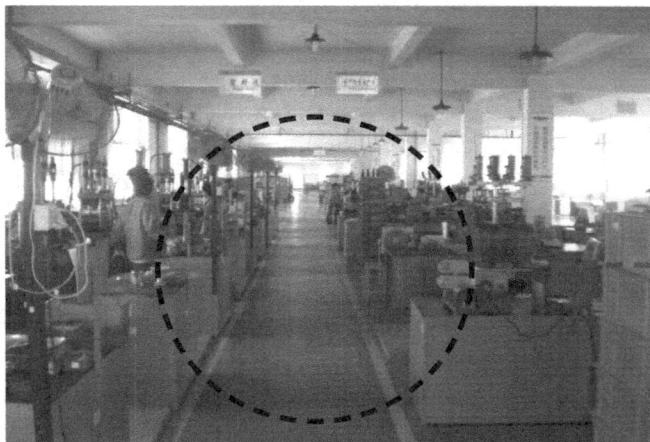

（5）搬入设备的顺序

在搬入长而大的设备时，需要注意搬入设备的顺序。如果搬入顺序有错，就需要把已装设完的设备再重新移动。通常对于这些设备的搬入设置，一定要按式样等沿着搬入路线来移动，过后在图纸上加以确认。

3．设备调试与验收

（1）对一些贵重设备要加以调试，具体测量其仪表盘是否正常工作。设备安装调试完毕后，设备验收部门主管应正式向供应商提出正式验收申请。

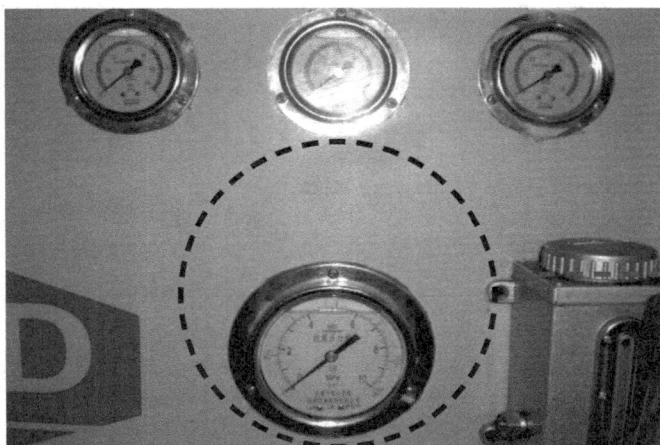

（2）供应商接受正式验收申请后，应会同设备主管部门的相关人员对设备进行场地、电源、水源、光源及是否"跑气、冒气、滴水、漏油"等方面的测试。

（3）设备安装、调试、运行投产后，在订购合同所标注的日期内，若无质量问题，使用部门和安装部门再办理验收手续，填写验收单（如表3-2所示）。

表3-2　设备验收单

编号：　　　　　　　　　　　　　　　　　　　　　　　日期：＿＿＿＿年＿＿月＿＿日

设备名称	规格型号	单位	数量	购价	运杂费	供应单位	质检项目			质检结果	备注
合计											

审核：　　　　　　　　　复检人员：　　　　　　　　检验人员：

采购人员：　　　　　　　保管人员：

4．设备移交

（1）设备移交单送达各有关部门

对于经有关部门负责人签署同意移交的移交单（见表3-3），应分别送达各有关部门作为列入固定资产的凭证，并以此作为办理设备各种业务的依据。

表3-3　设备安装验收移交单

　　　　　　　　　　　　　　　年　　　月　　　日　　　　　　　　　字第　　　号

设备编号		设备名称		型号规格		出厂日期	
制造国别		制造厂名		出厂编号		制造日期	
资金来源	更新改造（　）基建（　）发展基金（　）技措（　）		外形尺寸长×宽×高（米）		重量　　　千克	安装日期	
						始用日期	
附属设备			附机电动机				
名称	型号规格	数量	型号	功率	用途	型号	功率　　用途

（续表）

检验或试车记录：							验收记录	①设备精度检验单份			
								②切削试验记录单份			
			检验人		月　　日			③其他			
设备价值	出厂价	运杂费	包装费	管理费	安装成本	其他	合计	预计使用年限	调入时已使用年限	调入时已提折旧	年折旧率
移交部门		使用部门		管理部门	安技部门		财务部门	企业设备主管批示			备注

备注：一式四份：移交、使用、管理、财务部门各一份。

（2）随机的技术文件、附件等的移交

在办理设备移交时，必须同时将设备开箱随机备品、配件移交单（见表3-4）规定的设备使用说明书、维修技术文件、附件（或随机润滑油脂等辅料）移交设备管理部。

将各种工具、量具交工具管理部门建账后，交设备使用部门保管使用。对于随机的测试仪器、仪表，应由仪器、仪表计量管理部门编号、建账，并开展定期计量。

表3-4　设备开箱随机备品、配件移交单

日期：_____年___月___日

设备名称		型号		规格	
资产编号		制造厂		使用车间	
投资来源		出厂年月		出厂编号	
备品、配件、附件、工具明细					
序号	名称		型号规格	数量	备注
移交部门		设备管理部		使用部门	

备注：一式三份，移交部门、设备管理部门、使用部门各存一份。

学习笔记

通过学习本章内容，想必您已经掌握了不少学习心得，请仔细填写下来，以便继续巩固学习。如果您在学习中遇到了一些难点，也请如实写下来，方便今后重复学习，彻底解决这些难点。

同时本章列举了大量实景图片，与具体的文本内容互为参照和补充，方便您边学边用，请如实填写您的运用计划，以使工作与学习相结合。

我的学习心得：

1. _____
2. _____
3. _____
4. _____
5. _____

我的学习难点：

1. _____
2. _____
3. _____
4. _____
5. _____

我的运用计划：

1. _____
2. _____
3. _____
4. _____
5. _____

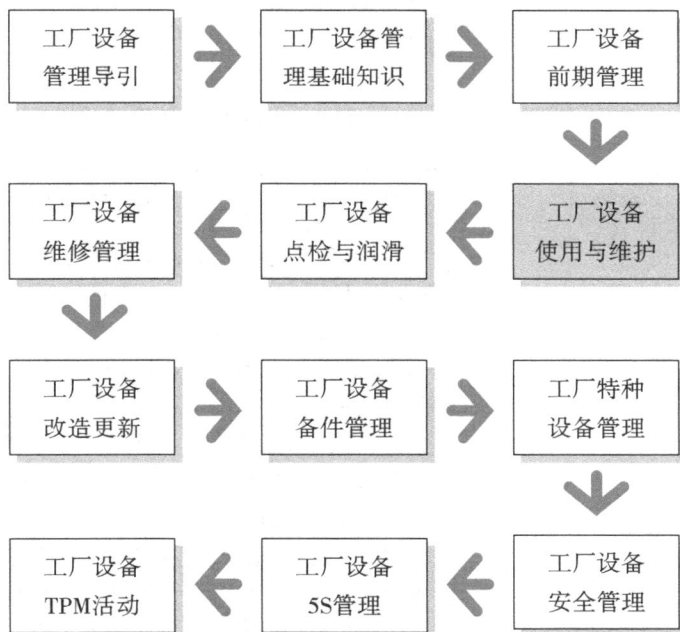

第4章

工厂设备使用与维护

导视图

工厂设备管理导引 → 工厂设备管理基础知识 → 工厂设备前期管理

工厂设备维修管理 ← 工厂设备点检与润滑 ← 工厂设备使用与维护

工厂设备改造更新 → 工厂设备备件管理 → 工厂特种设备管理

工厂设备TPM活动 ← 工厂设备5S管理 ← 工厂设备安全管理

··· 关键指引 ·········

　　各类设备都是企业的重要资产，因此，设备的各级使用人员应当正确使用设备，避免损坏设备，同时做好维护工作，如做好一级保养、二级保养等。

··

要点01：设备分层与分类管理

　　设备管理是对设备寿命周期全过程的管理，是企业管理的重要组成部分。一般对设备进行分类管理。

1. 设备分层管理

　　设备的分层管理主要包括高层次、中层次和作业层三个层面的管理，其管理要求如表4-1所示。

表4-1　设备的分层管理表

层次标准	管理要求
高层次设备管理	企业领导为组织实施企业发展战略而规定的设备更新、关键设备的技术改造以及重要设备的引进、购置等决策。主要包括重要设备大规模检修的计划与组织实施，设备系统重要法规的贯彻、部署，企业内部设备管理体制的改革方案等
中层次设备管理	内容一般包括为了实现第一层次所规定的各个项目、方案所开展的组织、协调、保证、服务等一系列工作。在企业有关领导的主持下，以设备部门为主，或在设备部门参与下，会同计划、生产、财务、技术改造、物资供应以及有关车间等统一加以组织实施
作业层设备管理	作业层的设备管理也就是生产现场的设备管理。这一层次设备管理的主要任务是针对生产现场的运行特点，有效地加强设备管理，保持设备良好的技术状态，保证生产的正常秩序，促进生产优质、低耗、高效、安全地进行

2．设备分类管理

一般来说，企业为了将有限的维修资源集中使用在对生产经营及提高经济效益起重要作用的设备上，会针对设备的重要程度，采用不同的管理对策与措施，这种方法就叫做设备分类管理法。设备分类管理法一般分为重点设备管理法和效果系数法。这里着重介绍重点设备管理法。

重点设备管理法是现代管理方法——ABC管理法在设备管理中的应用。它是按照设备在生产经营中的不同地位，把设备分为重点设备（一般是A类设备）与非重点设备（一般是B类、C类和D类设备），然后再加以分类管理的方法。

（1）重点设备评定方法

对重点设备的评定，一般采用综合评价法。这是一种在定量分析基础上，从系统的整体观点出发，综合各种因素的评定方法，它由以下几个部分组成。

①评价因素（标准）：综合评价法采用多种评价因素。确定重点设备的基本因素是：设备在综合效率（P—产量；Q—质量；C—成本；D—交货期；S—安全；M—劳动情绪）方面的影响程度。一般来说，在选定重点设备时都需要参考成本、质量、安全等因素，具体内容如表4-2所示。

表4-2　选定重点设备的参考依据

影响因素	选定依据
生产方面	（1）单一设备，关键工序的关键设备（包括加工时间较长的设备） （2）多品种生产的专用设备 （3）最后精加工工序无代用设备 （4）经常发生故障，对产量有明显影响的设备 （5）产量高，生产不均衡的设备
质量方面	（1）影响质量很大的设备 （2）质量变动大，工艺上粗精不易分开的设备 （3）发生故障，即影响产品质量的设备
成本方面	（1）加工贵重材料的设备 （2）多人操作的设备 （3）消耗能源大的设备（包括电能、热能） （4）发生故障，造成损失大的设备
维修性方面	（1）技术复杂程度大的设备 （2）备件供应困难的设备 （3）易出故障，且不好修理的设备

（续表）

影响因素	选定依据
安全方面	（1）容易影响人身安全的设备 （2）空调设备 （3）发生故障，对周围环境保护及作业有影响的设备

② 评分标准：在同一评价因素内部，根据重要程度、影响程度分别给予相应的分数。由于每一个因素情况不同，可以分别规定几个档次及其相应的分数。

③ 设备分类：依据评价因素和评分标准对每台设备进行评定。

（2）不同设备管理方法

针对不同类型的设备，应采用不同的管理方法，包括规定不同的完好标准要求，不同的日常管理标准、维修对策，以及不同的备件管理、资料档案、设备润滑等标准。

① 四类设备的不同完好标准如表4-3所示。

表4-3 设备的完好标准表

类型	完好标准
A类设备	（1）每年进行1～2次精度调整，主要项目的精度不可超差 （2）每月抽查5%～10% （3）抽查合格率达90%以上
B类设备	（1）按规定完好标准每月抽查5%～10% （2）抽查合格率达87%以上

（续表）

类型	完好标准
C类设备	（1）做到整齐、清洁、润滑、安全，满足生产与工艺要求 （2）每月抽查5% （3）抽查合格率达87%
D类设备	（1）做到整齐、清洁、润滑、安全，满足生产与工艺要求 （2）每月抽查5% （3）抽查合格率达87%

②四类设备的日常管理标准，如表4-4所示。

表4-4　设备的日常管理标准

项目 ＼ 设备类别	A	B	C	D
日常点检	√	×	×	×
定期点检	按高标准	按一般要求	×	×
日常保养	检查合格率100%	检查合格率95%	检查合格率90%	定人清扫保养
一级保养	检查合格率95%	检查合格率90%	检查合格率80%	定期保养
凭证操作	严格定人定机检查合格率100%	定人定机检查合格率95%	定人定机检查合格率90%	×
操作规程	专用	通用	通用	通用
故障率（%）	≤1	≤1.5	2.5	≤3
故障分析	分析维修规律	一般分析	×	×
账卡物	100%	100%	100%	100%

③四类设备的维修对策如表4-5所示。

表4-5　设备的维修对策

项目 ＼ 设备类别	A	B	C	D
方针	重点预防维修	预防维修	事后维修	事后维修
大修	√	√	×	×

（续表）

项目 ＼ 设备类别	A	B	C	D
预修	√	√	×	×
精度调整	所有精密大型设备	×	×	×
改善性维修	重点实施	实施	×	×
返修率（%）	2	2.5	×	×
维修记录	100%	98%	×	×
维修力量配备	（1）应投入维修力量的40% （2）安排技术熟练水平较高的维修人员	（1）应投入维修力量的55% （2）安排技术熟练水平较高的维修人员	（1）应投入维修力量的5% （2）安排技术熟练水平较高的维修人员	（1）应投入维修力量的5% （2）安排技术熟练水平较高的维修人员

④ 四类设备的备件管理、资料档案、设备润滑要求如表4-6所示。

表4-6 设备的备件管理、资料档案等要求

项目 ＼ 设备类别		A	B	C	D
备件管理	管理要求	（1）建卡，确定最高、最低储备量 （2）供应率100%	（1）同A （2）供应率90%	（1）建卡 （2）供应率50%	同C类
	储备方式	零件	零件	零件	零件
资料档案	说明书	95%	90%	50%	50%
	备件图册	90%	85%	50%	50%
	技术档案	98%	90%	50%	50%
设备润滑	润滑五定* 图表	90%	85%	70%	70%
	润滑五定* 卡片	100%	100%	100%	100%
	计划换油 完成率	95%	90%	80%	80%
	计划换油 对号率	95%	90%	80%	80%
	计划换油 治漏率	95%	90%	80%	80%

备注：润滑五定即定点、定质、定量、定期、定人。

（3）制定重点设备管理规程

企业可以制定重点设备的管理规程，对其进行有效管理。以下是一份重点设备的管理规程，供读者参考。

【参考范本】××有限公司重点设备管理规程

××有限公司重点设备管理规程

一、重点设备的划分

根据重点设备划分范围和依据，采取"分项评分法"进行划分。80分以上列为重点设备，即"A"类设备。精、大、稀、关键、进口设备以及质量控制点设备全部列为重点设备。重点设备控制在主要生产设备拥有量的10%~15%，每年审定一次。

二、重点设备的保管

对重点设备单独设立台账，要求单机档案、精度检测记录、图纸资料齐全，设备上有明显标志。

三、重点设备的使用

对重点设备执行区域维修负责制，严格执行操作人员自点检、维修人员巡回检。机械员对存在的问题做好诊断分析与记录。设备工具处参与诊断分析，确保其处于良好的技术状态。

四、重点设备日常保养维修

（1）操作者必须具备会使用、会保养、会检查、会排除故障的能力。否则，不发给操作证，不允许操作。

（2）必须执行定人定机、凭证操作制度，操作者变动和调动时，必须经设备工具处审查同意。

（3）定期检查，每年最少进行一次精度指数测定，并将记录存档。

（4）优先保证备品备件供应，储备资金要高于一般设备的30%。

要点02：设备使用控制

合理地使用设备可以减轻设备磨损，使设备保持良好的性能和应有的精度，从而保持较高的生产效率，因此，企业各级人员要严格做好设备的使用控制工作。

1. 设备使用控制方法

（1）凭证操作

凡主要生产设备的操作者，必须凭证操作，没有操作证一律不得擅自使用设备。

①操作人员在独立使用设备前，企业应对其进行设备结构、性能、技术规范、维护知识和安全操作规程及实际技能的培训考试，经设备工具处、教育处、劳资处审查合格后发给操作证。未经培训的人员，不可以操作设备，企业应在一些设备上贴出此类警示。

②重点设备，进口设备，精、大、稀、关键设备的操作人员经培训后，还需通过由设备工具处会同有关部门进行的考试合格后，发给操作证。

③对于确有操作多种设备能力的人员，经考试合格，允许操作同工种2~3台设备。多人操作的设备必须实行台机长负责制。

④对设备状态进行标示，防止误操作。

⑤临时操作使用的设备人员，培训后经领导和机械员同意，方可临时使用设备。

⑥对于调离本厂，或因工种变动而不再使用的原设备人员，必须收回操作证，并交设备工具处注销。

（2）为操作人员规定用好、管好设备的多项纪律

①凭操作证使用设备，遵守安全操作规程，不得违反，否则予以重罚；◄- - - - - -┐

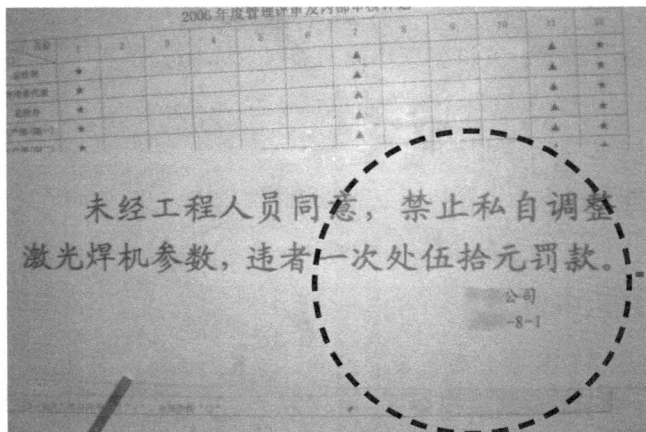

②经常保持设备整洁并按规定加油；

③遵守交接班制度；

④管好工具、附件，不得遗失；

⑤发现故障立即停机检查，如自己不能处理，则通知检修部门。

⑥对设备表面的各种按键、指示灯等要细心使用，不能大力按住或旋转。◄- - - -┐

（3）建立和健全操作人员的岗位责任制

按照岗位责任制的要求，对个人操作、一班作业的设备建立专人专机制；对于三班作业和几个人共同操作的设备，建立机长负责制。在机组内，进一步划分操作岗位和职责，做到台台设备有专人管、人人有专责。

（4）建立健全包机制

可根据设备不同的工艺特点、生产条件，采用适当的方式。

（5）设立班组设备员

在基层生产班组中推举设备员，以协助班组长和车间设备员管理好本班组内的所有设备。在规模较大的班组内，可以推举数人组成设备管理小组。

（6）培育与树立先进岗位或班组

在生产现场设备管理中，培育与树立先进岗位和班组，对于动员广大员工管好、用好设备起着不可估量的作用。

2. 设备使用注意事项

（1）电气机械设备使用前，设备管理人员要与人力资源部配合，组织使用人员接受操作培训，工程部负责安排技术人员讲解。

（2）使用人员要做到会操作，清楚日常保养知识和安全操作知识，熟悉设备性能，由工程部签发设备操作证后，方可上岗操作。

（3）使用人员要严格按安全操作规程工作，企业可以将相关警示标志贴到设备上。

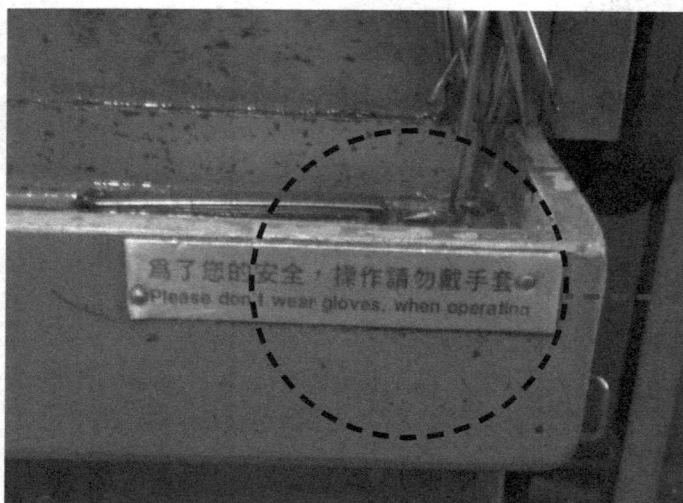

（4）工程部要指派人员与各部门负责人一起经常性地检查设备情况，并将结果列入员工工作考核内容。

（5）恰当地安排设备任务：企业设备主管人员应会同技术人员分析设备的特点，恰当地安排生产任务。

（6）创造良好运转环境：设备管理人员应为设备创造良好的运转环境。不仅要对高精度设备的温度、湿度、防尘、防震等工作条件有严格的控制，同时也要为普通精度的设备创造适当的条件。

> **请注意**
>
> 由于各种设备的结构、性能不相同，企业一定要根据设备的技术条件来配备操作人员，并严格按操作规程进行作业。

要点03：设备的合理维护

各类设备能否在其生命周期内良好地运转，除了是否合理使用外，在很大程度上还取决于设备的维护做得好不好。如果维护工作做得扎实，就能减少修理的次数和工作量。

1．设备维护重点

设备维护的主要目的是使设备保持整齐、清洁、润滑、安全，以保证设备的使用性能并延长修理间隔期，而不是恢复设备的精度，其重点是润滑、防腐、防泄漏与防损伤。

（1）润滑管理

做好设备的润滑管理，认真执行润滑"五定"（定点、定质、定量、定期、定人），这样能有效地减少摩擦阻力和磨损，保护金属表面，使之不锈蚀、不损伤。这是保证设备正常运转、延长使用寿命、提高设备效率和工作精度的必要措施。

（2）防腐蚀

设备的腐蚀会引起效率和使用寿命的降低，影响安全运行，甚至会造成设备事故。因此，企业必须做好防腐蚀工作，如将暂时不用的设备用保护物品遮蔽起来。

（3）防泄漏

防泄漏也是维修保养工作的重要内容之一。认真治理和防止设备的跑风、冒气、滴水、漏油，这是大多数设备的共同要求。

（4）防损伤

设备一旦遭到损伤，往往容易导致故障，因此企业应当采取各种措施防止设备遭损伤，例如为其设置防护装置等。

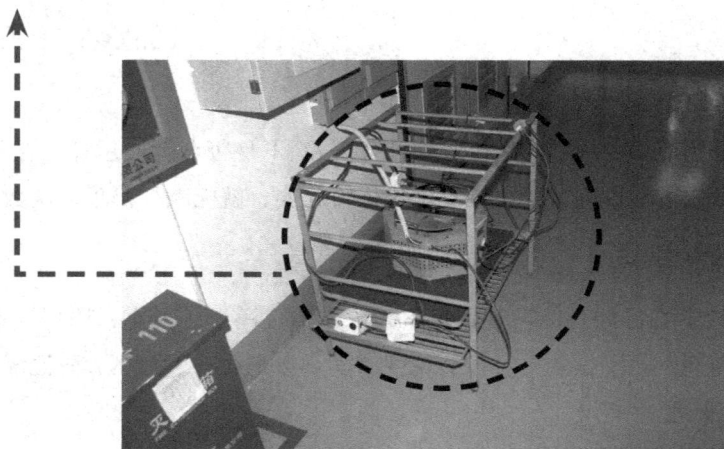

2．关键设备维护

在企业中，应对生产中的关键设备实行"特护"。"特护"即设备的特级维护，它是将生产流程中起关键作用的一台或几台设备按工艺流程划分为一个单元，由操作人员、维护人员、专检人员等组成特护小组，在对特护设备实行"三包"（包运行、包保养、包维修）的基础上，通过对设备的"检查—处理—改善"的反复循环，使关键设备的运行始终处于最佳状态，从而取得系统的高效益。

与此同时，还有一些企业把"特护"与"三检"结合起来，组成"三检"、"特护"管理体系。其具体内容如下所示。

（1）操作人员

操作运行人员按岗、定时巡检，建立现场设备横向检查维护管理体系，如图4-1所示。

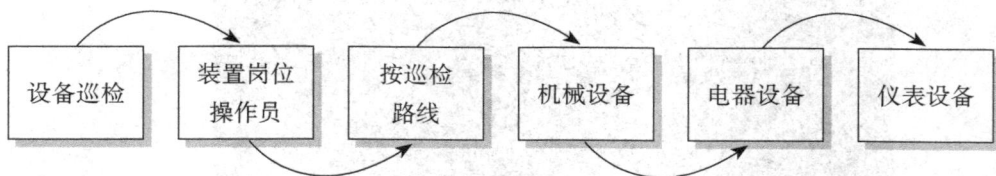

| 设备巡检 | 装置岗位操作员 | 按巡检路线 | 机械设备 | 电器设备 | 仪表设备 |

图4-1 现场设备横向检查维护管理体系

（2）维护人员

机械、电器、仪表维护人员定时、定位点检，建立现场设备纵向维护管理网络体系。具体内容如图4-2所示。

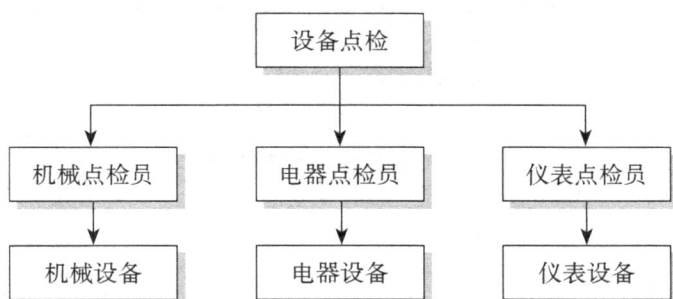

图4-2 设备纵向维护管理网络体系

（3）专检人员

处、室、生产车间、维护车间、专业技术管理人员进行专检，建立现场设备检查维护管理的监督保证体系。具体内容如图4-3所示。

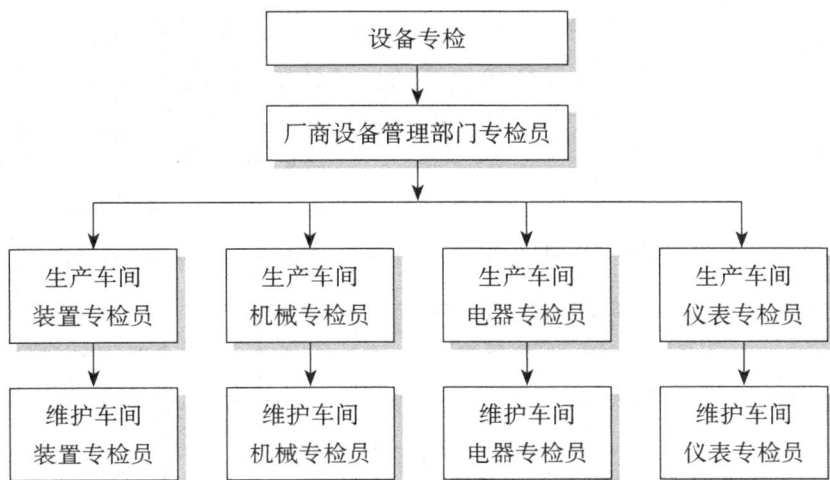

图4-3 现场设备检查维护管理的监督保证体系

（4）特级维护人员

科室、车间的专业技术管理人员，维护车间点检人员和生产车间巡检人员对关键设备定期联合检查，进行特级维护，突出现场设备检查维护管理的重点。具体内容如图4-4所示。

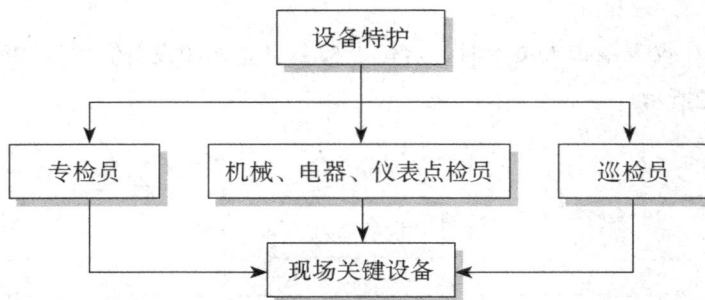

图4-4　检查维护管理的重点

3．设备维护记录

进行设备维护后要做好相应记录，以便了解设备的运行状况。

（1）设备维护工作安排表

将设备的维护工作做好计划安排，具体可借助表4-9实现工作安排。

表4-9　设备维护工作安排表

设备名称	设备编号 维护内容 月份	1	2	3	4	5	6	……	12
排风机									
干燥系统									
挤压机									
PIV减速机									
回轴减速齿轮箱									
油泵减速机									

（2）维护工作记录表

将每次维护进行记录，以便查实，相关表单如表4-10所示。

表4-10 维护工作记录表

单位名称： 工作人员： 日期：＿＿＿年＿＿月＿＿日

工作进度	预定												出勤时数	加班时数	工时差异
	实际														

代号	机械设备编号	工作内容	故障停车时间			故障代号	故障原因代号	修护情形代号	工时	修换材料				品质	签认人员
			起	止	时数					名称	规格	数量	金额		

故障代号										故障原因代号										修护情形代号									
A	B	C	D	E	F	G	H	I	J	a	b	c	d	e	f	g	h	i	j	1	2	3	4	5	6	7	8	9	10

（3）维护工作标志

每次维护工作结束后，对设备的状态做好标示。

要点04：设备维护成本控制

进行设备维护成本的控制能节约人力、物力、财力，避免不必要的支出。

1．设备维护成本的种类

一般而言，设备的维护成本主要有三种，具体内容如表4-11所示。

表4-11 维护成本分类表

类型	具体分类	内容
人工成本	管理成本	主要包括各种管理费用、技术工人以及非自由的外包维护等的成本
	劳务成本	主要是劳务人员的成本
能源成本（也称物料成本）	机器成本	各种机器、设备、仪表的消耗成本
	辅助物料成本	设备零部件、辅助物料、润滑油脂、清洗油等
维修成本		包括各种维修器具和维修人员的成本支出

2．设备维护成本控制的意义

（1）能源成本控制

现代企业主要实施机械化生产。大量使用各种机械、电器设备使得相应的能源消耗急剧增加，为了降低生产成本，必须进行能源的成本控制。

（2）维修成本控制

设备的长期使用会导致一些磨损故障，操作人员的不正当作业也会引起设备故障的大量产生，这就需要进行设备维修，由此导致的维修费用也是不可忽视的。相应地，设备的维修成本也在大量增加。

（3）人工成本控制

设备的日常维护需要投入大量的人力、物力，这不可避免地加大了企业的人工成本的支出。

3．设备维护成本控制的方法

（1）控制能源成本

①管理方法

a．编制能源成本控制计划，包括成本预算、控制指标、控制标准、控制措施和明确控制的责任。

b．实施"全员控制"和"全过程控制"，让全员参与，并对能源的使用全过程进行控制。

②技术方法

a．对各种设备进行实时监测，掌握其运行状况。

b．对于维护设备正常运行的各种润滑油脂等做好管理，包括其使用、储存及发放，做好其成本控制。

c．必须强调按操作规程进行设备操作，减少不必要的维修、浪费。

（2）控制维修成本

①管理方法

a．编制维修成本控制计划。

b．制定严格的维修工具、材料，零部件的采购、出入库、配送和使用回收等规章制度。

②技术方法

a．设备维护人员要了解设备中寿命最短的零部件，编制管理档案，并经常加以特别关注；还要了解设备中最重要、最昂贵的零部件，编制管理档案和应急处理预案；还要了解设备在设计、安装、调试等方面的缺陷和不足，找出隐患并加以解决，降低设备的初始故障率使其进入稳定的运行状态。

b．对于设备的偶发故障，要提高对故障的检测诊断能力和修理能力，加强对材料备品的管理。

c．对于设备的使用磨损，也需要精心进行预防保养，定期对零部件进行检测，掌握其劣化程度。同时做好清扫、加油、调整，减缓零部件的磨损和劣化进程，延长使用寿命，降低维修成本。

（3）控制人工成本

①合理配置人员，做到因事设岗、因岗定员。

②实施"强化专业，一专多能"的培训。

③加强技术人员的培训，减少设备的外包维护。

要点05：设备一级保养

设备必须经常做好保养，一级保养就是做好日常的检查、润滑保养。

1．实时检查

（1）检查皮带是否松动。

（2）检查制动开关是否正常。

（3）检查安全防护装置是否完整。

（4）检查设备易松动的部件是否坚固。

（5）检查设备运作环境是否清洁、有无障碍物。

2．润滑保养

润滑保养是日常保养的重要内容。做好设备润滑的"五定管理"工作，就是把日常润滑技术管理工作规范化、制度化，以保证润滑工作的质量。

（1）定点：根据润滑图表上指定的部位、润滑点、检查点，进行加油、添油、换油，检查液面高度及供油情况。

（2）定质：确定润滑部位所需油料的品种、品牌及要求，保证所加油质必须经化验合格。采用代用材料或掺配代用，要有科学根据。润滑装置、器具完整清洁，防止污染油料。

（3）定量：按规定的数量对各润滑部位进行日常润滑，要做好添油、加油情况和油箱的清洗。

（4）定期：按润滑卡片上规定的间隔时间进行加油，并按规定的间隔时间进行抽样检验。

（5）定人：按图表上的规定分工安排工作人员分别负责加油、添油、清洗换油，并规定负责抽样送检的人员。

> **请注意**
>
> 设备部门应编制润滑"五定管理"规范表，具体规定哪台设备、设备的哪个部位、用什么油、加油（换油）周期、用什么加油装置、由谁负责等。

3．填写一级保养卡

保养人员在进行一级保养时要做好记录，填写一级保养卡（见表4-12），以便掌握设备的日常保养状况。

表4-12　一级保养卡

年　　　月

日期 ＼ 保养内容	周围环境	表面擦拭	加油润滑	固件松动	安全装置	放气排水	……	保养签章	上级签章
设备名称					编号				
直接保养责任人					直接上级				
1									
2									
3									
4									
5									
6									
7									
8									
9									
10									
…									
31									

要点06：设备二级保养

二级保养主要是为了清除设备使用过程中由于零部件磨损和维护保养不良所造成的局部损伤，减少设备的有形磨损，为完成生产任务提供保障。

1．二级保养的内容

二级保养也被称为定期保养，具体实施时以操作人员为主，维修人员为辅。其主要内容包括以下几点。

（1）清扫、检查电器箱、电动机，做到电器装置固定整齐，安全防护装置牢靠。

（2）清洗设备相关附件及冷却装置。

（3）按计划拆卸设备的局部和重点部位，并进行检查，彻底清除油污、疏通油路。

（4）清洗或更换油毡、油线、滤油器、滑导面等。

（5）检查磨损情况，调整各部件配合间隙，紧固易松动的各部位。◄- - -

一般而言，设备累计运转500小时可进行一次二级保养，保养停机时间约8小时。

2．填写二级保养卡

除了做好规定的保养工作外，还要填写二级保养卡（见表4-13），对调整、修理及更换的零件、部件做好记录，同时将发现的、尚未解决的问题进行记录，为日后的修理提供依据。

表4-13　二级保养卡

设备名称		设备编号		
二级保养者		督导者		
项次	保养项目	标准	保养周期	保养结果记录
1				
2				
3				
4				
5				
6				
7				
…				

要点07：设备三级保养

三级保养是设备磨损的一种补偿形式，是以维持设备技术状况为主的保养形式。

1. 保养的内容

三级保养的实施主要以维修人员为主，操作人员参加。其主要内容有以下几点。

（1）对设备进行部分解体检查和修理。

（2）对各主轴箱、变速传动箱、液压箱、冷却箱进行清洗并换油。

（3）修复或更换易损件。

（4）检查、调整、修复精度，提高校准水平。

三级保养要保证主要精度达到工艺要求，三级保养的周期视设备具体情况而定。一般来说，设备每运转2500小时就要进行一次三级保养，停机时间大约32小时。

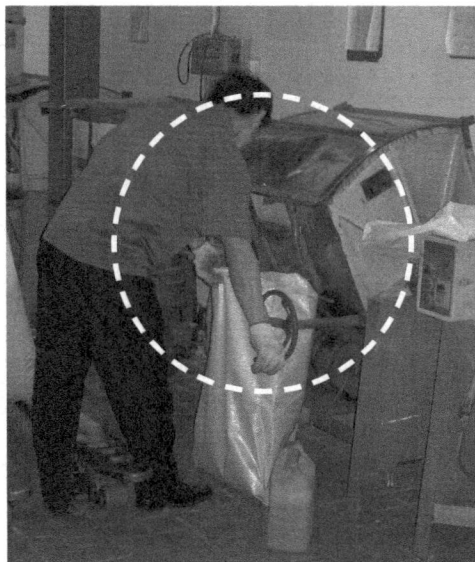

2. 填写相关表单

（1）三级保养卡。相关人员应认真填写三级保养卡（如表4-14所示）。

表4-14　三级保养卡

设备名称		设备编号	
保养方式	1. 自行实施（　　）2. 厂外实施（　　）		
责任部门		责任人	
保养周期			
厂外实施单位			
项次	保养项目	保养情况记录	保养费用
1			
2			
3			
4			
5			
…			

（2）三级保养效果检查表，相关人员应认真填写三级保养效果检查表（如表4-15所示），为以后设备的维修提供数据参考。

表4-15　三级保养效果检查表

设备名称		设备编号	
保养方式	1. 自行实施（　）2. 厂外实施（　　）		
责任部门		责任人	
保养周期			
厂外实施厂名			
保养时间			
保养成本			
项目	保养前	保养后	升降率
工作效率			
故障率			
……			
综合评价			

请注意

　　三级保养侧重对设备的部分解体、检查、局部修理及全面清洗。如果发现本企业解决不了的重大故障，需要请专业保养公司进行处理。

要点08：设备精度校准

设备精度校准是设备正确使用的前提，只有设备的精度准确无误，设备才能在正常状态下工作，才能保证生产出来的产品符合要求。

1. 设备精度校准的对象

以下几类设备需要进行精度校准。

（1）生产工艺设备

①直接决定产品性能的生产工艺设备：如电烙铁温度、电批扭矩、张力仪、点焊机等。

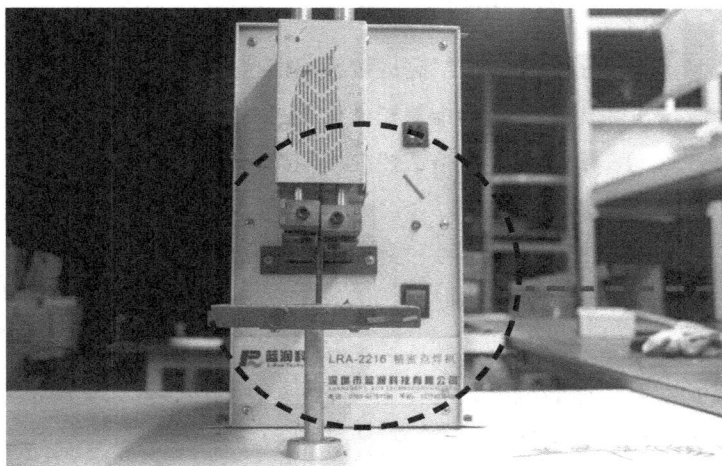

②影响产品性能稳定的保管设备：如恒温箱、无尘车间等。

（2）辅助生产设备

如空压机压力、输送带行进速度等。

（3）检测设备

如"来料检查标准书"、"标准作业书"、"出货检查标准书"中所使用的检测、试验设备，以及品质追踪所使用的检测设备等。

2．校准的方式

校准的方式有内部校准和外部校准两种，具体如图4-5所示。

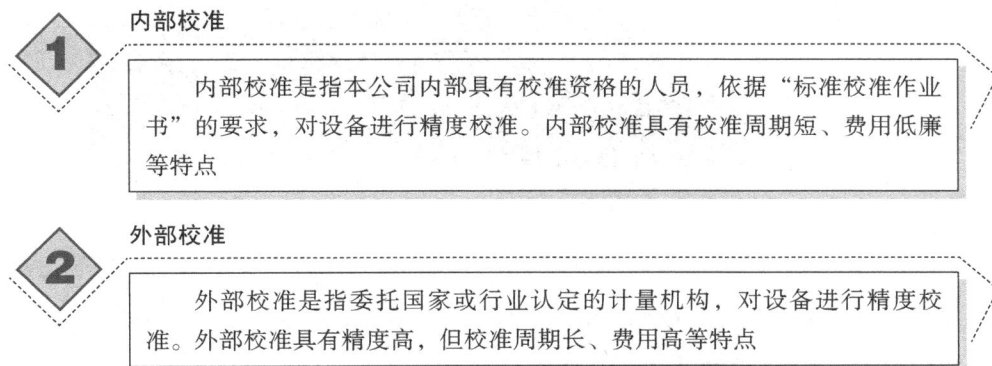

1 内部校准

内部校准是指本公司内部具有校准资格的人员，依据"标准校准作业书"的要求，对设备进行精度校准。内部校准具有校准周期短、费用低廉等特点

2 外部校准

外部校准是指委托国家或行业认定的计量机构，对设备进行精度校准。外部校准具有精度高，但校准周期长、费用高等特点

图4-5 校准的方式

3．精度校准步骤

（1）编制校准计划

包括校准周期、校准人员、校准方式、校准频率、校准结果的处理等。

（2）制定"标准校准作业规程"

①设备实际使用频率：使用频率越高，校准周期越短。

②相应法律、行规、制造厂商的推荐校准周期。

③客户对产品精度的要求：越严格，校准周期越短。

（3）实施校准

①按设备精度、校准周期、校准项目的要求实施校准。

②事先与该设备使用部门协调好时间，尽量在短时间内完成。

③对于为了校准而设定的各种条件，要采取各种标识，以防被人误改。

④如果是用"母器"进行校准，需要在台账和被校准设备上标注清楚。

⑤在设备上贴校准证。

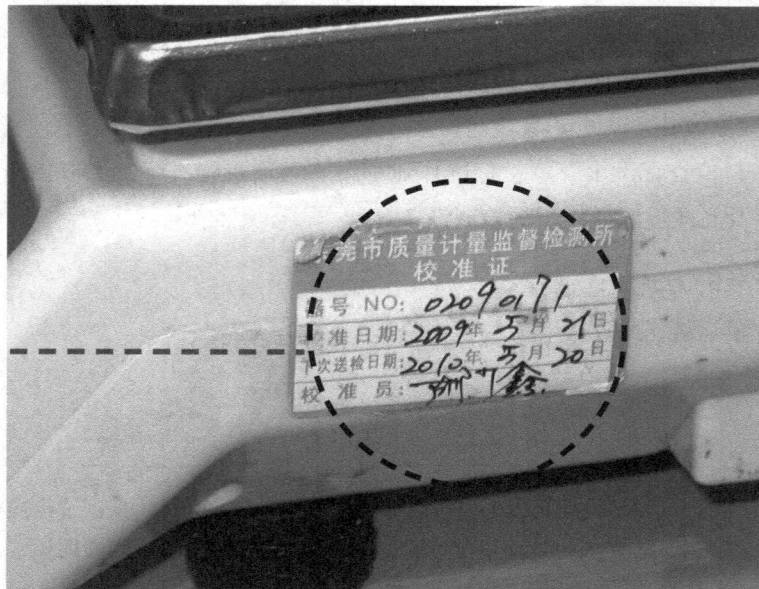

（4）做好校准记录

无论是外部校准还是内部校准，都应对校准的结果做好记录。表4-16是一张比较规范的"校准记录表"，供大家参考。

表4-16　校准记录表

日期：

设备名称		型号		制造厂商		出厂编号	
校准条件：							
校准器名称		型号			编号		
校准规程：							
校准结论：							

检验员：　　　　　　　　　　　　　　　校准员：

4．校准结果及其处理

（1）精度校准的结果

①精度没有偏差，经校准完后精度更高。

②精度有偏差，经校准完后回到标准规格内。

③精度有偏差，经校准仍无法回到标准规格内。

（2）结果的处理

①对于第一种结果，只需记录校准结果就行了。

②对于第二、第三种结果的处理如表4-17所示。

表4-17　校准结果的处理

事项	第二种结果	第三种结果
设备的处理	设定新的（更短）的校准周期	1．替换成精度正常的设备 2．彻底维修或废弃精度偏差的设备 3．精度偏差的设备，限定在某个非生产的范围内（场合）使用 4．寻找其他设备替代原有发生偏差的设备，同样对替代品也要进行精度校准

（续表）

事项	第二种结果	第三种结果
产品的处理		1．立即确认对产品品质有何影响 （1）对品质无影响的，已完成的产品照常出货 （2）对品质有影响的，视其影响程度大小作出综合判定和处理 2．追溯品质发生偏差的时间，估算每一时段的影响程度，采取相应对策 （1）搜集不同时段的样品，再次检测，确定品质偏差的初发时间 （2）联络后工序、客户，采取必要的应变措施 （3）工序内判定合格但尚未流到下一工序的部件，再次检测

5．精度校准管理的注意事项

（1）对于新购入的设备，最好在使用前对其进行校准。

（2）对校准对象与非校准对象都要进行识别管理，识别越详细，错漏机会就越少。

（3）精度偏差过大、无法校准而废弃时，对设备必须做好标识，报请相关部门审批。

（4）"母器"要尽量避免在生产上频繁使用，以免本身精度发生偏差。

（5）不要将所有设备的校准周期都设定为一样，设定时既要考虑保证精度，又要设法降低校准成本。

要点09：设备档案管理

设备管理部要有主要设备技术档案，车间要有本车间的全部设备技术档案。

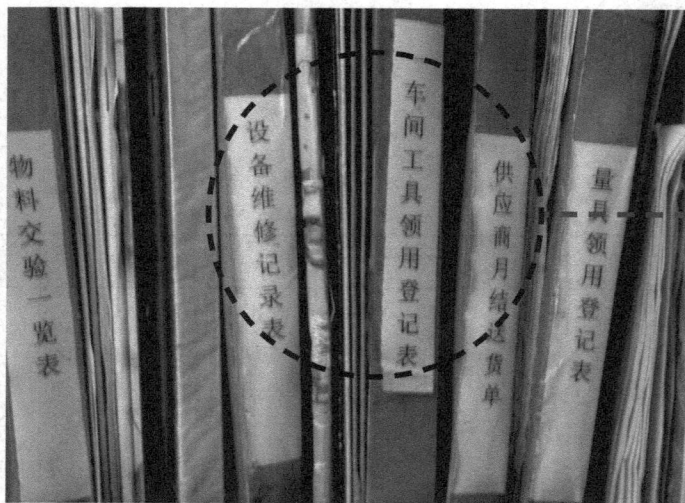

1. 设备档案内容

（1）设备目录如表4-18所示。

表4-18　设备目录

第　　页

序号	设备名称	编号	放置地点	单位	取得时间			价格		耐用年限	折旧		本期折旧后余额
					年	月	日	原价	改良增值		本期	累计	

复核：　　　　　　　　　　　　　　　　　　制表：

（2）安装使用说明书、设备制造合格证及压力容器质量证明书、设备调试记录等。

（3）设备履历卡片：设备编号、名称、主要规格、安装地点、投产日期、附属设备的名称与规格、操作运行条件、设备变动记录等。

（4）设备结构及易损件图纸。

（5）设备运行记录。

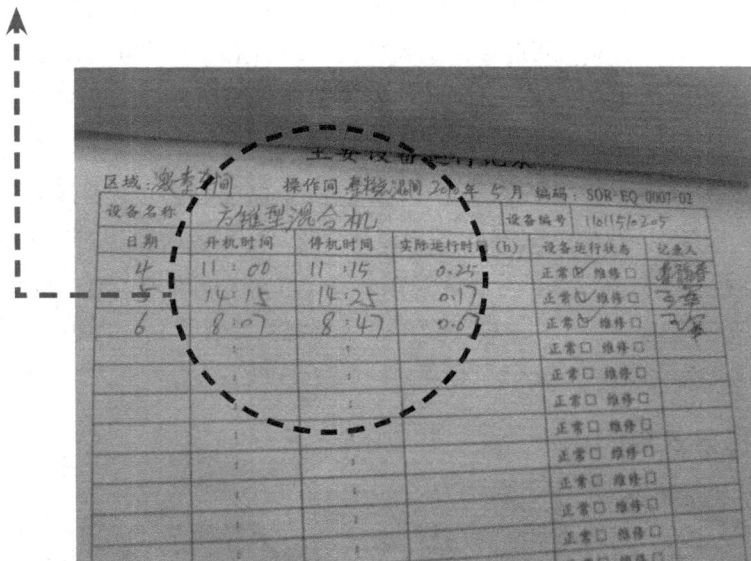

（6）历年设备缺陷及事故情况记录。

（7）设备检修、试验与技术鉴定记录。

（8）设备润滑记录。

（9）状态监测和故障诊断记录。

（10）设备操作指南。

（11）设备技术参数变更记录。

2. 设备档案管理分工

（1）设备管理部和车间应建立压力容器、起重设备档案，详细填写制造部门、安装技术文件、图纸、强度计算书和检查试压及防腐蚀记录。

（2）设备管理部以及其他有防腐设备的单位应建立防腐蚀设备档案。

（3）设备检修后，必须有完整的交工资料并装订成册，由检修单位交设备所在单位（厂控的设备、锅炉、压力容器、防腐蚀设备及工业建筑物、构筑物等），同时交设备管理部一份，一并存入设备档案。内容主要包括交工资料目录、各种试验测量记录、缺陷及修复记录、隐蔽工程记录、设计变更记录、理化检测记录、主要配件合格证、防腐工程记录、单体试车记录、联动试车合格记录及其他必要的资料等。

（4）新购置的设备及基建措施等新项目投产后，其竣工图、安装试车记录、说明书、检验证、隐蔽工程试验记录及制造厂家试验检查记录和鉴定书（电气设备）等文件应交档案处保管。档案处应对其做抄件，分别转给设备管理部和设备所在单位，装入设备技术档案。

（5）在用设备的档案由设备管理部与设备所在单位按分管范围妥善保管。设备迁移、调拨时，将其档案随设备调出；主要设备报废后，将其档案及时交企业档案处存查。

（6）设备管理部专业管理员与专区管理员负责填写分管专业、专区的主要设备及专业技术档案，由统计员统一保管，由设备管理部主管每季检查一次，并做出评语，以此作为设备管理部员工工作考核的主要内容之一。

3. 设备档案编制

（1）档案编制要求

①档案要求齐全、整洁、规范、统一、按时填写。对于有历史情况的，应建立基础资

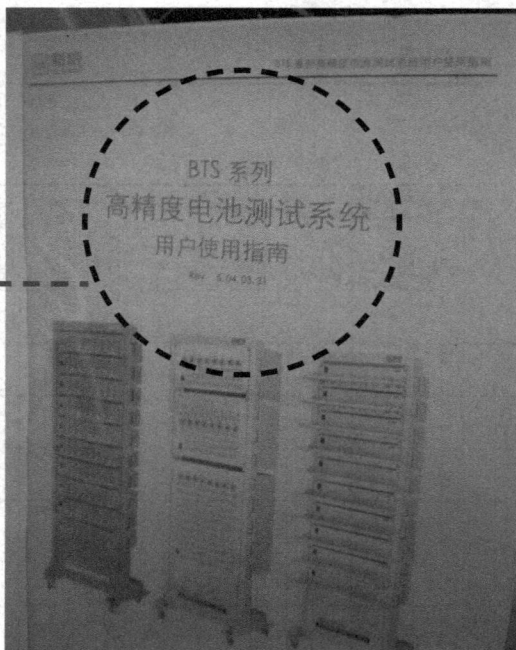

料目录登记册，以便于查找。

②对于有关总结、文件、报表等文字材料，要求精练、概括、工整、美观。

③一律用黑色签字笔工整书写，数据和编号采用阿拉伯数字。

④技术档案中的图纸要求按国家标准复制，做好折叠，正面向外，标题栏角露在右下角；照片要附有编号，填清说明。

⑤原始检修交工文件要装订整齐，按顺序排列编号，保存于设备技术档案内。

⑥各类资料要求逐页编号。凡未铅印编号的，在右上角用阿拉伯数字书写编号。

⑦设备管理部及各单位要善于应用各类档案数据，逐月对设备状况进行综合分析。

（2）档案建立完好的标准

①各种档案种类齐全、实用。

②各种档案整洁、规范。

③各种档案的内容、数据与说明要完整、准确、真实、系统、精练。

④按时填写、归档，保持成套性。

⑤排列合理，方便使用。

学习笔记

通过学习本章内容，想必您已经掌握了不少学习心得，请仔细填写下来，以便继续巩固学习。如果您在学习中遇到了一些难点，也请如实写下来，方便今后重复学习，彻底解决这些难点。

同时本章列举了大量实景图片，与具体的文本内容互为参照和补充，方便您边学边用，请如实填写您的运用计划，以使工作与学习相结合。

我的学习心得：

1. _____
2. _____
3. _____
4. _____
5. _____

我的学习难点：

1. _____
2. _____
3. _____
4. _____
5. _____

我的运用计划：

1. _____
2. _____
3. _____
4. _____
5. _____

第5章

工厂设备点检与润滑

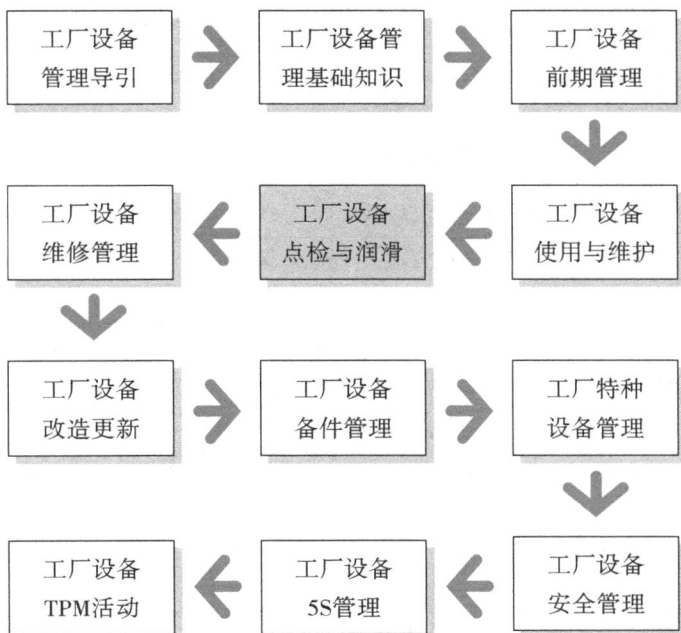

导视图

··· 关键指引 ········

　　点检与润滑是确保设备正常运行的重要环节，只有做好了这两个环节的工作，才能及时发现并解决设备存在的问题，以维持设备长效运转。

···

要点01：确定点检项目

点检就是对机器设备以及场所进行的定期和不定期的检查、加油、维护等工作。

1. 点检的内容

点检的内容主要如表5-1所示。

表5-1　点检的内容

标准	点检类型	内容
点检对象（设备）的运行状况	开机前点检	要确认设备是否具备开机的条件
	运行中点检	确认设备运行的状态、参数是否良好
	停机点检	停机后定期对设备进行的检查和维护工作
点检时间	日常点检	由操作人员负责，作为日常维护保养的一项重要内容，结合日常维护保养共同进行
	定期点检	根据不同的设备，确定不同的点检周期，一般分为一周、半个月或一个月等

2. 确定点检项目

确定具体点检项目就是要确定设备在开机前、运行中和停机后需要周期性检查和维护的具体项目。

①点检项目的确定可以根据设备的有关技术资料、设备技术人员的指导和操作人员的经验完成。一开始确定的点检项目可能很繁琐，不够精练和准确，但是，以后可以逐渐对

其进行简化和优化。

② 自主保全的点检项目应注意根据技术能力、维修备件、维修工具等实际情况确定，并且要与专业技术人员进行的专业保全加以区别。在操作人员的能力范围内，要做到尽可能完善自主保全的点检项目，保障设备的日常运行安全可靠。

请注意

> 点检项目是点检具体实施的依据，企业必须在综合考虑设备的相关资料和企业的技术能力后进行确定。

3. 点检"六定"

（1）定点

企业应根据设备的特性预先设定设备故障点，尤其是潜在的故障点，明确设备的点检部位、项目和内容，便于点检人员有目的、有方向地进行点检作业。

（2）定人

定人即确定由何人实施点检。点检作业的核心是点检人员的点检，这是点检管辖区的固定人员，不轻易变动。企业可以为该区域安排固定的检查人，并以相关标牌标明。

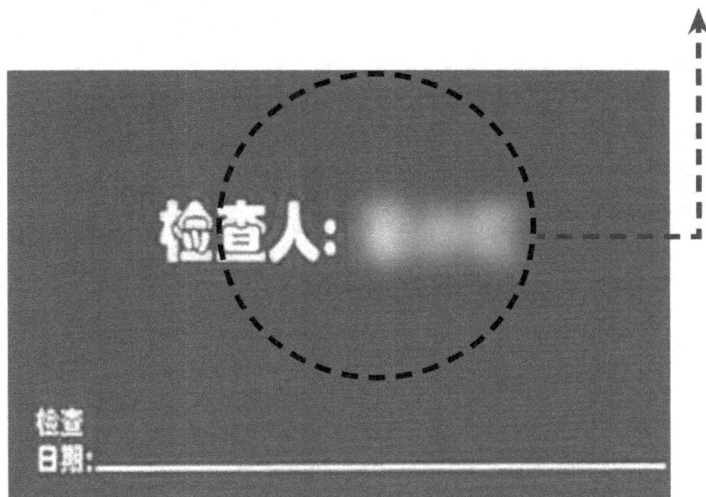

（3）定期

定期即设定点检周期。对于设备的一些部位、项目和内容，均有预先设定的周期，并根据实际可以进行不断的完善，以确定最适宜的周期。

（4）定标

定标指要制定好点检标准。点检标准是指一个点检项目测量值的允许范围，它是判定一个点检项目是否符合要求的依据，如电机的运行电流范围、液压油的油压范围等。对判定基准不是很清楚时，可以咨询设备制造商，或根据技术人员（专家）的经验值进行假定，以后逐渐提高管理精度。

（5）定法

定法即要明确点检方法，即完成一个点检项目的手段，如目视、电流表测量、温度计测量等。

（6）定记录

企业对点检的结果必须要有相应的记录格式，主要包括各种点检记录表格的制定和填写。这些完整的记录会为以后设备的维修提供了各种有价值的原始数据。

要点02：编制点检表格

点检表格是对设备进行点检作业的原始记录，必须依照格式制定完整。

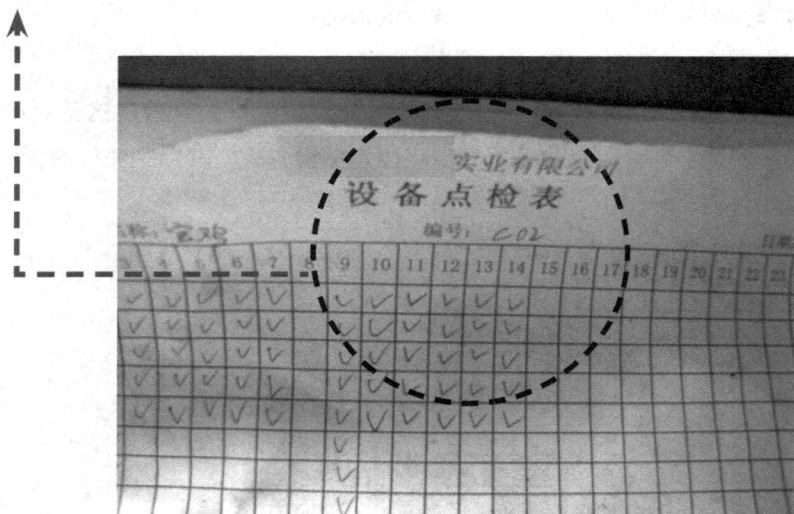

1. 点检表格基本内容

点检表格基本内容如下。

（1）点检项目。

（2）点检方法。

（3）判定基准。

（4）点检周期。

（5）点检人员。

（6）点检实施记录。

（7）异常情况记录。

2. 常用点检表格

以下是一些常用的点检表格，供读者参考。

表5-2 发电机开机前的点检表

序号	点检项目	判断标准	点检人员	结果确认
1	燃油油位	绿色范围		
2	负荷开关	关闭状态		
3	速度转换开关	低速状态		
4	机油油位	标定范围内		
5	冷却水位	标定范围内		
6	风扇皮带	无松动损伤		
7	输油管阀门	开启状态		
8	蓄电池	观察孔呈绿色		
9	机身	无杂物		
满足开机条件后签名、开机				

备注：结果确认栏里，正常记"√"，不正常记"×"。

表5-3 发电机运行点检表

序号	点检项目	正常状况	结果确认
1	油箱油位	绿色范围（200～400升）	
2	电源指示灯	亮	
3	输出频率	50赫兹	
4	输出电压	380伏	
5	输出电流	绿色范围（0～1064安）	
6	输出功率	绿色范围（0～560千瓦）	
7	单/并机开关	并机状态	
8	高/低速开关	高速状态	
9	电池开关	开启状态	
10	负荷开关	开启状态	
11	过滤器报警	无	
12	启动钥匙	运行状态	
13	冷却油压	绿色范围（4～7千克/厘米^2）	

（续表）

序号	点检项目	正常状况	结果确认
14	冷却油温	绿色范围（<100摄氏度）	
15	冷却水温	绿色范围（<90摄氏度）	
16	充电电流	绿色范围（0~15毫安）	
17	转速表	1500转/分	
确认人签名			

备注：结果确认栏里，正常记"√"，不正常记"×"。

表5-4 发电机（房）周期点检表

序号	点检项目	点检方法	判断标准	周期	结果确认
1	机体状态	目视	干净无损伤	次/周	
2	油路和油阀开关	观测试验	灵活无锈蚀	次/周	
3	蓄电池	观测试验	无溢液、电量足	次/周	
4	应急照明灯	观测试验	功能正常	次/周	
5	空气过滤器	清洁或更换	干净无损伤	次/周	
6	燃油泵开关柜	观测清洁	电流电压正常	次/周	
7	机油及过滤器	测试或更换	油位油质正常	次/周	
8	皮带松紧度	测试	松紧正常	次/周	
点检人					
异常记录				确认	

备注：结果确认栏中，良好画"○"；要维修画"×"；修理中画"●"。

表5-5 机械压力机周点检表

序号	检查项目	检查内容及要求	周次			
			1	2	3	4
1	检查管道漏油、漏气情况	需特别注意管接头				
2	检查油位	检查润滑器、润滑油箱、气垫油缸、滑块内的油面、润滑器的油箱、油泵及油脂泵油箱的油位及润滑情况				

（续表）

序号	检查项目	检查内容及要求	周次			
			1	2	3	4
3	检查润滑点的润滑情况	检查滑块夹条和衬垫的润滑情况、检查油位指示器的节流阀				
检查符号	检查方法：听、看、试 完好画"√"，异常画 "△"，待修画"×"，修好 画"⊗"		机			
			电			
			润			
处理意见						

表5-6 机械压力机月点检表

设备编号：　　　　　　设备名称：　　　　　　　　　年　月

序号	检查项目	检查内容及要求	检查结果	说明
1	检查摩擦片	测量离合器制动片的行程，行程在3.5毫米时应加以调整，磨损达8毫米时应予以更换		
2	检查活动垫板的限位开关性能	开关开启、闭合无阻滞		
3	检查有无零件松动	用一只手推动皮带（15～20千克），其松弛大于15～25毫米时，需调整主电机座		
4	排放空气滤清器	开启和关闭截流阀		
5	排放气锤	无损坏		
6	检查继电器	检查B/CR、C/CRS/CR及R/CR等继电器的稳定性和弯曲情况		
7	检查指示灯	进行开与关的试验		

（续表）

序号	检查项目	检查内容及要求	检查结果	说明
8	检查润滑情况	检查外露齿轮（如点动减速齿轮）、滑块调整指示器齿轮等润滑情况，必要时加以润滑		
9	检查油池的油位	检查滑块调整减速器及活动垫板减速齿轮的油位		
10	检查轮动凸轮的行程量（三个月一次）	为了防止重压，将转动凸轮，停止上死点，再停辅助凸轮及重动防止凸轮，然后将压力机停在上死点，松开凸轮锁，转动旋钮，用目测或尺测量		
检查符号	完好√，异常△，待修×，修好⊗		机	
			电	
			润	
处理意见				

要点03：点检的实施流程

设备的点检是为了维持设备所规定的性能，按标准进行点检，因而，企业要有完整的点检实施步骤。

1. 点检前的工作

主要包括制订合理的点检计划、点检培训、点检通道的设置等。

（1）制订点检计划

企业在对设备现状进行调查后，要制订相应的点检计划，确定好点检的项目、基准、方法、周期等。

（2）培训点检人员

为了使操作人员能胜任对设备的点检工作，企业要对操作人员进行一定的专业技术知识和设备原理、构造、机能的培训。这项工作可由技术人员负责，并且要尽量采取轻松、活泼的方式进行。

企业可制作培训计划，在计划中明确受培训者、培训者、培训的内容和日程安排，以保障培训工作的实施。

（3）设置点检通道

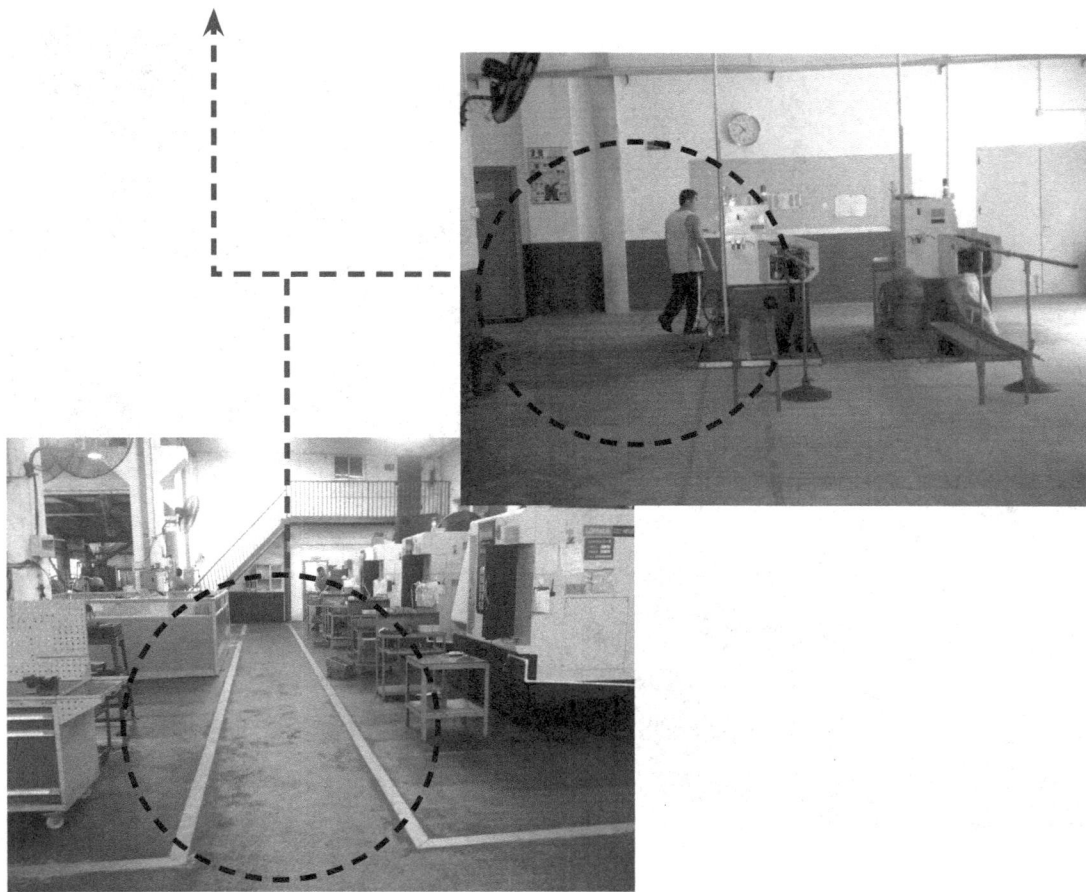

对于设备较集中的场所，企业应考虑设置点检通道。点检通道的设置可采取在地面画线或设置指路牌的方式，然后再沿点检通道、依据点检作业点的位置设置若干点检作业站。这样，点检者沿点检通道走一圈，便可以高效地完成一个区域内各个站点设备的点检作业。这样做的好处还在于能有效地避免点检工作中的疏忽和遗漏。在设置点检通道时要注意以下内容。

①点检时行进路径最短。

②点检项目都能被点检通道中的站点所覆盖。

③沿点检通道时，点检者很容易找到点检内各点检作业点的位置。

3．具体实施

对于日常点检，点检人员按照正常的程序实施点检作业就可以了。对于一些设备的定期点检，点检人员则要在规定的时间点进行，并做好相应的记录。

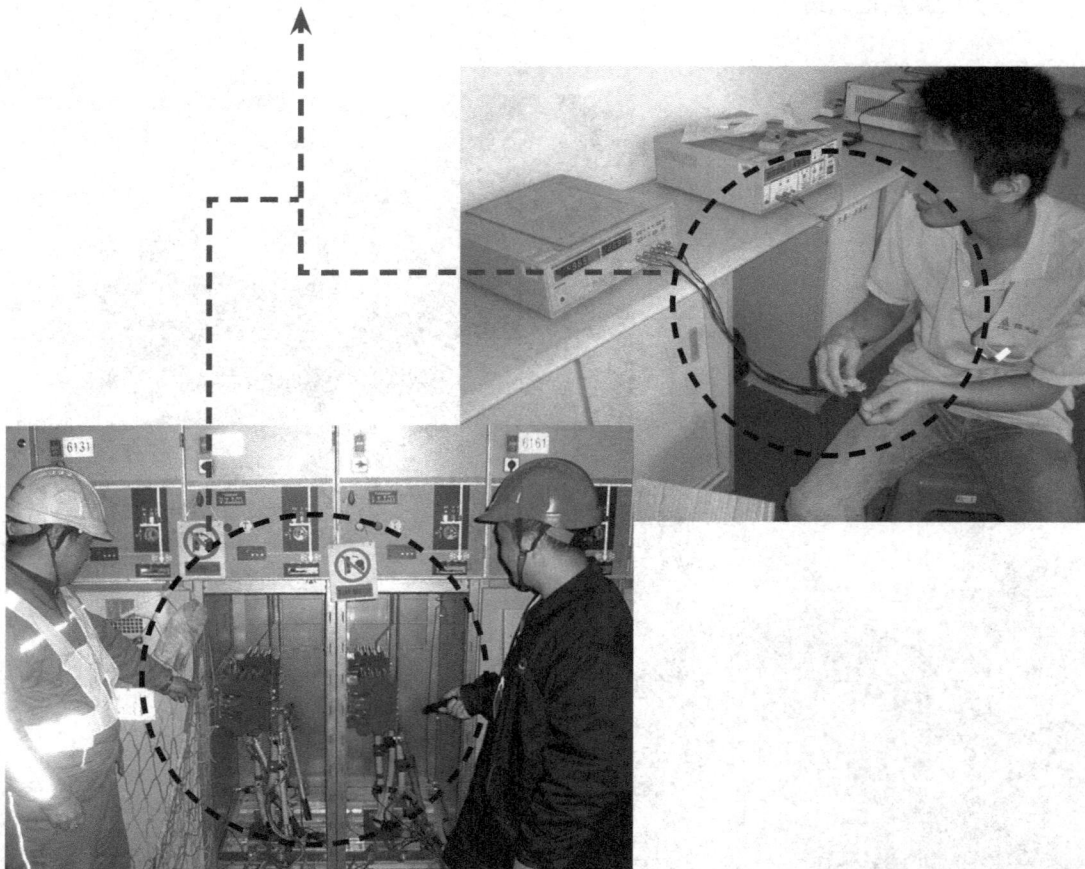

4．点检结果的分析

点检人员在点检实施后，要对所有记录，包括点检记录、设备的潜在异常记录、日常点检的信息记录等进行整理和分析，以实施具有针对性的改进措施。在这些分析的基础上，企业可实施改善措施，并提高设备的使用效率。

5．点检中问题的解决

设备点检中发现的问题不同，解决问题的途径也不同。

（1）一般经过简单调整、修正可以解决的，由操作人员自己解决。

（2）对于在点检中发现的难度较大的故障隐患，由专业维修人员及时排除。

（3）对于维修工作量较大、暂不影响使用的设备故障隐患，经车间机械员鉴定后，由车间维修组安排好计划予以排除，或上报设备部门协助解决。

6. 设备点检责任明确

企业要明确设备点检时各参与人员的职责，凡是设备有异状，操作人员或维修人员定期点检、专题点检没有检查出的，由操作人员或维修人员负责；已点检出的，应由维修人员维修；没有及时维修的，由维修人员负责。

要点04：设备的日常点检

企业通过开展设备日常点检，能把握设备的运行情况，保持设备的完好状态，减少设备故障的出现。

1. 日常点检类型

日常点检根据不同岗位的不同要求，一般每个班组都要进行以下三种点检。

（1）静态点检：要求逐项进行。

（2）动态点检：要求逐项进行。

（3）重点点检：包括动态或静态，随时进行。

每个班组可能要进行几次点检，发现问题要及时排除或报告，每班要做一次总结性报告和记录。

2. 日常点检的原则

（1）完整性

点检人员要按照点检项目逐项检查、逐项确认，不能有遗漏，例如设备的管线放得乱一些，虽然不影响使用，但往往容易造成安全隐患，因此，点检时要特别注意。

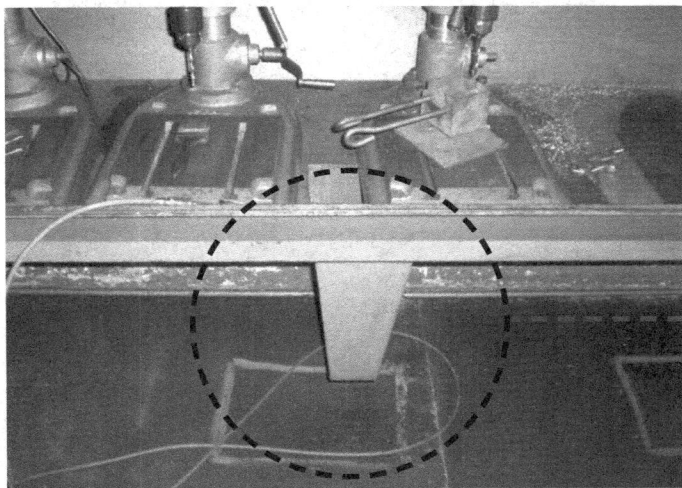

（2）做好标记

对确认无问题的，要标明规定符号；未经检查的，不得作标记。对有问题的，要注明相应标记并作好记录，并向上级报告。

（3）解决的及时性

对于点检发现的问题要及时解决，并记录解决情况和效果。但是，在问题未解决前，必须连续记入问题符号，不能擅自取消符号。

3．日常点检的要点

主要包括一般机械的通用性要点，如空压、蒸汽、油压、驱动、电气等方面的各种要点。此外，一些故障频发的设备部位也是点检的重点所在。

4．实施日常点检

作业岗位操作人员的日常点检工作量大、连续性强，是点检工作的重点。

①这部分点检必须按照规定的点检项目和科学的巡检线路，每天循环往复地进行。做好这项工作的关键是严格执行日常点检程序，同时，要求生产操作作业人员应具有较高的素质，成为"技术型"和"管理型"的作业人员。

> **请注意**
>
> 设备的日常点检是设备管理的基础工作，必须按照要求认真做好。

②点检中发现设备摆放混乱，应及时整理，使其恢复整齐。

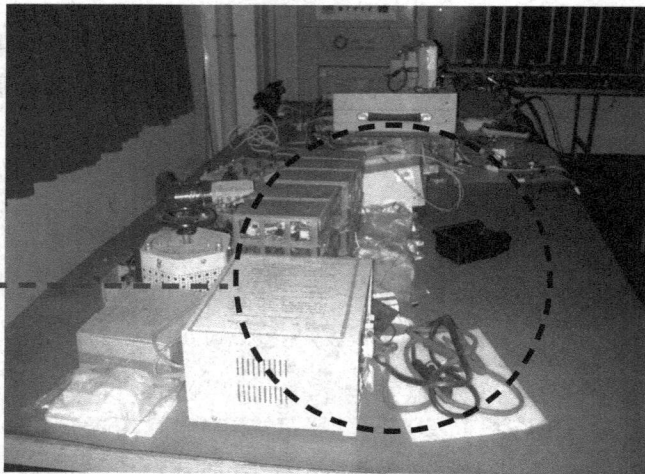

③在点检中，对于发现的不正当的机器操作，必须要予以纠正，并要向操作人员告知有关设备的结构、性能等方面的要点，使其了解为何要按操作规程作业。

④专业点检人员应根据现场实际制定点检表，并与操作人员一起落实点检工作，并做好记录。

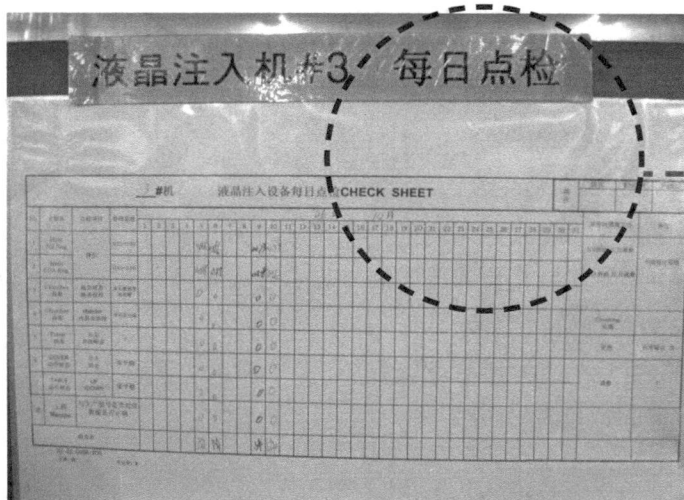

要点05：设备润滑的要求

设备润滑能使设备保持良好的运转状态，从而减少设备磨损及其引起的故障，提高设备利用率。

1．润滑管理部门职责

（1）机动部门的职责

①负责设备润滑管理工作的组织领导配备专人负责日常业务工作，组织编制设备润滑消耗定额，编制设备润滑管理实施细则并定期检查考核，做到合理节约用油。

②监督企业润滑油（脂）的选购、储存、保管、发放、使用、质量检验、鉴定和器具的管理工作。

③组织操作人员学习润滑知识，组织交流，推广先进润滑技术和润滑管理经验，不断地提高设备润滑管理水平。

④协助试验室做好润滑油（脂）的质量检验和鉴定工作，对不合格品提出处理意见。

（2）供应部门的职责

① 根据润滑油消耗定额，组织并审查车间申报的用油（脂）计划，并负责润滑油（脂）采购和供应工作。新购进的油（脂）以产品合格证或入库抽查化验单为依据进行验收入库，并做好保管和发放工作。

②负责润滑器具的采购供应工作。

③ 对库存的润滑油（脂）按规定时间（储存三个月以上）向化验室提出质量化验委托，保管好化验单和有关资料并负责提供油（脂）合格证抄件或质量化验单。对企业甲级、乙级润滑设备应提供优质润滑油。

④负责对不合格油（脂）的处理工作。

⑤负责企业废油回收、加工处理工作。

（3）检验部门的职责

①负责企业润滑油（脂）的分析、化验，并签署化验报告（包括油品的质量检验、各单位库存油品的委托分析）。

②负责油品分析所用设备和材料计划的编制，并按规定报批、采购和使用。

③负责油品分析设备检修计划的编制及检修、验收、报废和更新工作。

④负责油品全部质量管理工作（包括质量不合格的油品拒付依据的提出，油品标准信息的收集等）。

（4）使用部门的职责

①制定本部门润滑油（脂）的消耗定额和五定指示表（见表5-7），报设备管理部审定、总经理批准后执行。

表5-7 润滑油消耗量登记表

日期	润滑油名称	数量	单位	使用单位	备注

科长：　　　　　　　领班：　　　　　　　　　　记录人：

②提出本部门年、季、月润滑油（脂）计划，并按规定时间报供应部门。

③提出润滑方面的改进措施和起草方案，经设备管理部审查、总经理批准后执行。

④定期组织操作人员学习润滑管理知识，提高操作人员的润滑管理水平，并定期或不定期地检查操作人员对润滑管理规定的执行情况。

⑤制定本部门废油回收措施，并认真搞好废油的回收工作。

（5）操作人员的职责

①按规定进行润滑，并填写设备润滑卡片（见表5-8），做好记录。

表5-8　设备润滑卡片

资产编号		设备名称		型号规格		制造厂		
出厂日期		使用部门		安装地点		操作者		
部位号	1	2	3	4	5	6	7	合计
换油部位								
容量								
清洗换（加）油记录								
部位号	润滑油种类		加油数量千克	加油数量千克	换油日期		换油者	备注
	应用油	代用油			计划	实际		

备注：1. 每次换油必须清洗储油容器。

　　　2. 添油或未按周期换油，应在备注中说明。

②妥善保管并认真维护好润滑器具，做到经常检查、定期清洗，并按交接班内容进行交接。

③按规定定期补加或更换润滑油（脂）。

2．设备润滑的"五定"与"三过滤"

（1）"五定"

"五定"是润滑工作的重点，主要包括定点、定质、定量、定期和定人。具体的工作如表5-9所示。

表5-9 五定管理表

序号	五定	具体内容
1	定点	确定每台设备的润滑部位和润滑点，保持其清洁与完好无损，实施定点给油。具体包括： （1）设备的润滑部位和润滑点最好进行标识 （2）参与润滑工作的操作员工、保养员工必须熟悉有关设备的润滑部位和润滑点 （3）润滑加油时，要按润滑点标识的部位和润滑点加换润滑油
2	定质	设备的润滑油品必须经检验合格，按规定的润滑油种类进行加油，润滑装置和加油器具要保持清洁。具体包括： （1）必须按照润滑卡片和图表规定的润滑油种类和牌号加换润滑油 （2）加换润滑油的器具必须清洁，不能被污染，以免污染设备内部润滑部位 （3）加油口、加油部位必须清洁，不能有脏污，以免污染物带入设备内部，影响甚至破坏润滑效果
3	定量	在保证良好润滑的基础上，实行日常耗油量定额和定量换油。具体包括： （1）设备油量最好能够可视化，以便于清楚地知道加油量是否合适 （2）日常加油点要按照加油定额数量或显示的数量限度进行加油，不能过多，也不能过少，既要做到保证润滑，又要避免浪费 （3）换油时循环系统要开机运行，确认油位不再下降后补充至油位 （4）做好废油回收退库工作，治理设备漏油现象，防止浪费
4	定期	按照规定的周期加润滑油，对储量大的油，应按规定时间抽样化验，视油质状况确定清洗换油、循环过滤和抽验周期。具体应做到： （1）设备工作之前操作工人必须按润滑卡片的润滑要求检查设备润滑系统，对需要日常加油的润滑点进行注油 （2）设备的加油、换油要按规定时间检查和补充，按润滑卡片的计划加油、换油 （3）对于大型油池，要按规定的检验周期进行取样检验 （4）对于关键设备或关键部位，要按规定的监测周期对油液取样分析

（续表）

序号	五定	具体内容
5	定人	按照规定，明确员工对设备日常加油、清洗换油的分工，各司其责，互相监督，并确定取样送检人。具体应做到： （1）当班操作人员对设备润滑系统进行润滑点检，确认润滑系统正常后方能开机 （2）当班操作人员或保养人员负责对设备的加油部位实施加油润滑，对润滑油池的油位进行检查，不足时及时补充 （3）保养人员对设备油池按计划进行清洗换油；对机器轴承部位的润滑进行定期检查，及时更换润滑脂 （4）维修或保养人员对整个设备润滑系统进行定期检查，对跑、冒、滴、漏问题进行改善

（2）"三过滤"

"三过滤"即润滑油入库过滤、发放过滤和加油过滤，这是为了减少油液中杂质的含量，防止尘屑等杂质随油进入设备而采取的净化措施。

①入库过滤：油液经运输入库、经泵入油罐储存时，需进行严格过滤。

②发放过滤：油液发放注入润滑容器时，要经过过滤。

③加油过滤：油液加入设备储油部位时，必须要经过过滤。

要点06：设备润滑作业的实施

设备的润滑不仅要选择合适的润滑油（脂），还必须采用正确的方式进行润滑，润滑时应参照润滑油作业指导书。

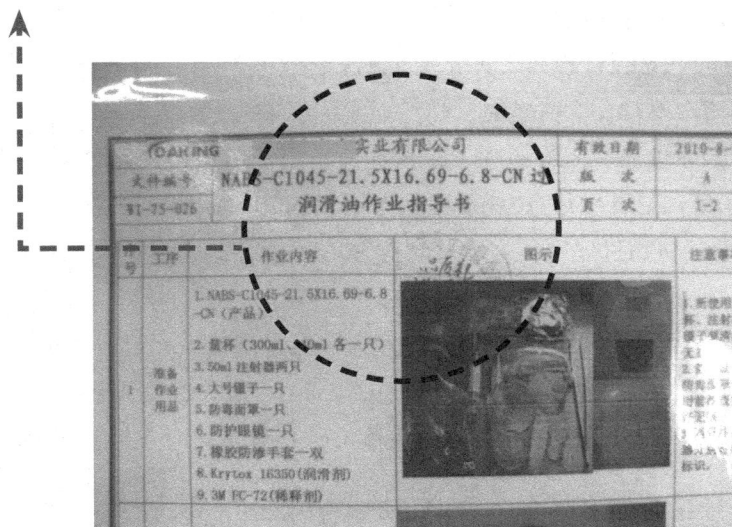

1. 器具管理与过滤标准

（1）企业应根据各单位用油的实际情况，按岗位配齐应发的油具。对一些大型的、用油较多的设备，应设置专用的加油车。

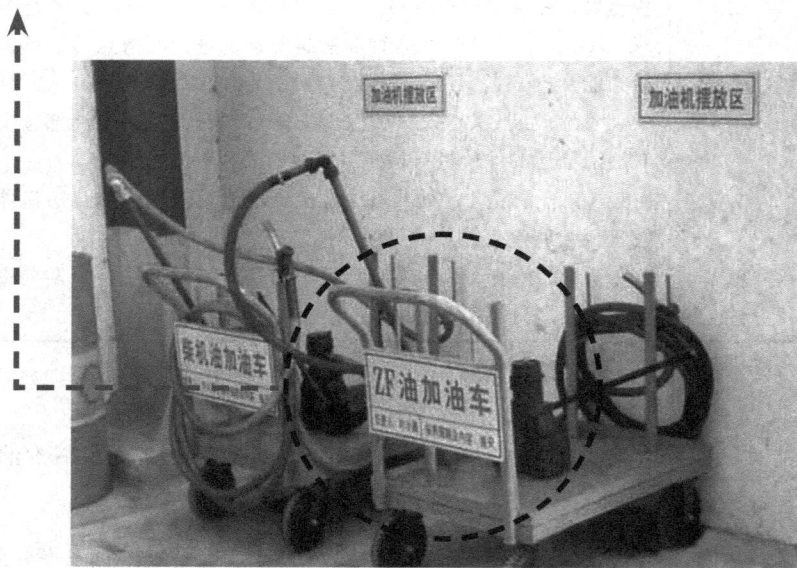

（2）对各种润滑油具应标记清晰、专具专用、定期清洗。油具用过后，应放回原处用布盖好。

（3）对于操作岗位的润滑油具，由每班配有专人管理，交班时进行交接。

（4）在用的器具一定要按规定配有良好的过滤网，并按规定检查清洗。

（5）各类器具均应放在指定地点，设有防尘、防火措施，并有专人维护。

（6）设备上的润滑装置、润滑工艺条件和选用的润滑油（脂）必须符合规定，不得乱用、混用；季节换油时，必须将器具或润滑装置清洗干净。

（7）润滑油的滤网要符合下列规定。

①透平机油、冷冻机油、压缩机油、机械油、车用油所用过滤网：一级过滤网为60目，二级过滤网为80目，三级过滤网为100目，其中冷冻机油需用铜过滤网。

②气缸油、齿轮油所用过滤网：一级过滤网为40目，二级过滤网为60目，三级过滤网为80目。

③汽轮机油或其他黏度相近的油所用过滤网：一级过滤网为40目，二级过滤网为150目，三级过滤网为200目。

④特殊用油的过滤：需由设备管理部同使用单位研究确定，并经主管副总批准。

2．润滑油的润滑方式

由于机械设备各有不同，所要求的润滑强度也不同，因而有着不同的润滑方式。具体内容如表5-10所示。

表5-10　润滑油的润滑方式表

序号	润滑方式	具体操作
1	手工润滑	由操作工使用油壶或油枪向润滑点的油孔、油嘴及油杯加油，主要用于低速、轻载和间歇工作的滑动面、开式齿轮、链条等。加油量依靠经验加以控制
2	滴注润滑	依靠油的自重通过装在润滑点上的油杯中的针阀或油绳滴油进行润滑。结构简单，使用方便，但给油量不容易控制，振动、温度的变化及油面的高低，都会影响给油量。不宜使用高粘度的油，否则针阀被堵塞
3	飞溅润滑	利用零件的高速旋转将油池中的油带起后溅落到需润滑的部位，广泛适用于闭式箱体中的滚动轴承、齿轮传动、蜗杆传动、链传动、凸轮等的润滑
4	油环、油链润滑	将油环、油链或油轮套在轴上，旋转进把油带到轴上，再流向润滑部位
5	油绳、油垫润滑	利用浸在油池中毛绳或毛毡的毛细管虹吸效应供油。主要应用于小型或轻载滑动轴承
6	油浴润滑	将需要润滑的零件浸入到润滑油浴中，机器运动时润滑油被带到需要的部位。这种润滑方式适用于齿轮、轴承、链轮、凸轮、钢丝绳等的润滑
7	压力润滑	利用装在油池上的柱塞泵将润滑油通过管路输送到各个需要润滑的零件上，多用于集中润滑系统
8	油雾润滑	用压缩空气将润滑油喷成油雾后送到润滑部位。主要用于高速滚动轴承的高温工作条件下的链条
9	油气润滑	采用活塞式定量分配器，每隔一定时间将微量油送到管内的压缩空气流中，在管壁上形成连续流动的油流，提供给轴承。由于经常送进新的润滑油因而油不会老化。压缩空气使得外部杂质不易侵入轴承内部。油的微量供给减少了对周围环境的污染。油气润滑比油雾润滑油量少且稳定，摩擦力矩小，温升低，特别适用于高速轴承

3．润滑脂的润滑方式

（1）手工润滑：将润滑脂抹入轴承中，或用油枪将脂由油孔注入到润滑部位。一般用于中、低速机械，如果密封合理，也可用于高速部位的润滑。

（2）滴下润滑：将润滑脂装在脂杯里向润滑部位滴下。

（3）集中润滑：用压力泵将脂缸中的润滑脂输送到润滑点上。这种润滑方式多用于润滑点较多的车间和企业。

要点07：润滑油（脂）的管理

设备的润滑主要通过润滑油（脂）来实现，因而企业必须管理好对于润滑油的选用、储存等。

1．润滑油的选用要点

润滑油的选用要点如图5-2所示。

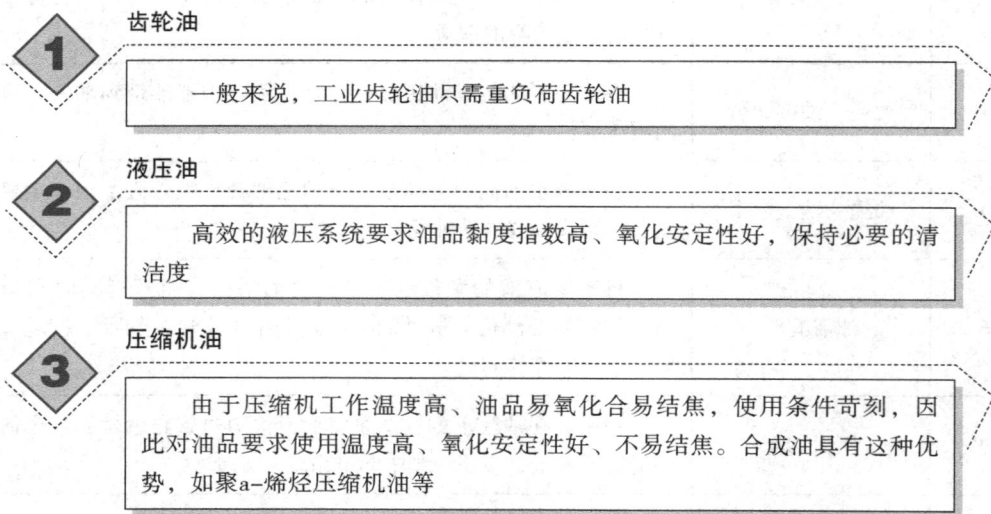

1 齿轮油

一般来说，工业齿轮油只需重负荷齿轮油

2 液压油

高效的液压系统要求油品黏度指数高、氧化安定性好，保持必要的清洁度

3 压缩机油

由于压缩机工作温度高、油品易氧化合易结焦，使用条件苛刻，因此对油品要求使用温度高、氧化安定性好、不易结焦。合成油具有这种优势，如聚a-烯烃压缩机油等

图5-2 润滑油的选用要点

2．润滑脂的选用要点

为满足设备发展需要，不断地更新换代，企业应根据设备的具体运行状态和润滑脂的不同性能要求合理选择润滑脂。

3．润滑油（脂）储存、保管及发放

（1）设置专门的"油料仓"来对其进行储存。

（2）润滑油库储存3～6个月的用油量，库房要设置在粉尘少的地方，库房内要保持清洁、干燥、通风良好。

（3）库房内要设有消防装置、器材及油品存放区域指示标志。

（4）各种储油容器要保持清洁、零部件完整，对容器内的油（脂）要注明名称、代号、入库时间，并做到分类、分组保管。

（5）库内要采取通风、保温措施，库内严禁动火或用火加热油罐。

（6）润滑油必须经分析化验合格后方可入库，并要妥善保管以防变质，严禁露天堆放和到处存放。

（7）润滑油储存期规定为3个月，超过3个月或油品倒罐时要进行分析检验。对不合格的油品要进行加工处理，待合格后方可使用。

（8）润滑油品库应配备下述资料：

①润滑油品质量指标；

②设备润滑管理规定；

③润滑油供应管理制度；

④设备润滑油品的消耗定额；

⑤油品合格证或化验分析报告单。

（9）领取油品时，保管人员必须以领用单据核对油品标签，核实无误后方可发放，并付给质量证明抄件。

（10）废油必须设置专区存放。◄─ ─ ─ ─ ─ ─┐

4．润滑油使用注意事项

使用部门在使用润滑时应注意以下事项。

（1）对设备所用润滑油的规格、数量、润滑点、加油时间及加油周期等必须严格按规定执行，并做好记录（如表5-11所示）。

表5-11　设备润滑记录表

设备名称	润滑部位	给油方法	润滑用油规格	润滑周期每次给油量	
				补充	换油

备注：本表一式一联；装订成册后各使用部门存。

（2）使用代用油品或变质油品时，必须提前呈报设备管理部，在呈报时，应附该润滑油的化验结果报告单。

（3）主要转动设备大中修后，应在运行前两天，对油箱中的润滑油进行化验，对压缩机油应化验黏度、水分、机械杂质、闪点、酸质等；对透平压缩机油应化验抗乳化度、水溶解度、酸值等。

（4）大型运转设备在连续运转半年以上后，应对其润滑油进行一次化验。如有一项以上指标不合格，应立即换油。

（5）不准使用无合格证或无分析化验单的滑润油。

（6）发现跑油、漏油时，要及时查出原因、立即消除，禁止漏油、跑油。

（7）除加油、换油、清洗油箱外，油箱要处于封闭状态，防止灰尘落入。

（8）主要设备换油时，应在设备员的监督下进行，并按规定填入设备档案。

（9）废油回收。坚持勤俭节约的方针，制定废油回收制度和奖惩条例，组织各单位按品种牌号进行回收，并认真搞好废油再生工作，搞好再生、再利用。

学习笔记

通过学习本章内容，想必您已经掌握了不少学习心得，请仔细填写下来，以便继续巩固学习。如果您在学习中遇到了一些难点，也请如实写下来，方便今后重复学习，彻底解决这些难点。

同时本章列举了大量实景图片，与具体的文本内容互为参照和补充，方便您边学边用，请如实填写您的运用计划，以使工作与学习相结合。

我的学习心得：

1. _____
2. _____
3. _____
4. _____
5. _____

我的学习难点：

1. _____
2. _____
3. _____
4. _____
5. _____

我的运用计划：

1. _____
2. _____
3. _____
4. _____
5. _____

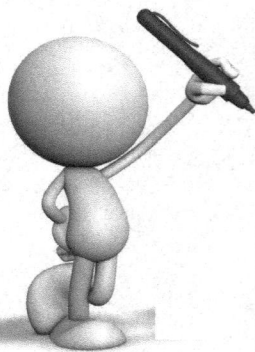

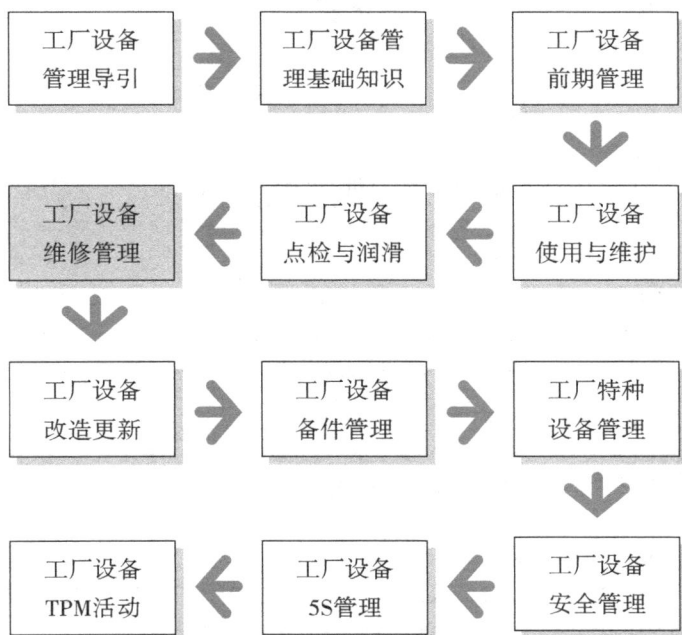

第6章

工厂设备维修管理

导视图

工厂设备
管理导引

工厂设备管
理基础知识

工厂设备
前期管理

工厂设备
维修管理

工厂设备
点检与润滑

工厂设备
使用与维护

工厂设备
改造更新

工厂设备
备件管理

工厂特种
设备管理

工厂设备
TPM活动

工厂设备
5S管理

工厂设备
安全管理

设备技术状态劣化或发生故障后，为了恢复其功能和精度，应对设备的局部或整机进行检查并维修，以使其恢复到正常的工作状态中。

要点01：选择设备维修方式

1. 设备维修原因分析

设备在使用过程中，随着零部件磨损程度的逐渐增大，设备的技术状态将逐渐劣化，以致设备的功能和精度难以满足产品质量和产量的要求，甚至发生故障。造成设备需维修的原因很多，主要有以下几点（如图6-1所示）。

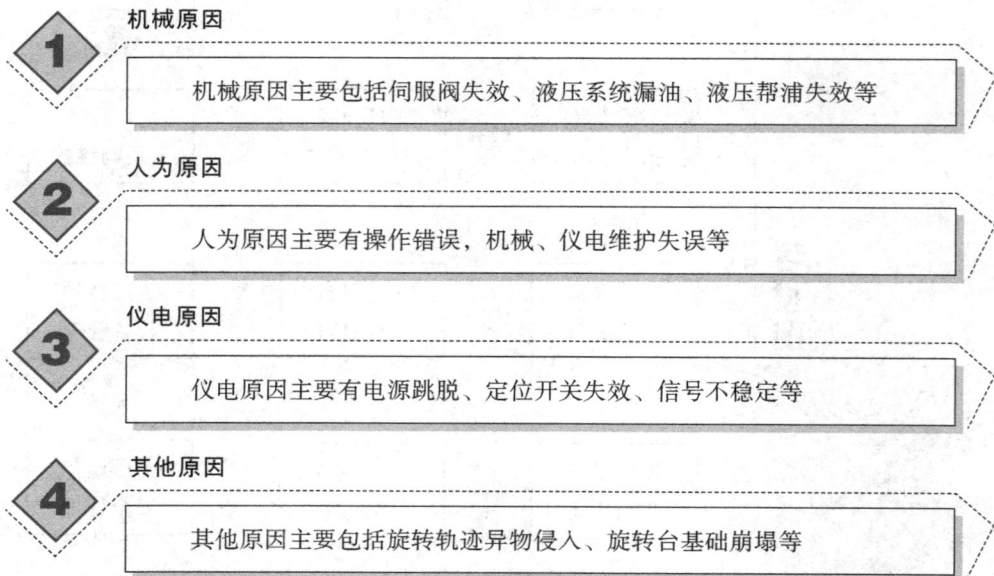

1 机械原因

机械原因主要包括伺服阀失效、液压系统漏油、液压帮浦失效等

2 人为原因

人为原因主要有操作错误，机械、仪电维护失误等

3 仪电原因

仪电原因主要有电源跳脱、定位开关失效、信号不稳定等

4 其他原因

其他原因主要包括旋转轨迹异物侵入、旋转台基础崩塌等

图6-1　设备维修原因

2．设备维修要求

（1）通过维修消除设备存在的缺陷，恢复设备规定的功能和精度，提高设备的可靠性，并充分利用零部件的有效寿命。

（2）力求维修费用与设备停修对生产的经济损失两者之和为最小。

3．设备维修方式

现代工业企业的生产方式分为单件小批量生产、自动化或半自动化流水线大批量生产、流程生产等。不同生产方式的企业，其主要生产设备的停修对企业（车间）整体生产的影响差异也较大，它是选择设备维修方式应考虑的主要因素。企业对设备可以采用不同的维修方式。

（1）预防维修

为了防止设备的功能、精度降低到规定的临界值或降低故障率，按事先制订的计划和技术要求所进行的修理活动，称为设备的预防维修。

（2）事后维修方式

事后维修也称故障维修，它是指设备发生故障，或性能、精度降低到合格水平以下，因不能再使用所进行的非计划性维修。

生产设备发生故障后，往往会给生产造成较大损失，也给维修工作造成困难和被动。但对有些故障停机后再维修而不会给生产造成损失的设备，采用事后维修方式可能更经济。例如，对某些结构简单、利用率低、维修技术不复杂，以及能及时获得维修用配件且发生故障后不会影响生产任务的设备，就可以采用事后维修的方式。

4．设备维修类别

维修类别是根据维修内容、技术要求以及工作量的大小，对设备维修工作的划分。预防修理分为大修、项修和小修三类。

> **请注意**
>
> 设备的维修必须贯彻预防为主的方针，企业要根据企业的生产方式、设备特点及其在生产过程中的重要性，选择适宜的维修方式。

（1）大修

设备的大修是工作量最大的计划维修。大修时，要对设备的全部或大部分部件解体；修复基准件，更换或修复全部不合格的零件；修复和调整设备的电气及液、气动系统；修复设备的附件以及翻新外观等；达到全面消除修前存在的缺陷，恢复设备的规定功能和精度的目的。

（2）项目维修

项目维修是根据设备的实际情况，对状态劣化、已难以达到生产工艺要求的部件进行有针对性的维修。项目维修时，一般要进行部分拆卸、检查、更换或修复失效的零件，必要时，对基准件进行局部维修和调整精度，从而恢复所修部分的精度和性能。

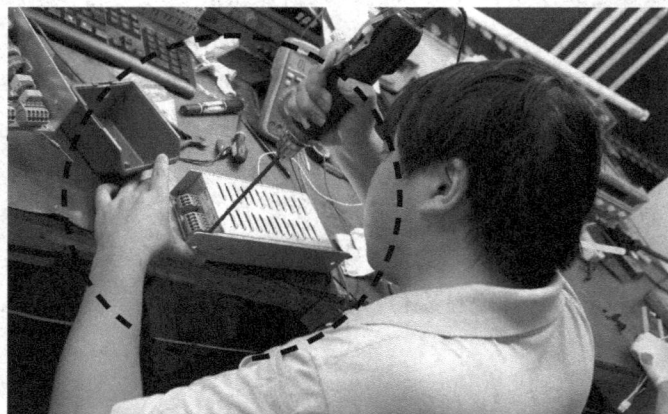

项目维修的工作量视实际情况而定，项目维修具有安排灵活、针对性强、停机时间短、维修费用低、能及时配合生产需要、避免过剩维修等特点。对于大型设备、组合机床、流水线或单一关键设备，企业可根据日常检查、监测中发现的问题，利用生产间隙时间（节假）安排项修，从而保证生产的正常进行。

（3）小修

设备小修是工作量最小的计划维修。对于实行状态监测维修的设备，小修的内容是针对日常点检、定期检查和状态监测诊断发现的问题，拆卸有关部件，检查、调整、更换或修复失效的零件，以恢复设备的正常功能；对于实行定期维修的设备，小修的主要内容是根据掌握的磨损规律更换或修复在维修间隔期内即将失效的零件，以保证设备的正常功能。

设备修理的具体工作内容如表6-1所示。

表6-1 设备维修工作比较表

修理类别 标准要求	大修	项目维修	小修
拆卸分解程度	全部拆卸分解	针对检查部位，部分拆卸分解	拆卸、检查部分磨损严重的机件和污秽部位
修复范围和程度	维修基准件，更换或修复主要件、大型件及所有不合格的零件	根据维修项目，对维修部件进行修复，更换不合格的零件	清除污秽积垢，调整零件间隙及相对位置，更换或修复不能使用的零件，修复达不到完好程度的部位

（续表）

标准要求 ╲ 修理类别	大修	项目维修	小修
刮研程度	加工和刮研全部滑动接合面	根据维修项目决定刮研部位	必要时局部修刮，填补划痕
精度要求	按大维修精度及通用技术标准检查验收	按预定要求验收	按设备完好标准要求验收
表面修饰要求	全部外表面刮腻子，打光，喷漆，手柄等零部件重新电镀	补漆或不进行	不进行

要点02：设备维修人员培训

为了使设备维修人员能正确地使用设备，必须对其进行培训，以使其掌握维修技巧。

1. 设备维修人员应具备的素养

设备维修人员应具备以下几大素养，具体如图6-2所示。

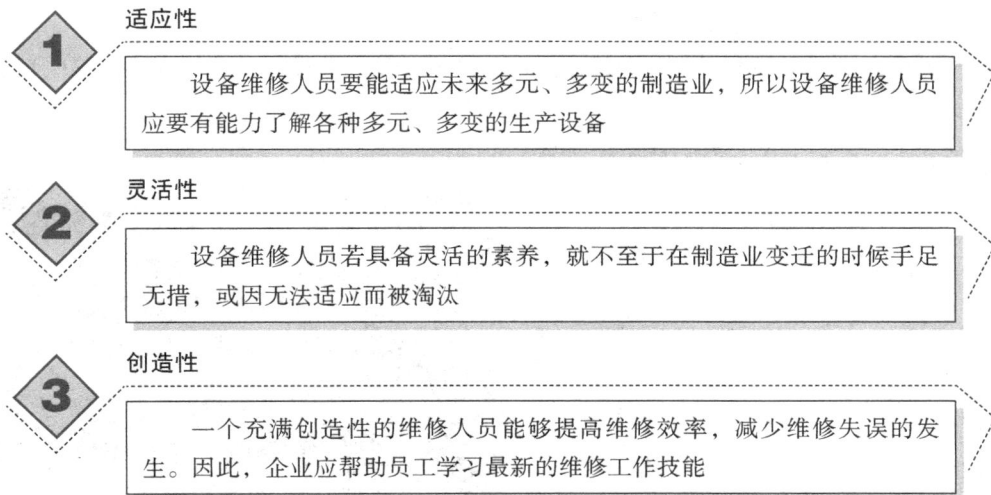

1 适应性
设备维修人员要能适应未来多元、多变的制造业，所以设备维修人员应要有能力了解各种多元、多变的生产设备

2 灵活性
设备维修人员若具备灵活的素养，就不至于在制造业变迁的时候手足无措，或因无法适应而被淘汰

3 创造性
一个充满创造性的维修人员能够提高维修效率，减少维修失误的发生。因此，企业应帮助员工学习最新的维修工作技能

图6-2 设备维修人员应具备的素养

2. 设备维修人员培训要点

设备维修的效率化，即以设备的可靠性、维修的系统化、维修人员的技术、成本的最适当平衡为目的。由于维修的业务和个人的资质及能力有相当大的关系，因此，维修人员

的知识与技术是维修业务的基本。具体要点如下。

（1）对维修培训来说，了解主要培训程序知识变得越来越重要。每名新进维修人员都应配发一套企业制作的培训教程。

（2）使用培训辅助工具。电脑在线培训已经替代了传统的培训方法，所以，受训人员要熟悉电脑的操作。

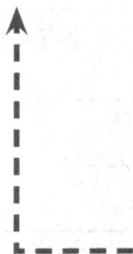

（3）企业的政策与规章。

（4）安全、环保的规章与执行。

（5）基本维护工程原理，比如机械元件、材料、量测与控制、电气设备、仪电控制、电脑等。

（6）基本手艺、手工具和机械技艺等。

3. 设备培训种类

（1）场内培训

场内培训（On the Job Training，OJT）以不离开现场为要求。认为在技术方面以对电气、仪表、程控电脑生产制程控制（以下简称为程控）为培训要点，因为这类设备不比机械设备，它们的变化太快，技术需求稍不留意就有"赶不上"的感觉。

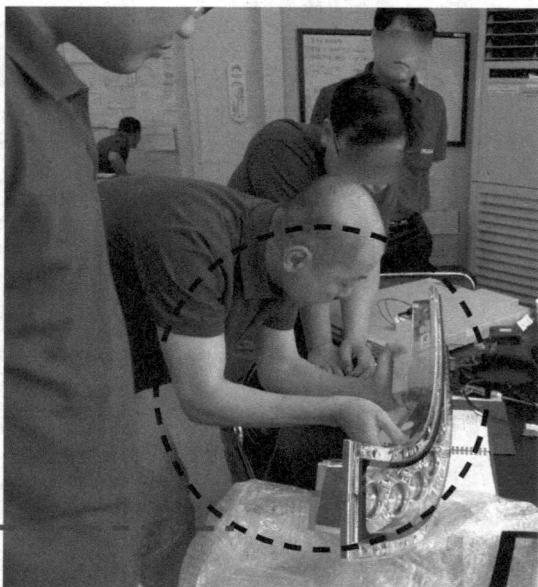

如今电气、仪表、程控几乎全都进入了电子化时代，更重要的是，还涉及到软体程式，各个制造厂家的设计理念也不尽相同，因此OJT较易获得技术成效，使设备操作人员了解设备运转的原理、设备的规范与性能，教会他们如何正确地操作设备。

（2）场外培训

场外培训（Off the Job Training，OFFJT）的重点首先在于基础专业知识的培训，其次在于技术的养成。这种培训多属于教室培训（Class room Training），对机械、电气、仪表、程控，甚至土木维护人员都非常重要。

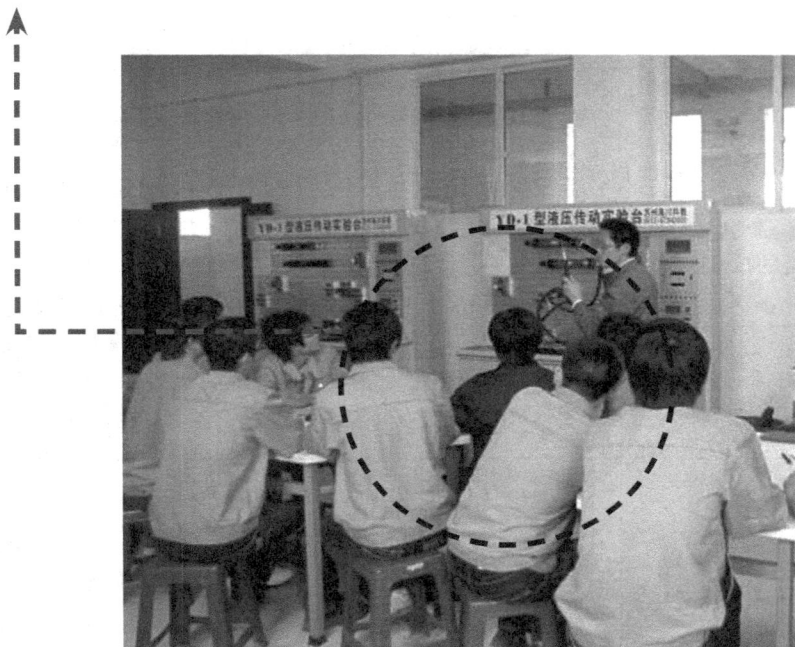

此外，在对管理阶层的维护人员进行培训时，就不能完全着重在技术或专业知识的培训课程了，更要偏重在管理方面的培训，如统驭、领导等。除此之外，还有将维护人员派往设备供应商的制造工厂的培训，这种培训应该在新装机器导入的时期就要派遣，这种培训多集中于专业技术。当设备供应商派技术工程师到工厂来做工程技术指导时，企业应当安排OJT方式的培训，这会比教室培训效果更好。

要点03：编制设备维修计划

设备维修计划是企业实行设备预防维修、保持设备状态经常完好的具体的实施计划，其目的在于保证企业生产计划的顺利完成。

一般由企业设备管理部门负责编制企业年度、季度及月份设备维修计划，经生产、财务部门及使用单位会审、主管领导批准后，由企业下发、有关部门执行，并与生产计划同时考核。

1．编制年度维修计划

（1）计划编制的依据

计划编制的依据如表6-2所示。

表6-2　年度维修计划依据表

序号	编制依据	具体内容
1	设备的技术状况	（1）设备技术状况信息的主要来源是：日常点检、定期检查、状态监测诊断记录等所积累的设备技术状况信息；不实行状态点检制的设备每年三季度末前进行设备状况普查所做的记录 （2）设备技术状况普查的内容，以设备完好标准为基础，视设备的结构、性能特点而定 （3）设备使用单位机械动力师根据掌握的设备技术状况信息，按规定的期限，向设备管理部门上报设备技术状况表，在表中必须提出下年度计划维修类别、主要维修内容、期望维修日期和承修单位。对下年度无须维修的设备也应在表中说明
2	产品工艺对设备的要求	（1）向质量管理部门了解近期产品质量的信息是否满足生产要求。例如，金切机床的工序能力指数一下降，不合格品率增大。须对照设备的实测几何精度加以分析，如确因设备某几项几何精度超过允差，应安排计划维修 （2）另一方面，向工艺部门了解下年度新产品对设备的技术要求，如按工艺安排，承担新产品加工的设备精度不能充分满足要求，也应安排计划维修
3	安全与环境保护的要求	设备的安全防护要求，排放的气体、液体、粉尘等都必须包含在计划之内
4	设备的维修周期结构和维修间隔期	对实行定期维修的设备，如流程生产设备、自动化生产线设备和连续运转的动能发生设备等，其维修期也是编制的依据

（2）计划编制的程序

编制年度设备修理计划时，一般按收集资料、编制草案、平衡审定和下达执行四个程序进行。

① 收集资料。编制计划前要做好资料收集分析工作，主要包括设备技术状况方面的资料和编制计划需要使用和了解的资料，如制程分析图等。◄- - - - ┐

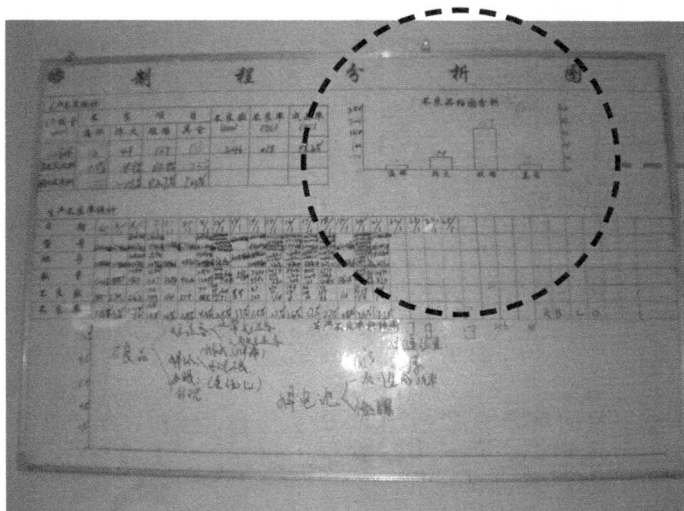

② 编制草案。编制年度计划草案时，应认真考虑以下主要内容。

a. 充分考虑生产对设备的要求，力求减少重点、关键设备的使用与修理时间的矛盾。

b. 重点考虑将大修、项修设备列入计划的必要性和可能性，如在技术上、物资上有困难，应分析研究采取补救措施。

c. 对设备小修计划基本可按使用单位的意见安排，但应考虑备件供应的可能性。

d. 根据本企业的设备修理体制（企业设备修理机构的设置与分工）、装备条件和维修能力，经分析初步确定由本企业维修以及委托外企业维修的设备。

e. 在安排设备维修计划进度时，既要考虑维修需要的轻重缓急，又要考虑维修准备工作的时间，并按维修工作定额平衡维修单位的劳动力。

在正式提出年度设备维修计划前，设备管理部门的维修计划员应组织科（处）内负责设备技术状况管理、维修技术管理、备件管理的人员及设备使用单位的机械动力师等有关人员逐项讨论，认真听取各方面的有益意见，力求使计划草案满足必要性、可行性和技术经济合理性上的要求。

③ 平衡审定。计划草案编制完毕后，分发各使用单位及生产管理、工艺技术及财务部门审查，收集有关项目增减、轻重缓急、停歇时间长短、维修日期等修改意见。

经过对各方面的意见加以分析和作必要修改后，正式编制出年度设备维修计划和说明。在说明中应指出计划的重点、影响计划实施的主要问题及解决的措施。经生产管理及财务部门会签、送总机械动力师审定后，报主管厂长批准。

④下达执行。每年12月上旬以前，由企业生产计划部门和设备管理部门共同下达下年度设备维修计划，作为企业生产经营计划的组成部分进行考核。

2．编制季度维修计划

季度设备维修计划是年度计划的实施计划，必须在落实停修日期、修前准备工作和劳动力的基础上进行编制。一般在每季度第三个月初编制下季度维修计划，编制程序如下。

（1）编制计划草案

①具体调查了解以下情况。

a．本季计划维修项目的实际进度，并与维修单位一同预测到本季末可能完成的程度。

b．年度计划中安排在下季度的大修、项修准备工作完成情况，如尚有少数问题，应与有关部门协商采取措施，保证满足施工需要。如确难以满足要求，应从年度计划中提出可替代项目。

c．计划在下季度维修的重点设备生产任务的负荷率，分析其能否按计划规定月份交付维修或何时可交付维修。

②按年计划所列小修项目和使用单位近期提出的小修项目，与使用单位协商确定下季度的小修项目。

③通过调查、综合分析平衡后，编制出下季度设备维修草案。

（2）讨论审定

季度设备维修计划草案编制完毕后，送生产管理部门、使用单位、维修单位以及负责维修准备工作的人员征求意见，然后召集上述各单位人员讨论审定。在审定时应注意以下几点。

①除近期接收了一批紧急任务且数量较多、必须在计划大修、项修的设备上生产外，其余列入大修、项修计划的项目不得削减；另一方面应考虑因大修、项修项目而被消减的生产任务的替代项目。

②使用单位对小修项目的施工进度可适当调整，但必须在维修计划规定的月份内完成。

③力求缩短停歇天数。对季度计划草案应逐项讨论审定。如有问题，应协商分析、提出补救措施并加以解决，必要时，对计划草案作局部修改（如大修、项修开工日期适当提前或延期，大修设备的个别附件维修允许提前或延期完成等）。经讨论审定，进一步确定季度维修计划全面落实项目、修前准备工作、维修起止日期、企业内设备协作及劳动力平衡，然后正式制订出季度设备维修计划，并附讨论审定记录，按规定程序报送总机械师、动力师审定，报主管厂长批准。

（3）下达执行

一般应在季度末月份15日前，由企业下发下季度设备维修计划，并与车间生产经营计划一并考核。

3．月份维修计划的编制

月份设备维修计划主要是季度维修计划的分解，此外，还包括使用单位临时申请的小修计划。一般来说，下月份设备维修计划主要是在每月中旬编制。在编制计划时应注意以下几点。

（1）对跨月完工的大修、项修项目，根据设备维修作业计划规定本月份应完成工作量，以便进行分阶段考核。

（2）由于生产任务的影响或某项维修进度的拖延，可按季度计划对新项目的开工日期做适当调整。但对必须在季度内完成的工作量，应采取措施保证维修竣工。

（3）小修计划必须在当月内完成。

月份设备维修计划编制完毕后，送生产管理部门、使用单位及维修单位会签同意后，按规定程序报送总机械师审定，由主管厂长批准。

4．年度大修、项修计划的修订

年度设备大修、项修计划是经过充分调查研究，从技术上和经济上综合分析了必要性、可能性和合理性后制订的，必须认真执行，同时必须提交申请，使用设备大修、项修申请表（见表6-3）。但在执行中，由于某些难以克服的问题，必须对原定大修、项修计划作修改的，应按规定程序进行修改。

属于下列条件之一的，可申请增减大修、项修计划。

（1）设备事故或严重故障，必须申请安排大修或项修才能恢复其功能和精度。

（2）设备技术状况劣化速度加快，必须申请安排大修或项修才能保证生产工艺要求。

（3）根据修前预检，设备的缺损状况经过小修即可解决，而原订计划为大修、项修者应削减。

（4）通过采取措施，维修技术和备件材料的准备仍不能满足维修需要，必须延期到下年度进行大修、项修。

表6-3　设备大修、项修申请表

使用部门：

资产编号		设备名称		型号规格	
制造厂		出厂编号		出厂日期	
已大修次数		上次修理日期		启用日期	
安装地点		要求修理日期		复杂系数	机电

（续表）

目前使用情况及存在问题	使用部门负责人：　　　　年　　月　　日
生产部门	负责人：　　　　年　　月　　日
设备部门	负责人：　　　　年　　月　　日
备注	

要点04：实施设备维修

设备的维修必须依照各类维修计划来进行，做好维修的准备、实施和验收工作。

1. 维修前准备工作

（1）划出维修区域

维修之前，企业应划出专门的维修区域供维修工作使用。◄━ ━ ┐

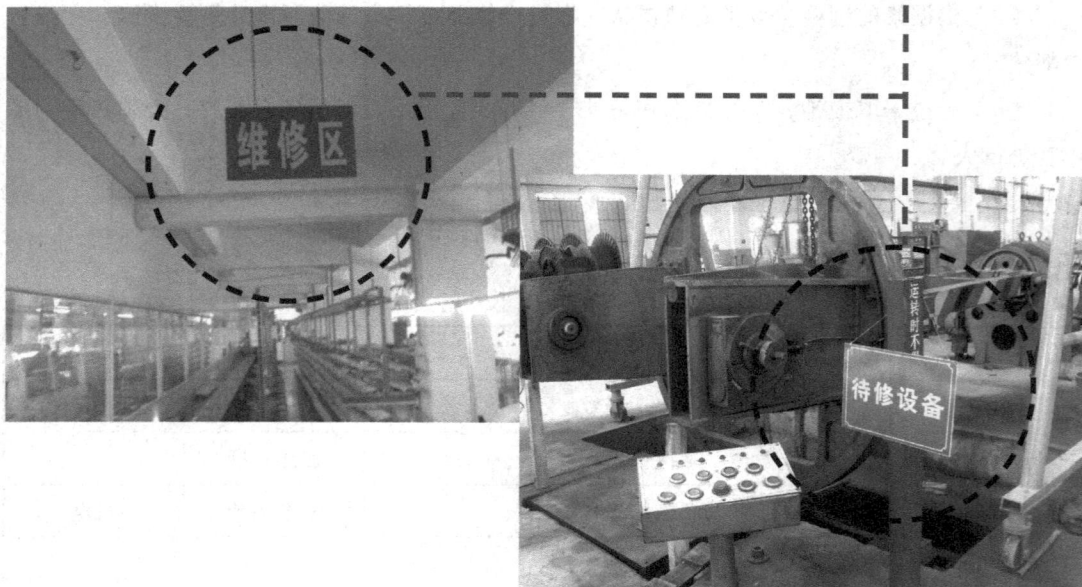

（2）粘贴维修标志

维修人员应当在需维修的设备上贴上"修理中"、"禁止运行"等标志，以示区分。

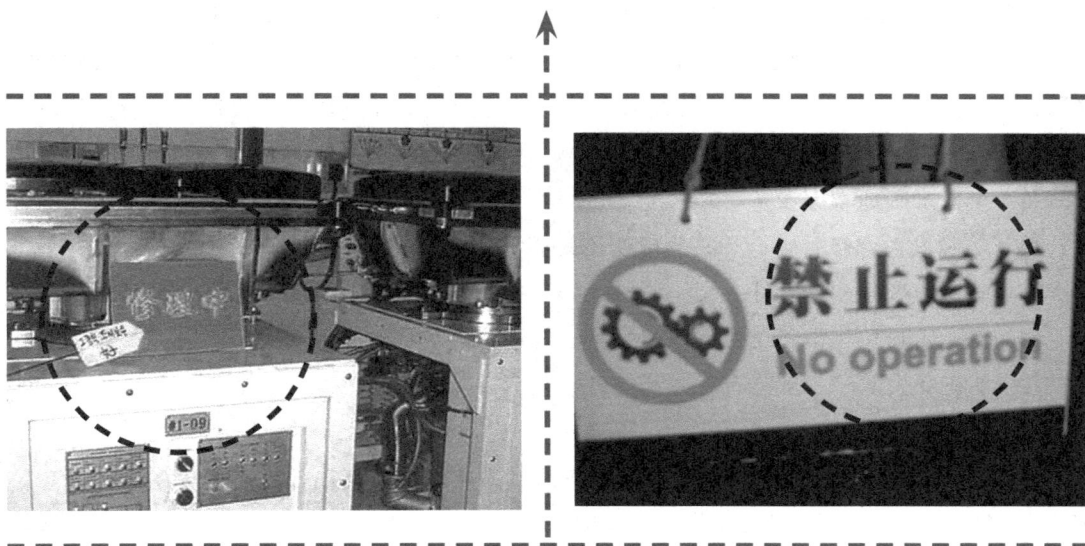

（3）调查设备技术状态及产品技术要求

为了全面深入掌握需修设备技术状态的具体劣化情况和修后在设备上加工产品的技术要求，以设备管理部门负责设备维修的技术人员为主，会同设备使用单位机械动力师及施工单位维修技术人员共同进行调查和修前预检。

对实行状态监测维修方式的设备，主要调查内容有以下几个方面。

①向工艺部门了解设备维修后加工产品的技术要求。

②查阅设备档案，着重查历次计划维修竣工报告、故障维修记录及近期定期检查记录，从中了解易磨损零件、频发故障的部位及原因，以及近期查明的设备缺损情况。

③向设备操作人员了解加工产品的质量情况、设备性能，如压力是否下降，液压、气动、润滑系统工作是否正常和有无泄漏，附件是否齐全和有无损坏，安全防护装置是否灵敏可靠等。向设备维修人员了解设备存在的主要缺损情况、频发故障部位及其原因。

④对规定检验精度的设备，按出厂精度标准，检验其主要精度项目，记录实测值。对操作员反映的性能下降项目逐项实际试验，做好记录。

⑤对安全防护装置逐项具体检查，必要时进行试验，做好记录。

⑥除按常规检查电气系统外，由于电气元件产品更新速度较快，检查时应考虑用新产品代替需更换的原有电气元件。

⑦实测导轨的磨损部位和磨损量以及外露主要零件（如丝杠、齿条、皮带轮等）的磨损量。

⑧检查外部管路有无泄漏，以及箱体盖、轴承端盖有无渗漏。对严重漏油的设备，应查明原因。

⑨检查重要固定结合面的接触情况，记录塞尺插入部位、插入深度和可移动长度。

⑩对于经过定期检查或精密监测诊断已确定应修换的箱体内零件，为了观察其磨损情况的发展程度，必要时可部分解体复查并核对测绘图纸。经过调查和检查后，应达到以下要求。

a. 全面准确地掌握设备磨损情况。

b. 明确设备维修后生产产品的精度及其他质量要求。

c. 确定更换件和修复件。

d. 确定直接用于设备维修的材料品种、规格和数量。

e. 明确频发故障的部位有无改装的可能性。

（4）编制维修技术文件

企业应针对设备修前技术状况存在的缺损，为恢复（包括局部提高）设备的性能和精度，按照产品工艺对设备的技术要求编制以下维修技术文件。

①维修技术任务书：由企业设备管理部门主修技术人员负责编制，包括主要维修内容、修换件明细表、材料明细表、维修质量标准。

②维修工艺规程：由机电维修车间负责维修施工的技术人员编制，并由设备管理部门主修技术人员审阅后会签。主要包括专用工检具明细表及图纸。

编制维修技术文件时，应尽可能地及早发出修换件明细表、材料明细表及专用工检具图，按规定工作流程传递，以便提前进行订货。

（5）修换件、材料、量检具准备

①修换件：备件管理人员接到修换件明细表后，对需更换的零件核定库存量，确定需订货的备件品种、数量，列出备件订货明细表，并及时办理订货。

②材料：材料管理人员接到材料明细表后，经核对库存，明确需订货的材料品种和数量，并办理订货。如需采取材料代用，应征得主修技术人员签字同意。

③专用工检具：工具管理人员接到专用工检具图后，首先送机械加工工艺员处制定加工工艺，然后由计划管理人员安排生产计划。

（6）编制维修作业计划及维修施工工作定额

维修作业计划是组织和考核逐项作业按计划完成的依据，以保证按期或提前完成设备修理任务。通过编制维修作业计划，可以测算出每一作业所需人员数，作业时间和消耗的备件、材料及能源等，因此，也就可以测算出设备维修所需各工种工时数、停歇天数及费用数（一般统称为维修工作定额）。

与用分类设备每一维修复杂系数维修工作定额计算的单台设备维修工作定额相比，用这种方法（习惯称为"技术测算法"）测算的维修工作定额较为切合实际。

2．实施维修

在确定的时间内，维修人员依据维修技术任务书、维修工艺规程进行设备维修。维修过程中，维修设备如需与外界隔离，可以用带老虎线的栏杆隔开。

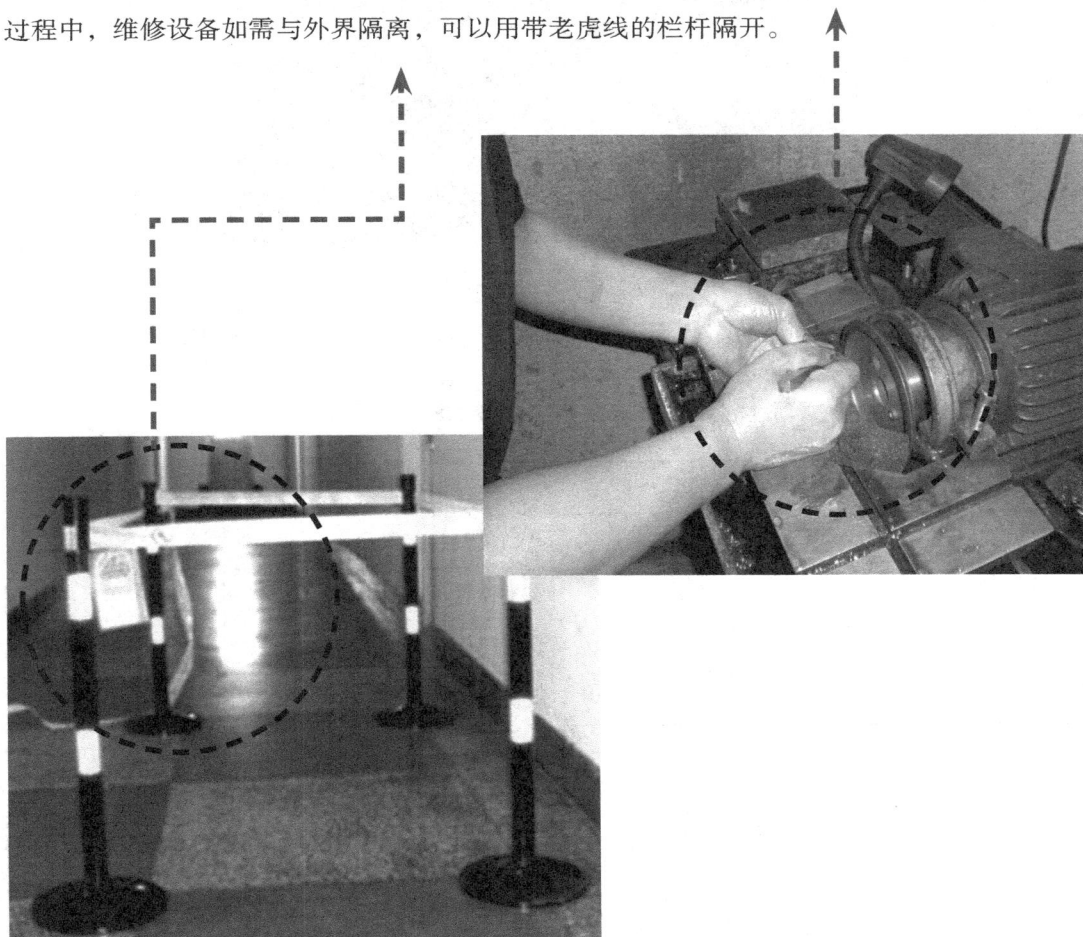

3．验收检查

设备维修完毕后，经维修单位空运转试验以及几何精度检验自检合格后，通知企业设备管理部门操作人员、机械动力师以及质量检查人员共同参加，进行设备维修后的整体质量检验和验收。

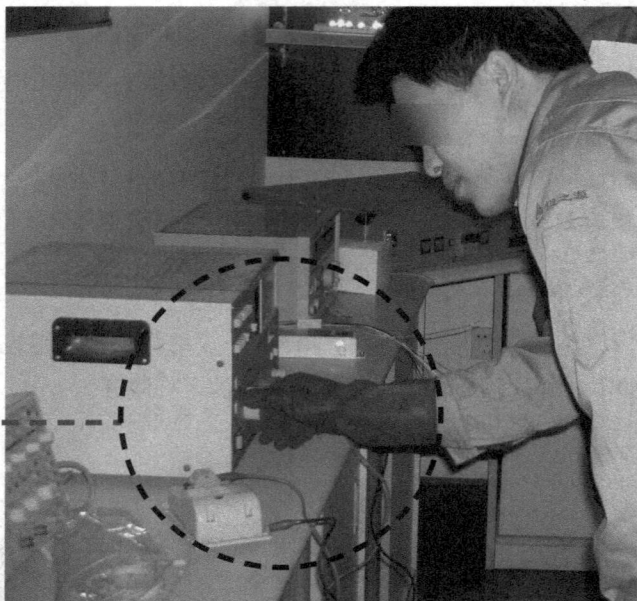

对于设备的大修、项修竣工验收，应依其程序进行，具体内容如表6-4所示。

表6-4　设备大修、项修竣工验收程序表

检验内容	检验依据	检验人员	记录
空运转试车检验	空运转试车标准	修理单位有关人员	空运转试车记录
		质量检查员、主修技术人员	
		设备操作人员	
		设备管理部门	
负荷试车检验	负荷试车标准	修理单位有关人员	负荷试车记录
		质量检查员、主修技术人员	
		设备操作人员	
		设备管理部门	

（续表）

检验内容	检验依据	检验人员	记录
精度检验	几何工作精度标准	修理单位有关人员	精度检验记录
		质量检查员、主修技术人员	
		设备操作人员	
		设备管理部门	
竣工验收	修理任务书及检验记录	修理单位有关人员	修理竣工报告单
		质量检查员、主修技术人员	
		车间机械员、设备操作人员	
		设备管理部门	

　　按规定标准，空运转试车、负荷试车及工作、几何精度检验均合格后，方可办理竣工验收手续。验收工作由企业设备管理部门主持，由维修单位填写设备大修、项修竣工报告单，一式三份，随附设备解体后修改补充的维修技术文件及试车检验记录。参加验收的人员要认真查阅维修技术文件和维修检验记录，并互相交换对维修质量的评价意见。

　　在设备管理部门使用部门和质量检验部门的代表一致确认已完成维修技术任务书规定的维修内容并达到规定的质量标准和技术条件后，各方人员在设备维修竣工报告单上签字验收，并在工程评价栏内填写验收单位的综合评价意见。在验收时，如有个别遗留问题，必须不影响设备维修后正常使用，并在竣工报告单上写明经各方商定的处理办法，由维修单位限期解决。

4. 做好维修记录

（1）在维修完毕，一般要做好相应的维修记录，具体内容如表6-5所示。

表6-5　设备维修记录表

使用单位：　　　　　　　维修日期：　　　　　　　检验日期：

设备名称		设备编号		型号规格	
序号	维修内容	维修结果	维修人员	检验人员	

（2）设备的大修、项修的相关表格。维修人员在设备的大修、项修完成后，要填写"设备大修、项修完成情况明细表"（见表6-6）和"设备大修、项修竣工报告单"（见表6-7）。

表6-6　设备大修、项修完成情况明细表

序号	工作令号	资产编号	设备名称	规格型号	制造厂	出厂日期	使用部门	复杂系数		修理性		计划进度（季）				计划修理费用/元		实际修理费用/元		实际开工时间月、日	实际完成时间
								机	电	大修	项修	一	二	三	四	机	电	机	电		

表6-7 设备大修、项修竣工报告单

维修日期： 验收日期：

填报人： 填报日期：

设备编号			设备名称			设备型号	
序号		维修项目		维修记录	试运行状况		维修人员
验收单位意见	设备使用部门						
	设备管理部门						
	质量检验部门						
工程评价栏							

要点05：设备维修量检具管理

为了监测诊断设备技术状态和检验修理质量，企业需配备必要的量具、仪器和检具，并做到科学管理。

1. 设备维修量检具选择要求

（1）根据本企业主要生产设备的类型、规格和数量选择并配备常用的通用量检具，其规格及精度等级应能满足大部分设备检修的需要，作为设备修理专用。对本企业很少使用和价格昂贵的量检具可不配备，但应与本地区有此种量检具的企业签订协议，当实际需用时，委托该企业代为检测或向该企业租用量检具。

（2）对于由本企业负责大修的设备专用检具，根据维修计划按维修工艺准备，无须过早储备。

（3）对于应按设备检验项目规定的公差，选择通用量检具的精度等级，以保证测量误差在允许的范围内。

2. 设备维修量检具管理要点

一般来说，企业设备维修用量检具由机修车间工具室负责管理。存放精密量检具的库房应能适当控制温度和湿度。存放大型平板、平尺的地方应有起重搬运的条件。具体管理要点如下。

（1）严格执行入库手续，凡新购置或制造的量检具入库时，必须随带合格证和必要的检定记录。入库后，应规定存放点和方式，并涂防锈剂。

（2）建立借用和租用办法。对企业内部单位实行低价（折旧费+维修费）租用，对企业外部单位实行正常价（折旧费+维修费+利税）租用。对机修车间内部实行借用，必须办理借用和租用书面手续，写明损坏后应赔偿。

（3）高精度量检具应由经过培训的人员负责使用，并设专柜保管。◀╌╌╌╌┐

（4）对借出和租出的量检具，归还时负责人必须仔细检查有无失灵或损坏。如发现问题，应送专门检定部门维修检定合格后，方可正式入库。

（5）按有关技术规定，企业应定期将量检具送计量检定部门检定，对不合格者经维修检定合格后方可继续借用或租用。对磨损严重且无修复价值者，经有关技术人员鉴定、主管领导批准后报废，并及时更新。

（6）企业应建立维护保养制，经常保持量检具清洁、防锈和合理放置，以防锈蚀和变形。工具室负责人应定期（至少每周一次）检查维护保养状况，奖优罚劣。

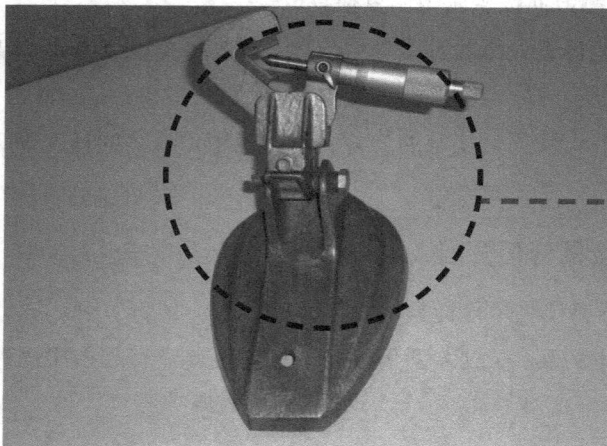

（7）企业应建立量检具账、卡，定期（至少每半年一次）清点，做到账、卡、物一致。工具管理者如发现有的量检具租、借出后长期未归还，应及时催促归还。如发现有的量检具丢失，应报告主管人员处理。

要点06：设备委托维修管理

企业由于在维修技术条件或维修能力方面不能满足生产对维修任务的要求，或者从本单位经济效益方面权衡，自行修复不如委托专业维修单位进行维修更为合算时，往往会将这些维修任务委托给其他单位（主要是设备专业维修厂、专业设备制造厂）进行维修。

1. 委托维修的要求

为保证委托维修任务按照合同及验收标准保质保量按期完成，满足生产要求，企业在委托维修单位时应掌握以下几点要求。

（1）对于本企业设备修造厂及各专业厂可以承修的设备维修任务，要求上应安排由本企业完成，以尽可能发挥企业的内部潜力。

（2）对需要进行对外委托的设备维修项目，要通过调查研究，选择取得国家有关部门资质认定证书，并持有营业执照、维修质量高、能满足进度要求、费用适中、服务信誉好的承修企业。

（3）优先考虑本地区的专业维修厂、设备制造厂。

（4）对于有特殊专业技术要求的委托维修项目，应尽量选择专业设备制造厂，如起重设备、电梯、锅炉、受压容器等。承修单位必须有主管部门颁发的生产、制造、安全许可证。

（5）对于重大、复杂的工程项目以及费用超过一定额度的大项目，应通过招标来确定承修单位。

2. 承修单位应具备条件

从事设备维修的企业应具备以下必要的条件，以保证设备维修质量和进度，保障委托维修单位的利益。

（1）必须具有有关主管部门认定的资格证书。

（2）要有合法的营业执照、银行开户行账号和正规的发票。

（3）注册资金应达到一定的数额。

（4）维修场地、工艺装备及其他设施要达到承修任务所必需的基本要求。

（5）必须拥有与承修任务相关的技术资料、质量标准，同时应拥有相应数量的、经验丰富的、掌握多方面知识和技能的中高级设备工程师和技师指导或参与设备维修工作。

（6）要有符合实际需要的质量保证体系和完善的检测手段。

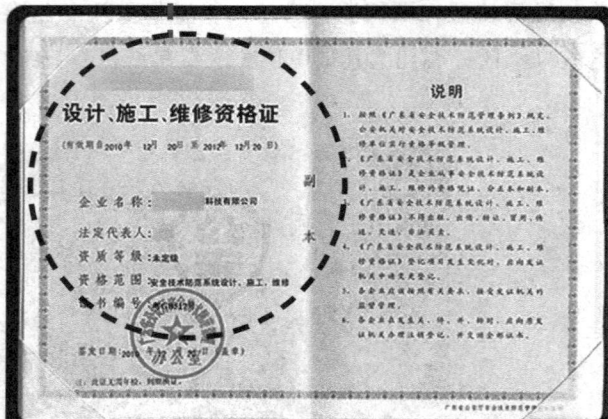

请注意

企业应对委托维修企业进行调查，确保其拥有计算承修费用和价格标准的规范方法及有关规定，以此作为委托与承修双方议定价格的基础。

3. 委托维修计划的编制

设备委托维修计划是企业年度、季度设备检修计划的重要组成部分，应在编制年度设备大修计划的同时，根据委托维修的要求，将本年度的委托维修项目按季、月和维修类别（大修、项修、改造）编制出年度设备委托维修计划。

根据年度维修计划的安排，由机械、动力师提出委托维修计划方案，由计划维修员汇总整理，编制委托维修年度计划。经机动、生产、财务等部门从人力、物力、财力及时间安排等方面综合平衡并会签后，报机动科（处）组织审定。

4．委托维修费用预算

委托维修费用预算是委托单位的计划人员根据委托维修技术文件中提出的维修项目、内容和技术要求，参考以往同类委托维修实际支付费用并依据现行有关定额计算出的维修费用，应将其在年度计划中列入预算的计划费用。承修单位则通过修前预检提出施工工艺方案，按照城市设备维修行业通用的规范计算出维修工程成本和运营费用。双方在有准备的基础上议定合同价格，以便根据工程进度进行拨款和竣工后的结算。

5．签订维修合同

（1）合同的签订

①委托维修单位（甲方）向承修单位（乙方）提出"设备维修委托书"（也可以"设备大修卡"代替）。

②乙方到甲方现场实地调查了解设备状况，作业环境以及拆装、搬运条件等。如乙方提出局部解体检查及其他需要配合的要求，甲方应给予协助。

③双方就设备是否要拆运到承修单位进行维修，主要部位的维修工艺、质量标准、停歇天数、验收方法以及其他相互配合事项等进行协商。

④乙方在确认可以保证维修质量、改装要求和停歇天数要求的前提下，提出维修费用预算（报价）。

⑤通过协商，双方对技术、价格、进度及合同中必须明确规定的事项取得一致意见后，签订合同。

（2）履行合同的注意事项

在执行合同中，双方都应认真履行合同规定的责任，并应着重注意以下事项。

①设备解体后，如发现双方在签订合同前均未发现且在委托书中没有标明的严重缺损状况，乙方应立即通知甲方商定，甲方应主动配合乙方研究措施补救，以保证按期完成维修合同。

②甲方要指派人员到维修现场监督检查维修质量和进度，如发现问题，应及时向乙方提出，并要求乙方采取措施纠正或补救。

③在企业内部负责委托维修的部门要做好工艺部门、使用单位和设备管理部门之间的协调工作，以保证试车验收工作的顺利进行。

④维修验收投产后，甲乙双方要经常保持联系，互通信息。特别是在保修期内发生较大故障时，承修单位接到通知后，应立即派人赶赴现场、分析原因，采取积极措施予以排除。

⑤对于支出费用较大的工程，一般在开工前支付30%的预付款，工程验收后再支付60%，暂留10%作为质量保证金，待保修期满、合同完全履行后再支付给承修方。对于特大的工程，可根据工程进度分期支付工程进度款，但在合同付款方式中要有说明。对于小

工程，可不规定预付款。

6. 维修验收

委托维修验收是保证设备维修后达到规定的质量标准和要求、减少返工维修、降低返修率的重要环节。承、委托维修双方在工作中一定要严把质量关，把质量问题发现并解决在维修作业场地，确保设备能够正常运行。◄--------

①设备大维修必须按技术文件中标明的内容完成，并按精度（性能）标准验收。

②维修好的设备首先由承修单位质量检查部门进行外观检查、精度检验，并经空运转试车符合规定的标准与要求后，签发维修合格证，之后再由承、委托维修双方共同作负荷试车（即加工产品，检查加工质量），合格后双方在"维修竣工验收单"上签字，即可将设备运回生产场地安装调试生产。

③承修单位在维修任务将要完成交质量检查部门全面验收之前，应及早通知委托维修单位准备试车验收。委托维修单位接到通知后应立即做好试车准备工作，派人前往联系，商定具体时间进度，按期进行设备试车验收，不得拖延。

④对于项修设备的验收，应根据维修技术文件中的验收标准和合同中的说明进行，并以满足生产工艺要求为基本验收条件。

⑤承修方在设备维修验收后，应将全部维修文件（包括修理方案、改装部位、换件明细表等）交给委托方，以便委托方查阅。

⑥对委托维修的设备应规定保修期，具体期限由甲乙双方事先议定，写入合同中，目前国内许多企业多定为半年。在保修期内，承修单位接到委托维修单位由于发生故障要求返修的通知，应及时派人前往现场了解故障原因，属于维修质量造成的故障，应由承修单

位负责抢修，其费用由承修单位承担，并按合同中的规定负担用户的停产损失；如解体检查前难以确定故障原因和责任，承修单位也应先承担排除故障的维修，其维修费用应由最后确定的责任者一方承担。

⑦承、托修双方在检查验收中，对维修内容、维修标准、验收与否有争议时，应尽量协商解决。如合同发生纠纷难以协商解决时，双方均可申请经济合同仲裁机构或行业主管部门协商仲裁解决。

学习笔记

　　通过学习本章内容，想必您已经掌握了不少学习心得，请仔细填写下来，以便继续巩固学习。如果您在学习中遇到了一些难点，也请如实写下来，方便今后重复学习，彻底解决这些难点。

　　同时本章列举了大量实景图片，与具体的文本内容互为参照和补充，方便您边学边用，请如实填写您的运用计划，以使工作与学习相结合。

我的学习心得：

1. _____
2. _____
3. _____
4. _____
5. _____

我的学习难点：

1. _____
2. _____
3. _____
4. _____
5. _____

我的运用计划：

1. _____
2. _____
3. _____
4. _____
5. _____

第7章

工厂设备改造更新

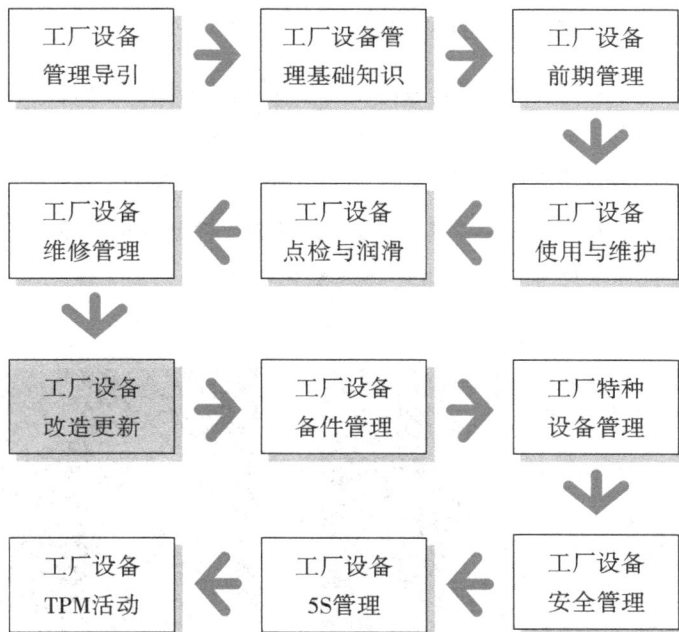

导视图

工厂设备 管理导引	→	工厂设备管 理基础知识	→	工厂设备 前期管理
工厂设备 维修管理	←	工厂设备 点检与润滑	←	工厂设备 使用与维护
工厂设备 改造更新	→	工厂设备 备件管理	→	工厂特种 设备管理
工厂设备 TPM活动	←	工厂设备 5S管理	←	工厂设备 安全管理

设备长时间使用会导致磨损，影响生产质量，因此，必须进行必要的改造和更新工作。通过改造工作，使设备部分恢复功能，继续投入使用；而当设备无法继续使用时，则应及时进行更新，以保证日常工作的顺利进行。

要点01：设备工作寿命

要开展设备的改造更新工作，首先应了解设备的工作寿命。设备工作寿命主要是指其从投入生产使用到报废或改造更新的期限。

1．设备寿命缩短的原因

要了解设备寿命缩短的原因，首先要了解设备一般的故障及其形态。设备一般的故障及其形态是多种多样的，但是大致上可以归纳为以下一些形态，包括变形、龟裂、破损、弹性的不安定、磨耗、腐蚀、表面擦伤、表面粗糙、松动、脱落、平衡偏移、焦固、烧损、污损、浸蚀、变质、材料疲乏、短路、接触不良、杂音、振动、渗透、锈损、调准移位、老化和卡死等。

细观其起因又多为设备在当初设计上考虑不周全，或者是基于某些经济上的考虑，做了次级性的选择，日后就难免形成一些缺陷。另外，还有在制造及组装时的品质要求水准不够，设备使用上超限制的使用，操作人员培训不够，不良操作习惯，以及设备的维护不当，维护手册的缺失等缺陷或者设备周遭环境不佳等，都会引发设备的故障出现。

2．设备寿命的三个周期

通常设备的寿命皆以故障出现的频率来考量判断，设备故障频率高，修护费也高，当它高到为使维持其功能必须付出更高的维护花费时，就已经失去再做维护的价值。也就是说，花在设备维护上的费用高过此设备产出的价值时，该设备就应该要考虑淘汰了。

一般用"设备工作寿命曲线"来表示设备故障情况，具体如图7-1所示。

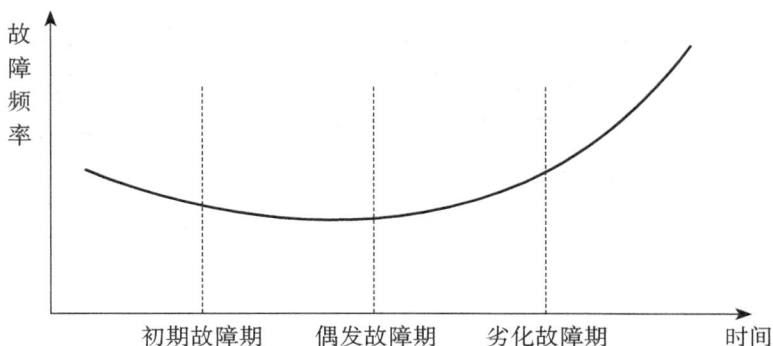

图7-1 设备工作寿命曲线

（1）初期故障期

初期故障期，一般来说会有较高频率的故障出现，然而因为是设备刚进入运转期，人的关注也较其他时期来得密切，加上此阶段设备管理部于保修期，在专家的支援下，对故障筛除效果甚佳。

相对于故障高频率的出现，由于故障筛除效果佳，所以这段时期不是很长。初期故障的产生主要有以下几个原因，如图7-2所示。

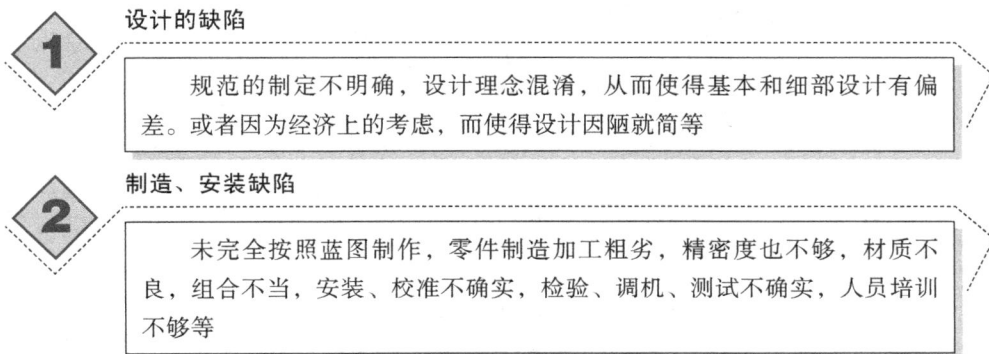

1 设计的缺陷

规范的制定不明确，设计理念混淆，从而使得基本和细部设计有偏差。或者因为经济上的考虑，而使得设计因陋就简等

2 制造、安装缺陷

未完全按照蓝图制作，零件制造加工粗劣，精密度也不够，材质不良，组合不当，安装、校准不确实，检验、调机、测试不确实，人员培训不够等

3 使用的缺陷

　　设备使用人员未依据操作规范操作，操作技艺尚不纯熟，或在与不符合设计条件的方式下使用设备等

4 维护的缺陷

　　维护手册不周全，使得维护作业的失误，维护人员对设备系统、结构等生疏，维护人员技艺不符合要求，维护设施不足等

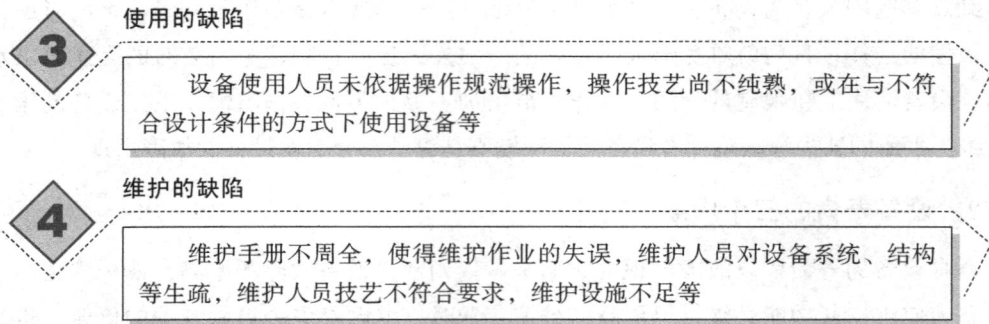

图7-2　初期故障的产生的原因

（2）偶发故障期

　　经过初期故障期的过滤，设备渐渐趋向正常，零件间完好的调整与磨合状态出现了，通过执行日常点检与周期预防保养，其运转都会达到预期的功效输出，充分发挥维护的效应。这个时候，无论是操作或是维护人员的技术也已经熟练，故障系属偶发，其理由一般为人员的疏忽，但设备潜在的缺点在经过长时间运转才会显现，较难预测的不明原因故障也会出现。这段期间，设备已趋稳定、生产顺畅，生产设备设计的可靠性，在这段期间就显露无遗了。

（3）劣化故障期

　　设备进入性能劣化期，其零组件经长时间运转造成的磨耗、疲劳、污损等因素的累积，虽经大量的维护投入，性能却仍然显著减退，或者因为长期在超过负荷下运转而加速老化。其结果即导致生产产量降低、品质恶化，设备的寿命也很快终结。

　　通过综合各种故障，可以绘出全部故障率的浴缸曲线，具体如图7-3所示。

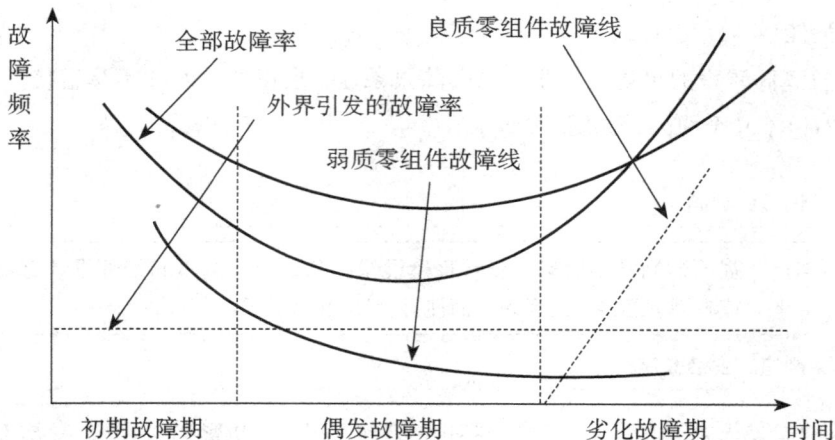

图7-3　全部故障率的浴缸曲线

一般来说，初期故障期往往在该设备供应商的保证期内，故他们大致都会参与现场设备的安装、调机、试车，所以初期的故障会很快获得解决，一年以内设备会趋向稳定。偶发故障期却很长，因为设备运转已正常，设备操作人员与设备维护人员技术也熟练了，加上点检、预防保养正常执行，大概设备可稳定维持10～20年之久。过了前面的两个阶段，设备逐渐老化，逐渐进入该遭淘汰的劣化故障期。具体如图7-4所示。

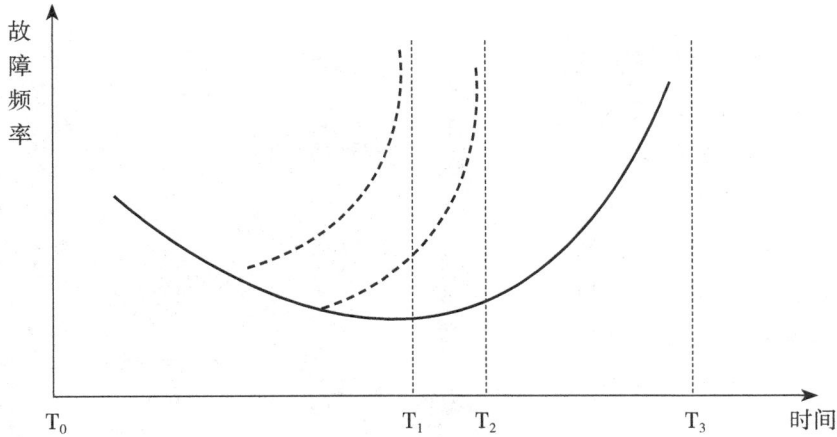

图7-4　劣化故障期

从图7-4分析可知，设备自生命周期的起始T_0，存在的毛病与缺失多已得到迅速解决，设备也可以很快地进入"偶发故障期"，一切平稳，仅偶尔会出现不是致命的故障，能够一直运转到该设备预期的寿命终止期Tx。

但是，如果在"偶发故障期"维护不力，此设备预期的寿命终止期很可能会提早到来，如T_2。反过来看，要是同样在这段期间只执行被动维护，则其寿命终止期会来得更早，如T_1。

要点02：设备故障的诊断和预防对策

设备在运转中会往往会发生一些故障，这就需要加强设备故障的诊断与预防对策工作，使全体员工重视并参与。

1. 正确认识设备的故障管理

（1）设备有状态的好坏、有使用寿命，因此设备的维护是必要的。

（2）要明确这样的观点：与其在发生故障后付维修费，还不如在日常力行保养、点检，同时进行预防故障。

（3）设备的管理必须预先使操作顺序标准化。

2．设备故障发生的原因

（1）设计、制作上的缺陷。

（2）设备的老化。

（3）人为使用所导致的，包括操作的失误、润滑管理不良、超负荷运行等。

3．故障的诊断

设备诊断技术是诊断设备现在的状态，预测其将来的技术。诊断技术是为观察设备的异常、缺陷或寿命等，从而采取正确行动的技术。运用诊断技术可得知设备的异常原因及程度，进行设备使用期限的预测和修复改良的方法。其具体的实施方法主要有以下几点。

（1）清扫、手触的感觉。

（2）表面的涂布状态。

（3）机械的刺激。

（5）利用专用检测设备。

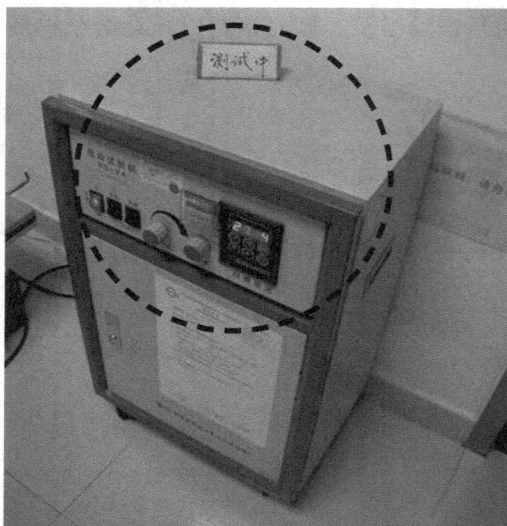

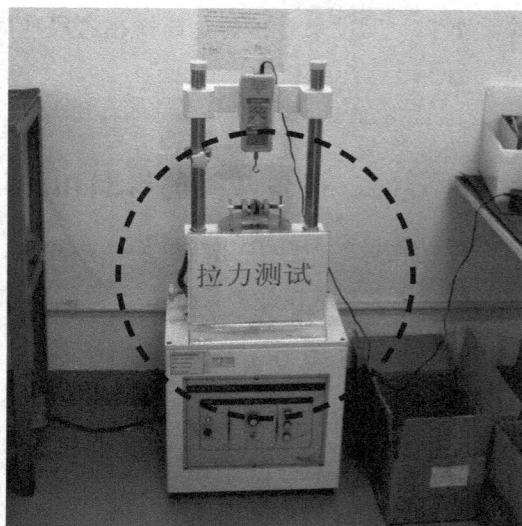

4．设备故障的预防要领

设备的预防主要包括使用之前、实际运转中和点检时的预防。主要内容如表7-1所示。

表7-1 设备故障的预防要领

预防阶段	具体实施
使用之前的预防	（1）询问制造厂家的说明、掌握一般的使用方法 （2）从制造厂家处听取关于保养、点检的要领以及发生故障时的处置说明 （3）询问设备不良时，通知制造厂家的方法 （4）准备保养所需的材料、部品（如有必要，将库存一定数量）
日常运转时的预防	（1）遵守规定的操作要求，通过特别清扫来发现微小的缺陷 （2）根据规定的日常点检检查表每天进行点检，发现异常后根据操作手册来处理 （3）知道自己修理不了时，立即通知制造厂家 （4）运转时的异常现象全部要告知直接上司
定期点检	（1）决定定期点检的主要负责部门 （2）在定期点检中涉及法律法规的事项，要根据法律法规的要求进行点检 （3）制作定期点检的检查表 （4）根据定期点检的检查表来点检 （5）点检时发现故障，即使对运转无障碍也要进行维修 （6）对日常点检、定期点检都要进行记录 （7）对出现异常或者故障的原因进行分析，这有利于预防保养 （8）根据情况，把点检时发现的事情通报给制造厂家

要点03：设备磨损及其补偿

设备在使用或闲置过程中会逐渐发生磨损而使其原始价值降低，这种磨损主要分为有形磨损和无形磨损两种。

1．设备的有形磨损

有形磨损是指设备在实物形态上的磨损。这种磨损又称物质磨损，按其产生的原因不同，有形磨损可分为以下两种。

（1）设备的使用磨损

这种磨损通常表现为机器设备零部件原始尺寸、形状发生变化，公差配合性质改变，以及精度降低、零部件的损坏等，大致可分为以下三个阶段。

①初期磨损阶段。在这个阶段，设备各零部件表面的宏观几何形状和微观几何形状都发生明显变化。原因是零件在加工制造过程中，其表面不可避免地具有一定粗糙度。此阶段磨损速度很快，一般发生在设备调试和初期使用阶段。

②正常磨损阶段。在这个阶段，零件表面上高低不平及不耐磨的表层已被磨去，故磨损速度较以前缓慢，磨损情况较稳定，磨损量基本随时间均匀增加。

③急剧磨损阶段。这一阶段的出现往往是由于零部件已达到它的使用寿命（自然寿命）而仍继续使用，破坏了正常磨损关系，使磨损加剧、磨损量急剧上升，造成机器设备的精度、技术性能和生产效率明显下降。

（2）设备的闲置磨损

设备在闲置过程中，由于自然力的作用而腐蚀，或由于管理不善和缺乏必要的维护而自然丧失精度和工作能力，使设备遭受有形磨损。

在实际生产中，除去封存不用的设备外，以上两种磨损形式往往不是以单一形式表现出来，而是共同作用于机器设备上。有形磨损的技术后果是机器设备的使用价值降低，降低到一定程度可使设备完全丧失使用价值。设备有形磨损的经济后果是生产效率逐步下降、消耗不断增加、废品率上升，与设备有关的费用也逐步提高，从而使所生产的单位产品成本上升。当有形磨损比较严重时，如果不采取措施，会引发事故，进而造成更大的经济损失。

（3）有形磨损程度的计算

确定设备磨损的程度可用下式进行计算：

$$\alpha_p = \frac{R}{K_1}$$

其中，α_p 是设备有形磨损的程度，R 是设备的修理费用，K_1 是设备磨损时该设备的再生产价值。

2. 设备的无形磨损

无形磨损又称经济磨损，就是由于科学技术进步而不断出现性能更加完善、生产效率更高的设备，以致使原有设备价值降低；或者是生产同样结构的设备，由于工艺改进或加大生产规模等原因，使得其重置价值不断降低，即原有设备贬值。这样，无形磨损也可分为以下两种形式。

（1）第一种无形磨损

也被称为经济性无形磨损，是由于相同结构设备重置价值的降低而带来的原有设备价值的贬值。

（2）第二种无形磨损

即技术性无形磨损，是指由于不断出现性能更完善、效率更高的设备而使原有设备在技术上显得陈旧和落后所产生的无形磨损。

在实际生产中，无形磨损表现为设备原始价值的降低，故通常用价值损失来度量设备无形磨损的程度，其指标可用下式表示：

$$\alpha_j = \frac{K_0 - K_1}{K_0} = 1 - \frac{K_1}{K_0}$$

其中，α_j是指设备无形磨损程度即无形磨损系数，K_0是设备的原始价值即购置时的价值，K_1是确定设备无形磨损时该设备的再生产价值，即重置价值。

由于在实际工作中，第一种无形磨损与第二种无形磨损往往不是以纯粹的形态表现出来，而是交错发生的，所以，在计算无形磨损α_j时，K_1必须反映技术进步的两个方面的影响：其一是相同设备重置价值的降低；其二是具有更好性能和更高效率的新设备的出现。因此，K_1可用下式计算：

$$K_1 = K_n \left(\frac{q_0}{q_n} \right)^a \left(\frac{C_n}{C_0} \right)^{\beta}$$

其中：

①K_n是新设备价值；

②q_0是使用旧设备时的年生产率；

③q_n是使用新设备时的年生产率；

④C_0是使用旧设备时的单位产品成本；

⑤C_n是使用新设备时的单位产品成本；

⑥a是劳动生产率提高指数，数值范围在0~1之间；

⑦β是成本降低指数，其数值范围在0~1之间。

3. 设备的综合磨损

设备的有形磨损和无形磨损同时引起原始价值的降低，但严重的有形磨损使设备在进行大修之前不能正确工作，而无形磨损虽然相当严重，设备仍可继续使用。

根据有形磨损和无形磨损指标，可以计算出两种磨损的综合指标：

$$\alpha_m = 1 - (1 - \alpha_p)(1 - \alpha_j)$$

其中：α_m是设备综合磨损程度，α_p是设备有形磨损程度，α_j是设备无形磨损程度。

至于设备在两种磨损作用下的剩余价值K_n，可用下式计算：

$$K=(1-\alpha_m)K_0$$

整理得：

$$\begin{aligned}K&=(1-\alpha_m)K_0\\&=\left[1-1+(1-\alpha_p)(1-\alpha_j)\right]K_0\\&=\left(1-\frac{R}{K_1}\right)\left(1-1+\frac{K_1}{K_0}\right)K_0\\&=K_1-R\end{aligned}$$

其中，R是设备修理费用，K_1是设备重置价值。

由上式可看出，设备的剩余价值等于设备重置价值K_1减去修理费用R。

4．设备磨损的补偿

机器设备遭受磨损以后，应当进行补偿。设备磨损形式不同，补偿的方式也不一样。常见的补偿方式如表7-2所示。

表7-2　设备磨损的补偿

设备磨损	具体种类	补偿方式
有形磨损	可消除性的有形磨损	对零部件进行修理、维护，使其保持干净，并能正常运转
	不可消除性的有形磨损	更换磨损零件或设备
无形磨损	第一种无形磨损	对原有设备进行现代化改装使之得到局部补偿
	第二种无形磨损	采用结构相同的设备或更先进的设备来更换原有设备

要点04：设备改造

企业进行设备改造主要是为提高设备的技术水平，满足生产要求。

1．设备改造要求

设备改造应遵循针对性、技术先进性、经济性以及可能性四大要求，具体如图7-5所示。

1 针对性

从实际出发，按照生产工艺要求，针对生产中的薄弱环节，采取有效的新技术，结合设备在生产过程中所处地位及其技术状态，决定设备的技术改造

2 技术先进适用性

由于生产工艺和生产批量不同，设备的技术状态不一样，采用的技术标准应有区别。要重视先进适用，不要盲目追求高指标，防止功能过剩

3 经济性

在制定技改方案时，要仔细进行技术经济分析，力求以较少的投入获得较大的产出，回收期要适宜

4 可能性

在实施技术改造时，应尽量由本单位技术人员完成；若技术难度较大本单位不能单独实施时，也可请有关生产厂方、科研院所协助完成，但本单位技术人员应能掌握，以便以后的管理与检修

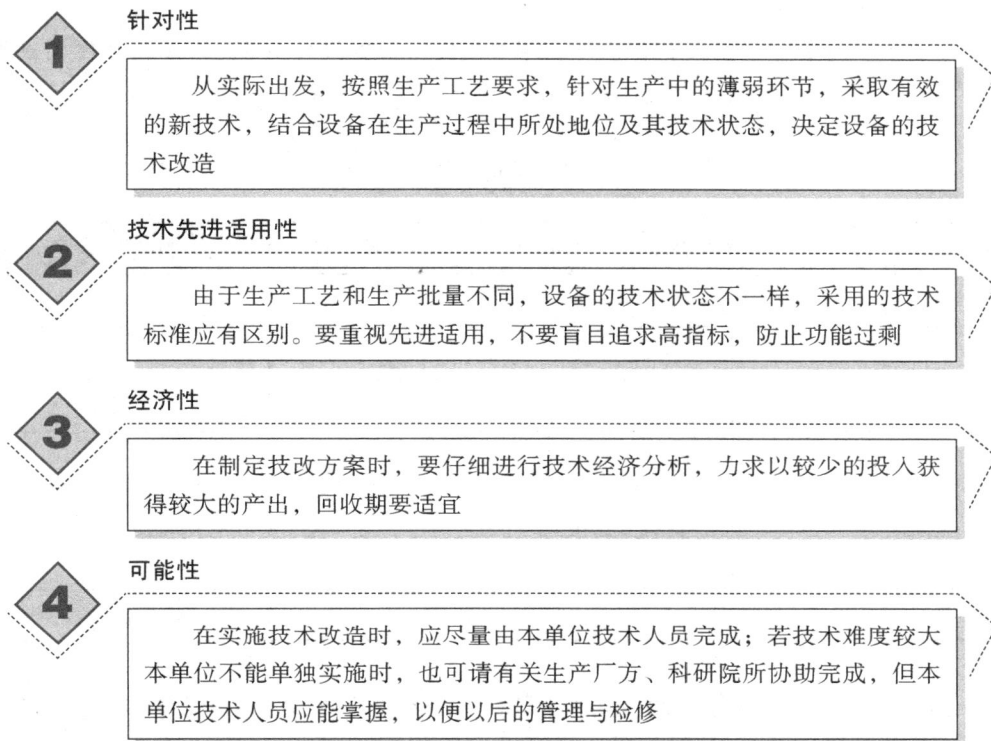

图7-5 设备改造要求

2．设备改造目标

企业进行设备改造主要是为提高设备的技术水平，以满足生产要求，在注意经济效益的同时还必须注意社会效益。为此，企业应注重以下四个方面的目标。

（1）提高加工效率和产品质量：设备经过改造后，要使原设备的技术性能得到改善，提高精度和增加功能，使之达到或局部达到新设备的水平，满足产品生产的要求。

（2）提高设备运行安全性：对影响人身安全的设备，应进行针对性改造，防止人身伤亡事故的发生，确保安全生产。

（3）节约能源：通过设备的技术改造提高能源的利用率，大幅度的节电、节煤、节水，在短期内收回设备改造投入的资金。

（4）保护环境：有些设备对生产环境乃至社会环境造成较大污染，如烟尘污染、噪声污染以及工业水的污染。要积极进行设备改造，消除或减少污染，改善生存环境。

3．设备改造程序

为了保证设备改造达到预期的目标、取得应有的效果，企业及有关部门负责人应注意技术改造的全过程，特别要明确技术改造的前期和后期管理是整个技术改造的关键之一。

一般来说，企业设备技术改造可参照以下程序。

（1）企业车间于每年9月初提出下一年度的设备技术改造项目，即填写年度设备改造清单，报送企业设备管理部，如表7-3所示。

表7-3 设备改造清单

设备编号	设备名称	型号规格	数量	设备资料	改造原因	备注

（2）经设备管理部审查批准，列入企业设备技术改造计划，并通知各车间填写设备技术改造立项申请单，报送设备管理部。

（3）对重大设备技术改造项目要进行技术改造经济分析，报送设备管理部，并经处长或企业主管负责人审批方可实施。

（4）设备技术改造的设计、制造、调试等工作，要求上由各车间的主管部门负责实施。

（5）车间设计能力不足，需委托设备管理部设计时，委托单位应提供详细的技术要求和参考资料，并填写设计委托申请书。

（6）车间制造能力不足，委托有关单位施工的，需设备管理部审批。

（7）设备改造工作完成后，需经设备管理部技改负责人联合验收。

（8）设备技术改造验收后，车间需填报改造竣工验收单和设备技术改造成果，报送设备管理部。

（9）技改项目调试验收后，要一式四份填写"机动设备技术改造增值申报核定书"报送设备管理部，设备管理部核定无误后，一份留存设备管理部，一份报送财务部，其余两份由车间设备科、财务科办理留存。

请注意

设备改造要依程序进行，在改造后要能使设备的技术性能得到改善，提高使用效率，确保生产工作顺利进行。

要点05：设备更新

设备更新是对在技术上或经济上不宜继续使用的设备进行原样更新，或采用新的设备对其进行更换。

1. 设备更新对象

企业应当从生产经营的实际需要出发，对下列设备优先安排更新。

（1）陈旧老化、技术性能差、生产效率低的设备。

（2）原设计、制造质量不良，技术性能不能满足生产要求，且难以通过修理、改造得到改善的设备。

（3）经过预测，即使继续进行大修理，其技术性能仍不能满足生产工艺要求的设备。

（4）耗能高、排放污染严重、危害人身安全的设备。

2. 设备更新的方式

（1）原样更换。是指把使用多年、大修多次、再修复已不经济的设备更换一台同型号的设备。这种方式只能满足工艺要求，在没有新型号设备可以替换的情况下采用。

（2）技术更新。是用质量好、效率高、能耗少、环保好的新型设备，替换技术性能落后又无法修复改造或者修理、改造不经济的老设备。这是设备更新的主要方式。

3．设备更新的时机

设备更新必然要考虑经济效益。那么，什么时候更新在经济上最有利，即选择其为更新的时机。设备更新时机应考虑以下几点。

（1）宏观环境给予的机会或限制。

（2）微观环境中出现的机遇。

（3）企业生产经营的迫切需要。

（4）设备的寿命。

设备的寿命如图7-6所示。

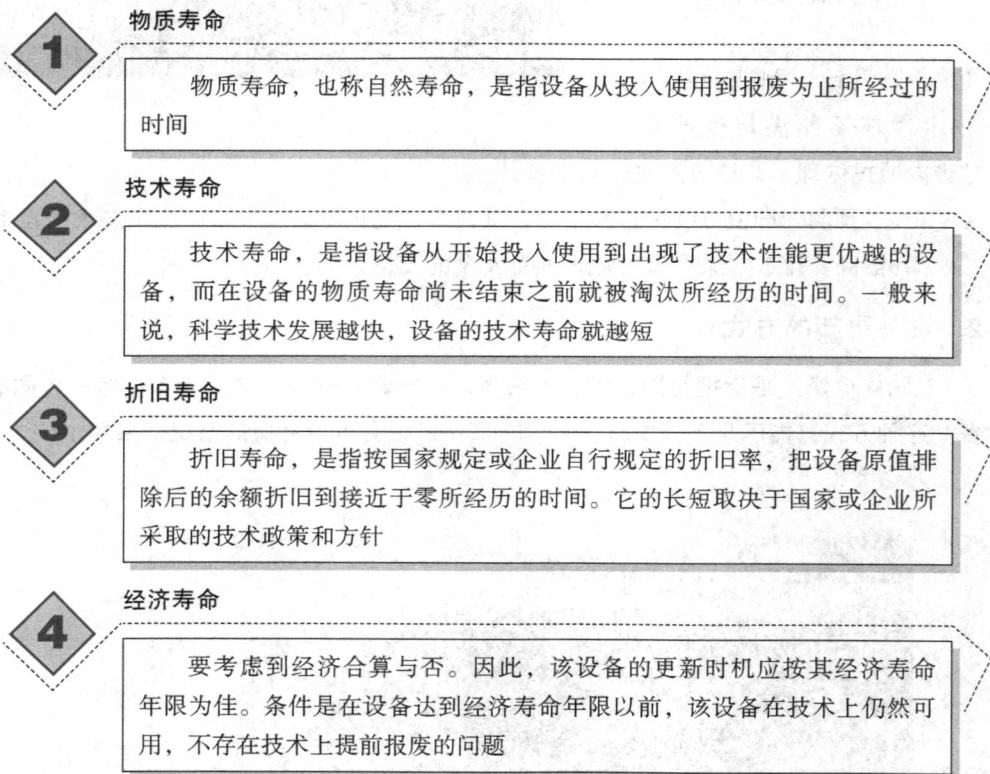

1 物质寿命

物质寿命，也称自然寿命，是指设备从投入使用到报废为止所经过的时间

2 技术寿命

技术寿命，是指设备从开始投入使用到出现了技术性能更优越的设备，而在设备的物质寿命尚未结束之前就被淘汰所经历的时间。一般来说，科学技术发展越快，设备的技术寿命就越短

3 折旧寿命

折旧寿命，是指按国家规定或企业自行规定的折旧率，把设备原值排除后的余额折旧到接近于零所经历的时间。它的长短取决于国家或企业所采取的技术政策和方针

4 经济寿命

要考虑到经济合算与否。因此，该设备的更新时机应按其经济寿命年限为佳。条件是在设备达到经济寿命年限以前，该设备在技术上仍然可用，不存在技术上提前报废的问题

图7-6　设备的寿命

4．设备更新规划

（1）设备更新规划的编制

设备更新规划的制定应在企业主管厂长的直接领导下，以设备动力部门为主，并在企

业的规划、技术发展、生产、计划、财务部门的参与和配合下进行。

（2）设备更新规划的内容

主要包括现有设备的技术状态分析，需要更新设备的具体情况和理由，国内外可订购到的新设备的技术性能与价格，国内有关企业使用此类设备的技术经济效果和信息，要求新购置设备的到货和投产时间，资金来源等。

设备更新是企业生产经营活动的重要一环，要发挥企业各部门的作用，共同把工作做好。为避免工作内容的重复，应对设备更新规划和计划的编制做适当分工，一般采用以下方法。

① 因提高设备生产效率而需要更新的设备，由生产计划部门提出。

② 为研制新产品而需要更新的设备，由技术部门提出。

③ 为改进工艺、提高质量而需要更新的设备，由工艺、技术部门提出。

④ 因设备陈旧老化、无修复价值或耗能高而需要更新的设备，由设备动力部门提出。

⑤ 因危及人身健康、安全和污染环境而需要更新的设备，由安全部门提出。

⑥ 由于上述需要又无现成设备更换的，由规划和技术发展部门列入企业技术改造规划，作为新增设备予以安排。

设备更新规划的编制应立足于通过对现有生产能力的改造来提高生产效率和产品水平。也就是说，设备更新要与设备大修理和设备技术改造相结合，既要更换相当数量的旧设备，又要结合具体生产对象，用新部件、新装置、新技术等对设备进行技术改造，使设备的技术性能达到，或局部达到先进水平。

5．设备更新经济分析

补偿设备的磨损是设备更新、改造和修理的共同目标。选择什么方式进行补偿由其经济分析决定，并应以划分设备更新、技术改造和大修理的经济界限为主。可以采用寿命周期内的总使用成本互相比较的方法来进行。

6．设备更新实施

（1）编制和审定设备更新申请单。

设备更新申请单由企业主管部门根据各设备使用部门的意见汇总编制，经有关部门审查，在充分进行技术经济分析论证的基础上，确认实施的可能性和资金来源等方面情况后，经上级主管部门和厂长审批后实施。设备更新申请单的主要内容包括以下几点。

① 设备更新的理由（附技术经济分析报告）。

② 对新设备的技术要求，包括对随机附件的要求。

③ 现有设备的处理意见。

④ 订货方面的商务要求及要求使用的时间。

（2）对旧设备组织技术鉴定，确定残值，区别不同情况进行处理。

对报废的受压容器及国家规定淘汰的设备，不得转售其他单位。目前尚无确定残值的较为科学的方法，但它是真实反映设备本身价值的量，确定它很有意义。因此，残值确定的合理与否，直接关系到经济分析的准确与否。

（3）积极筹措设备更新资金。

要点06：设备报废

设备使用到规定的寿命周期后，其主要性能严重劣化而不能满足生产工艺要求，且无修复价值，此时就要进行设备报废处理，以便更换或设置新型设备，适应企业发展的需要。

1. 设备的报废条件

企业对属于下列情况之一的设备，应当按报废处理。

（1）主要结构和部件严重损坏，虽经大修但技术性能仍不能达到生产使用要求和保证产品质量。

（2）设备老化、技术性能落后、耗能高、效率低、经济效益差。

（3）修理费用过大，经济上严重不合理。

（4）严重污染环境，危害人身安全与健康，没有修复、改造的价值。

（5）其他应当淘汰的设备。

2. 设备报废的审批程序

由设备使用部门提出设备报废计划，制作"设备报废计划表"（见表7-4），表中写明报废理由。此表送交设备部门初步审查，经企业质量部门鉴定，工艺、财务部门会签，并由设备管理部审核后，再由使用部门填写"设备报废申请表"（见表7-5），送交主管领导批准。

表7-4　设备报废计划表

编报部门：　　　　　　　　　　编报日期：　　　　　　　　　　单位：人民币万元

报废项设备名称	报废设备编号	使用部门	报废原因	估计金额及报废月份	审核意见

部门经理：　　　　　　　复核：　　　　　　　制表：

表7-5　设备报废申请表

申请部门：　　　　　　　　　　　　　　　　　　　日期：＿＿＿年＿＿月＿＿日

报废设备	报废原因	专家鉴定意见	机电部处理意见	财务部处理意见	分管总监意见	总经理意见
编号						
名称						
规格						
原值						
已折旧额						
预计年限						
实用年限						
使用部门						

请注意

　　设备的报废必须依据相关程序进行，因为设备是企业的重要资产，一旦报废就是一种损失，只有按程序报废才能最大程度上减少损失。

3．报废设备的处理

（1）企业应为需报废的设备贴上"报废"标志。 ◀－－－－－－－－－－－┐

（2）报废设备通常应从生产现场拆除，以将其不良影响减少到最小程度。同时，做好报废设备的处理工作，做到物尽其用。

（3）一般情况下，报废设备不应再作价外调。

（4）对于可出售给其他企业作他用的报废设备，应向上级主管部门提出出售申请（见表7-6）。

表7-6　设备出售申请表

管理部门：

申请部门：　　　　　　　　　　　　　　　　申请时间：

中文名称		供应商		购置日期	
英文名称		规格		耐用年限	
单位		数量		已使用年限	
原使用部门		编号		原价	
原用途		附属设备		已提折旧	
购买商		价格		账面净值	
出售原因					
总经理意见		分管总监意见		财务总监意见	财务经理意见	部门经理意见

复核：　　　　　　　　　　　　　　　制表：

（5）设备报废后，设备管理部门应将批准的设备报废单送交财会部门注销对应的账、卡。

（6）企业出售和报废设备所得的收益要用于设备改造和更新。

学习笔记

通过学习本章内容，想必您已经掌握了不少学习心得，请仔细填写下来，以便继续巩固学习。如果您在学习中遇到了一些难点，也请如实写下来，方便今后重复学习，彻底解决这些难点。

同时本章列举了大量实景图片，与具体的文本内容互为参照和补充，方便您边学边用，请如实填写您的运用计划，以使工作与学习相结合。

我的学习心得：

1. _____
2. _____
3. _____
4. _____
5. _____

我的学习难点：

1. _____
2. _____
3. _____
4. _____
5. _____

我的运用计划：

1. _____
2. _____
3. _____
4. _____
5. _____

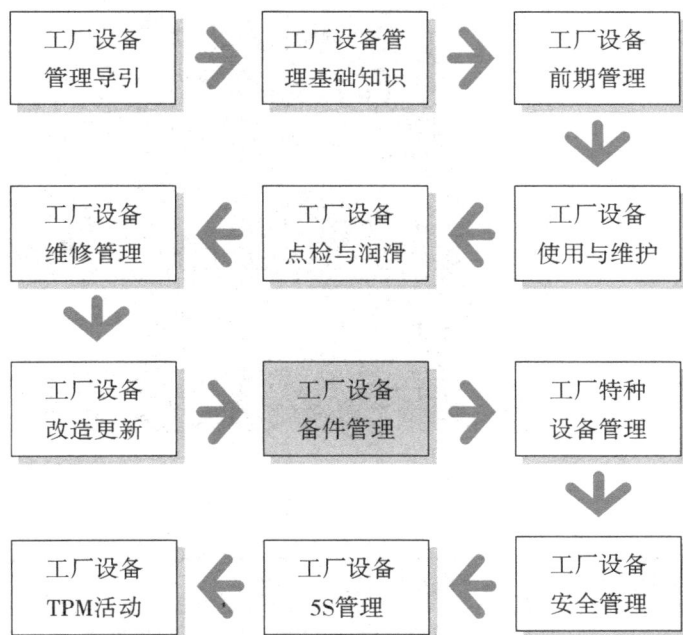

第8章

工厂设备备件管理

导视图

| 工厂设备
管理导引 | ➡ | 工厂设备管
理基础知识 | ➡ | 工厂设备
前期管理 |

| 工厂设备
维修管理 | ⬅ | 工厂设备
点检与润滑 | ⬅ | 工厂设备
使用与维护 |

| 工厂设备
改造更新 | ➡ | 工厂设备
备件管理 | ➡ | 工厂特种
设备管理 |

| 工厂设备
TPM活动 | ⬅ | 工厂设备
5S管理 | ⬅ | 工厂设备
安全管理 |

⋯⋯⋯⋯⋯⋯⋯⋯ 关键指引 ⋯⋯

做好备件管理工作，就可以花最少的备件资金，科学、合理、经济地开展库存储备活动，保证设备维修的需要，减少设备的停修时间。

要点01：设备备件的类别

备件是为了缩短设备修理停歇时间或进行设备的维护检修，而储备的用于维修的各类零件。根据不同的分类标准，可将设备备件分成以下几种，具体内容如表8-1所示。

表8-1　备件分类表

分类标准	备件名称	具体备件
备件类别	机械备件	指构成某一型号设备的专用机械构件，一般可由企业自行生产制造，如齿轮、丝杠、轴瓦、曲轴、连杆等
	配套备件	指标准化的、通用于各种设备的由专业生产厂家生产的零件，如滚动轴承、液压元件、电器元件、密封件等

（续表）

分类标准	备件名称	具体备件
备件来源	自制备件	企业自己设计、测绘、制造的零件，基本上属于机械零件范畴
	外购备件	企业对外订货采购的备件，一般配套零件均属外购备件，如高精度齿轮、机床主轴、摩擦片等备件均是外购的
备件使用特性	常备件	指经常使用的（即使用频率高）、设备停工损失大和单价比较便宜的需经常保持一定储备量的零件，如易损件、消耗量大的配套零件、关键设备的保险储备件等
	非常备件	使用频率低、停工损失小和单价昂贵的零件，如计划购入件（根据修理计划，预先购入作短期储备的零件）、随时购入件（修前随时购入的零件）
备件精度和制造复杂程度	关键件	一般指原机械部规定的7类关键件，包括Ⅰ级精度（近似新6级精度）以上的齿轮、丝杆、精密蜗轮副、精密镗杆（或主轴）、精密内圆磨具、2米或2米以上的丝杆和螺旋伞齿轮等
	一般件	关键件以外的其他机械备件

2. 备件管理的目标

（1）把设备突发故障所造成的生产停工损失减少到最低程度。

（2）把设备计划修理的停歇时间和修理费用降低到最低限度。

（3）把备件库的储备资金压缩到合理供应的最低水平。

（4）备件管理方法先进，信息准确，反馈及时，满足设备维修需要，经济效果明显。

3. 备件管理内容

（1）备件的技术管理

备件的技术管理是指技术基础资料的收集与技术定额的制定工作。包括：备件图纸的收集、测绘、整理，备件图册的编制，各类备件统计卡片和储备定额等基础资料的设计、编制，以及备件卡的编制工作。

（2）备件的计划管理

备件的计划管理指从提出备件自制计划或外协、外购计划到备件入库这一阶段的工作。

（3）备件库房管理

备件的库房管理指从备件入库到发出这一阶段的库存控制和管理工作。包括：备件入库时的质量检查、清洗、涂油防锈、包装、登记上卡、上架存放；备件收、发及库房的清洁与安全；订货点与库存量的控制；备件的消耗量、资金占用额、资金周转率的统计分析和控制；备件质量信息的收集等。

（4）备件的经济管理

备件的经济管理是指一系列核算与统计分析工作。包括：备件库存资金的核定、出入库账目的管理、备件成本的审定、备件消耗统计和备件各项经济指标的统计分析等。经济管理应贯穿于备件管理的全过程，同时应根据各项经济指标的统计分析结果来衡量检查备件管理工作的质量和水平，总结经验、改进工作。备件管理机构的设置和人员配置与企业的规模、性质有关。

4. 备件管理的主要任务

① 建立相应的备件管理机构和必要的储存装置，如备件柜等，科学合理地确定备件的储备品种、储备形式和储备定额，做好备件的保管供应工作。

② 及时有效地向维修人员提供合格的备件，重点做好关键设备备件的供应工作，确保关键设备对维修备件的需要，保证关键设备的正常运行，尽量减少停机损失。

③ 做好备件使用情况的信息收集和反馈工作。备件管理和维修人员要不断收集备件使用的质量、经济信息，并及时反馈给备件技术人员，以便改进和提高备件的使用性能。备件采购人员要随时了解备件市场的货源供应情况、供货质量，及时反馈给备件计划员并及时修订备件外购计划。

④ 在保证备件供应的前提下，尽可能减少备件的资金占用量，提高备件资金的周转率。影响备件管理成本的因素有：备件资金占用率和周转率，库房占用面积，管理人员数量，备件制造采购质量和价格，备件库存损失等。备件管理人员应努力做好备件的计划、生产、采购、供应、保管等工作，压缩备件储备资金，降低备件管理成本。

要点02：备件的计划管理

备件计划是针对备件的生产、采购、使用等一系列工作制订的计划。备件的计划管理是一项全面的、综合性的管理工作，它是根据企业检修计划以及技术措施、设备改造等项目计划编制的。

1．备件计划的分类

（1）按备件的来源分类

① 自制备件计划：包括铸锻件毛坯计划、修复件计划等。

② 外购备件计划：可细分为国内备件采购计划与国外备件采购计划。

（2）按备件的计划时间分类

可分为年度备件生产计划、季度备件生产计划和月度备件生产计划。

（3）按内容分类

① 铸、锻毛坯件的需要量申请、制造计划。

② 备件零星采购和加工计划。

③ 备件的资金计划。

④ 备件的修复计划。

2．备件计划的编制依据

（1）年度设备修理需要的零件以年度设备修理计划和修前编制的"更换件明细表"为依据，由维修部门提前3～6个月提出申请计划。

（2）各类零件统计汇总表。包括备件库存量，库存备件领用、入库动态表，备件最低储备量的补缺件等。由备件库根据现有的储备量及储备定额，按规定时间及时申报。

（3）企业的年度生产计划，以及机修车间、备件生产车间的生产能力、材料供应等情况分析。

（4）企业备件历史消耗记录和设备开动率。

（5）临时补缺件设备在大修、项修及定期维护时，临时发现需要更换的零件，以及已制成和购置的零件不适用或损坏的急件。

（6）本地区备件生产、协作供应情况。

3．编制备件计划

（1）备件订货计划的编制

企业可用备件需用计划中的单项数量，减去到库部分，减去合同期货（包括在途的）数量，再减去修旧利废部分，得出备件订货总计划数，然后根据不同的渠道制订出分类订货计划。

（2）年度大修备件计划的编制

年度大修专用备件是专为大修准备的，属于一次性消耗备件，因此不属正常储备范围。原则上应按计划100％地消耗掉，如果消耗不掉，应从大修专用资金冲销或专储。

（3）备件资金计划的编制

编制备件资金计划的依据是：备件合同，车间计划检修项目和技措、安措、设备改造等计划。备件资金计划可促使定额内流动资金用好、管好，并为财务部门编制计划提供备件资金依据。

4．备件计划的审核、执行和检查

备件计划的审核、执行和检查内容如图8-1所示。

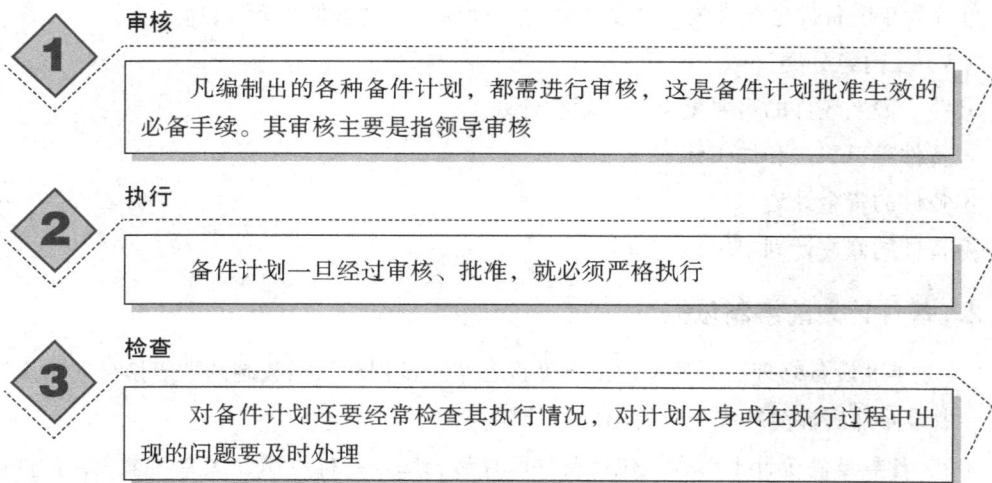

1 审核

凡编制出的各种备件计划，都需进行审核，这是备件计划批准生效的必备手续。其审核主要是指领导审核

2 执行

备件计划一旦经过审核、批准，就必须严格执行

3 检查

对备件计划还要经常检查其执行情况，对计划本身或在执行过程中出现的问题要及时处理

图8-1 备件计划的审核、执行和检查

5．备件的统计分析

备件的统计分析是备件计划管理中的一个重要组成部分，对于修订储备与消耗定额、改进备件的计划管理都能起到指导作用。

（1）建立统计制度

企业应根据要求建立起一套统计制度，对备件的各种统计范围和备件仓库的统计工作做出具体的规定；指定专职或兼职统计人员；注意原始资料和数据的积累，为统计工作提供可靠的资料。

（2）备件统计工作的主要任务

为全面、准确、及时地反映各种备件的收入、发出、结存、数量、质量、资金等方面的变动情况，企业应做好月、季、年统计，应按上级部门要求，及时、准确地填报各类备件统计报表。

（3）统计资料的分析

①通过备件收入、发出情况的分析比较，排除非正常性消耗，检查备件的储备与消耗定额是否合理。

②对库存资金进行分析，查找增加与减少的原因，分析资金使用是否合理。

③利用历年消耗量、储备量和占用资金的数字分析比较，总结备件管理的经验。

④对备件各个时期的到货情况进行分析，查看备件工作与设备检修的配合度，协调两者的关系。

> **请注意**
>
> 备件的计划管理是做好备件管理的基础，企业必须做好备件计划的编制、执行与统计分析工作。

要点03：备件技术资料管理

备件技术资料管理工作应主要由备件技术人员来做，为备件的生产、采购等管理提供可靠的数据资料。

1．技术资料的内容

备件的技术资料是备件管理的基础。企业通过这些资料的积累、补充和完善，可以掌握备件的需求，预测备件的消耗量，确定比较合理的备件储备定额、储备形式，为备件的生产、采购、库存提供科学、合理的依据。

备件技术资料的具体内容如表8-2所示。

表8-2　备件技术资料表

类别	名称和内容	资料来源	备注
备件图册 维修图册	机械备件零件图 主要部件装配图 传动系统图 液压系统图 轴承位置分布图 电气系统图	（1）向制造厂索取 （2）自行测绘 （3）设备使用说明书中的易损件图或零件图 （4）向描图厂购买 （5）机械行业编制的备件图册 （6）向兄弟单位借用	（1）外来资料应与实物进行校核 （2）编制图册的图纸应在图纸适当位置标出原厂图号
备件卡片	机械备件卡（自制备件卡、外购备件卡） 轴承卡 液压元件卡 皮带链条卡 电器备件卡等	（1）机械行业有关技术资料 （2）向兄弟单位借用 （3）自行测绘、编制	
备件统计表	备件型号、规格统计表 备件类别汇总表	（1）备件卡 （2）备件图册 （3）设备说明书 （4）同行业互相交流 （5）设备台账 （6）机械行业有关资料 （7）备件位置信息	

2．备件表格的编制

企业应根据各种技术资料的要求编制各种备件的管理表格。

（1）专用备件资料卡

专用备件资料卡如表8-3所示。

表8-3　专用备件资料卡

机器名称		规格型号		台数	
项次	备件名称	规格型号	单位使用时间	经验存量	备注
1					
2					
3					
4					
5					
6					
7					
8					
…					

（2）设备备件明细账

设备备件明细账如表8-4所示。

表8-4　设备备件明细账

备件类别：（通用、专用）

专用设备名称：

专用设备编号：　　　　　　　　　　　　　　　　　页次：

年		摘要	单位	借方	贷方	结存
月	日					

（3）设备备件台账

设备备件台账如表8-5所示。

表8-5　设备备件台账

设备编号		设备名称		设备型号（规格）		制造厂商	
图号	备件名称	规格	材质	单位	数量	单价	寿命	备注

要点04：备件的库存管理

备件的库存管理是一项复杂而细致的工作，是备件管理工作的重要组成部分。

1．备件库存管理内容

对于制造或采购的备件，入库建账后应当按照程序和有关制度认真保存、精心维护，保证备件库存质量，同时要制定一些"温馨提示"，对备件的出入库相关事项进行说明。

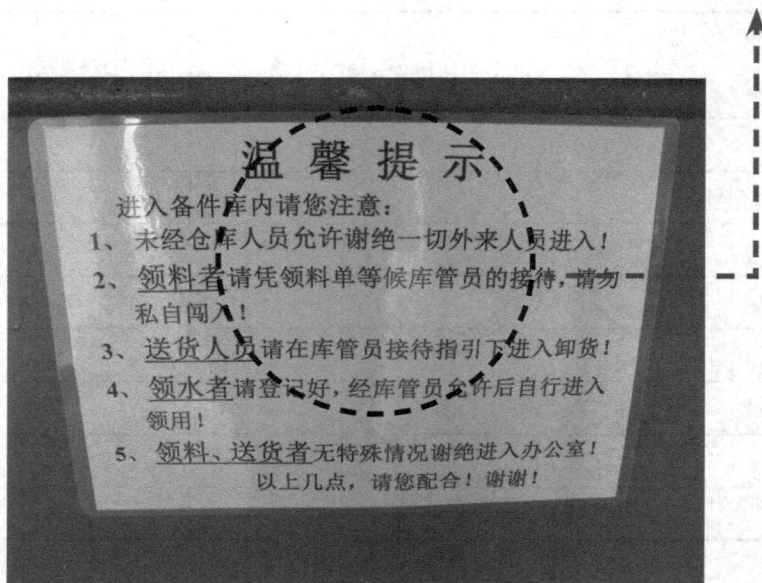

通过对库存备件的发放，使用动态信息的统计、分析，可以摸清备品配件使用期间的消耗规律，逐步修正储备定额，合理储备备件。同时，在及时处理备件积压、加速资金周转方面，也起着重要作用。

（1）备件入库

库管人员对入库备件必须逐件进行核对与验收。

①入库备件必须符合申请计划和生产计划规定的数量、品种、规格。

②要查验入库备件的合格证明，并做适当的外观等质量抽验。

③备件入库必须由入库人填写入库单，并经保管员核查。

④备件入库上架时要做好涂油、防锈保养工作。备件入库要及时登记，挂上标签（或卡片），并按用途（使用对象）分类存放。

（2）备件保管

①入库备件要由库管人员保存好、维护好，做到不丢失、不损坏、不变形变质、账目清楚、码放整齐（三清、两齐、三一致、四号定位、五五码放）。

②定期涂油、保管和检查。

③定期进行盘点，随时向有关人员反映备件动态。

（3）备件发放

①发放备件须凭领料票据。对不同的备件，厂内外要拟订相应的领用办法和审批手续。

②领出备件要办理相应的财务手续。

③备件发出后要及时登记和销账、减卡。

④有回收利用价值的备件，要以旧换新，并制定相应的管理办法。

（4）备件处理

①由于设备外调、改造、报废或其他客观原因所造成的企业已不需要的备件，要及时按要求加以销售和处理。

②因图纸、工艺技术错误或保管不善而造成的备件废品，要查明原因，提出防范措施和处理意见，并报请主管领导审批。

③报废或调出备件必须按要求办理手续。

2．备件库存形式及要求

（1）备件库的组织形式

由于企业的生产规模、管理机构的设置、生产方式以及企业拥有备件的品种、数量的不同，地区备件供应情况的不同，备件库的组织形式也应有所不同。机械行业企业内部，大致有以下几种类型的备件库。

①综合备件库。综合备件库将所有维修用的备件，如机床备件、电器备件、液压元

件、橡胶密封件及动力设备用备件都管起来，做到集中统一管理，避免了分库存放，对统一备件计划较为有利。过去，采用这种形式的企业较多，有大型企业，也有中、小型企业。但由于备件品种较多，合管起来容易造成与企业的生产供应部门分工不清，引发相互扯皮和重复储备现象。

②机械备件库。机械备件库只管机械备件（齿轮、轴、丝杆等机械零件），其形式较为单纯、便于管理，但修理中常需更换的轴承、密封件、电器等零件，维修人员需到供应部门领取。

③贵重备件库。对一些贵重的备件，应设置专用的库房严密保管。对这些备件，应当用较小的箱子予以保管，以避免损伤。

④电器备件库。电器备件库储备全厂设备维修用的电工产品、电器电子元件等。储备的品种视具体情况而定，多数企业一般不单独设电器备件库，而由厂生产部门管理。

⑤毛坯备件库。毛坯备件库主要储备复杂铸件、锻件及其他有色金属毛坯件，其目的是缩短备件的加工周期，以适应修理的需要。如果只有少数毛坯备件，一般可不设毛坯备件库而由材料库兼管。

请注意

不同的备件库有不同的特点，具体应使用哪种备件库储存备件应当视情况而定。

⑤通用备件库。主要是对于一些可以通用的设备备件进行集中存放，并对通用备件的出入库、库存量等做好记录，具体应记录在"通用备件存量管理卡"（见表8-6）中。

表8-6 通用备件存量管理卡

备件名称		规格型号		供应商	
购货前置时间		最高存量		最低存量	
日期	入库	出库	结存	备注	

（2）备件库房及其要求

备件库房的建设应符合备件的储备特点。备件库房应满足以下条件。

① 备件库的结构应高于一般材料库房的标准，要求干燥、防腐蚀、通风、明亮、无灰尘，有防火设施。

② 备件库房的建造面积，一般应达到每个修理复杂系数（包括机械、电器）0.02~0.04平方米。

③ 配备有存放各种备件的专用货架和一般的计量检验工具，如磅秤、卡尺、钢尺、拆箱工具等。

④ 配备有存放文件、账卡、备件图册、备件订货目录等资料的橱柜。

⑤ 配备有简单运输工具（如脚踏三轮车等）以及防锈去污的物料，如器皿、棉纱、机油、防锈油、电炉等。

⑥ 对于比较零散的备件，应设置专用的存放装置储存。

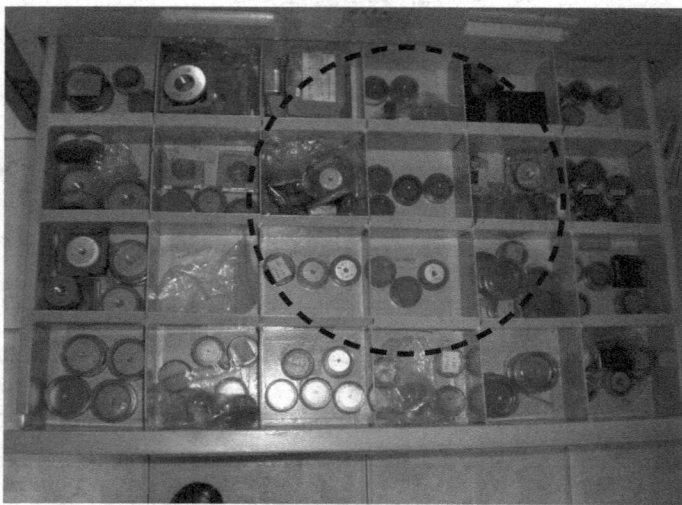

3．备件库存管理方法

备件库存管理方法主要是指ABC管理法。备件的ABC管理法是物料管理中的ABC分类控制法在备件管理中的应用。它是根据备件品种规格多，占用资金多和各类备件库存时间、价格差异大的特点，采用ABC分类控制法的分类原则而实行的库存管理办法，具体分类如表8-7所示。

表8-7　备件的ABC管理参考表

备件分类	品种数占库存品种总数的比重 （％）	价值占库存资金总额的比重 （％）
A类	10％左右	50％~70％
B类	25％左右	20％~30％
C类	65％左右	10％~30％

对不同种类、不同特点的备件，应当采用不同的库存量控制方法。具体内容如表8-9所示。

表8-9　备件的分类控制

备件类型	特点	库存控制方法
A类	储备期长（周转速度慢），重要程度高，储备件数较少（通常只有一两件），采购制造较困难而价格又较高	要重点控制，应在保证供应的前提下控制进货，尽量按最经济、最合理的批量和时间进行订货和采购。可采取定时、定量进货供应，保证生产的正常需要
B类	介于A类和C类之间，种类与金额所占的比重一般	可选择补充库存制度进行控制，采取设置安全存量的方式，到了请购点时以经济采购量加以采购
C类	耗用资金不太大，但品种较多	加大订购批量，提高保险储备量，可按照计划需用量一次订货，或适当延长订货间隔期，减少订货次数

学习笔记

通过学习本章内容，想必您已经掌握了不少学习心得，请仔细填写下来，以便继续巩固学习。如果您在学习中遇到了一些难点，也请如实写下来，方便今后重复学习，彻底解决这些难点。

同时本章列举了大量实景图片，与具体的文本内容互为参照和补充，方便您边学边用，请如实填写您的运用计划，以使工作与学习相结合。

我的学习心得：

1. _____
2. _____
3. _____
4. _____
5. _____

我的学习难点：

1. _____
2. _____
3. _____
4. _____
5. _____

我的运用计划：

1. _____
2. _____
3. _____
4. _____
5. _____

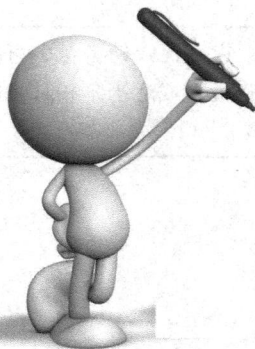

第9章

工厂特种设备管理

导视图

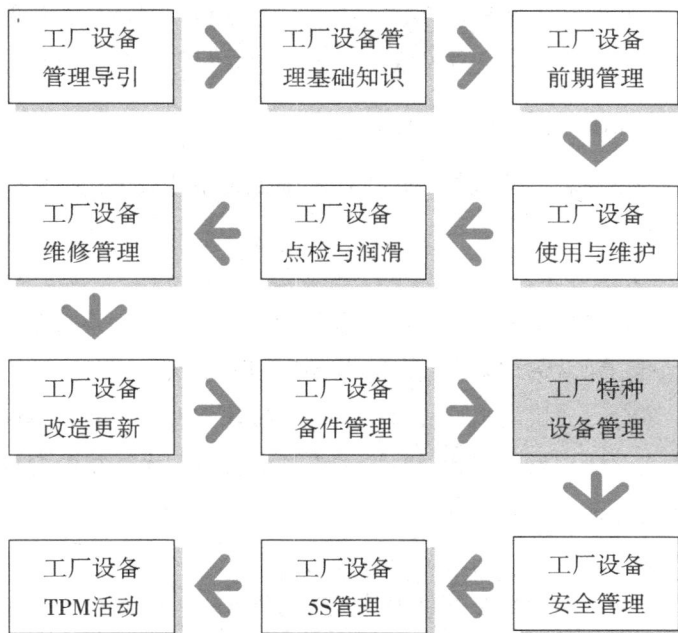

工厂设备
管理导引

工厂设备管
理基础知识

工厂设备
前期管理

工厂设备
维修管理

工厂设备
点检与润滑

工厂设备
使用与维护

工厂设备
改造更新

工厂设备
备件管理

工厂特种
设备管理

工厂设备
TPM活动

工厂设备
5S管理

工厂设备
安全管理

在企业中，特种设备主要包括锅炉、压力容器（含气瓶）、压力管道、电梯、起重机械等。特种设备是企业的重要资产，在企业中往往承担着非常重要的生产任务，特种设备使用人员应当严格做好特种设备的管理，确保特种设备能够正常运转。

要点01：锅炉的管理

在企业中，特种设备主要包括锅炉、压力容器（含气瓶）、压力管道、电梯、起重机械和场（厂）内专用机动车辆等。锅炉是利用燃料燃烧释放的热能或其他热能加热水或其他工质，以生产规定参数（温度、压力）和品质的蒸汽、热水或其他工质的设备。

1. 锅炉的结构

锅炉整体的结构包括锅炉本体和辅助设备两大部分，压力表、水位表、安全阀是锅炉三大安全附件。

（1）压力表

压力表是锅炉必不可少的安全附件之一。它的作用是用来测量和表示锅筒或集箱内压力的大小。每台锅炉除必须装有与锅筒蒸汽空间直接相连接的压力表外，还应在给水调节阀前、可分式省煤器出口、过热器的出口与主汽阀之间、燃油锅炉油泵进出口等部位都装设压力表。压力表的装置、校验和维护应符合国家计量的规定。对压力表在装用前应做校验，装用后宜每半年校验一次，在工作压力处画红线并加铅封。

（2）水位表

水位表也是锅炉必不可少的安全附件之一。它的作用是显示锅炉内水位的高低。常用的水位表有玻璃管式和平板玻璃式两种。

（3）安全阀

安全阀是锅炉必不可少的安全附件之一。它有两个作用：一是当锅炉压力达到整定压力时，安全阀即自动开启，排出蒸汽，发出警报，使司炉人员能及时采取措施；二是安全阀开启后能排出足够的蒸汽，使锅炉压力下降，当压力降至回座压力时，安全阀即能自动关闭。

2. 锅炉的安全使用

（1）凡投入使用的新装和检修过的锅炉，必须向当地锅炉压力容器安全监察机构申报、检验、批准。压力容器必须做好标示和说明。

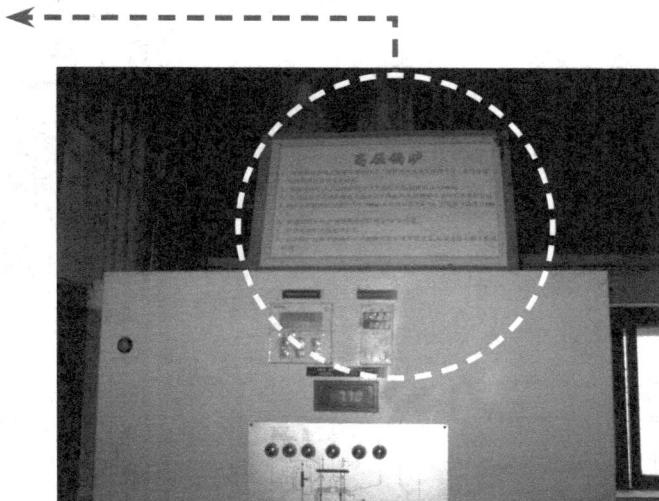

（2）司炉工必须经过技术培训、取得合格证以后才能上岗操作。

（3）企业要建立以岗位责任制为主要内容的各种安全规章制度，对用煤粉、油、燃料的锅炉还要建立防火、防爆、防毒制度，并严格运行。

（4）企业应将锅炉的相关数据、炉温曲线等数据张贴出来，便于对其进行安全操作。锅炉运行期间，任何人都有权拒绝领导的强令指挥、冒险作业等命令，制止违章操作。

（5）对设备和各个环节要经常或定期进行检查，发现故障要及时排除，特别是对锅炉的水位计、压力表和安全阀等主要安全附件，要经常保持其灵敏可靠。对受压部分，必须按规程要求定期进行检修和打压试验。

（6）锅炉出现重大故障或事故后，要立即向领导报告，并采取有效措施处理。防止事故扩大蔓延，保护现场。

📢 **请注意**

锅炉必须由经培训合格的专业人员操作运行。企业应对锅炉进行定期检验，确保其处于正常的工作状态中。

要点02：压力容器的管理

压力容器是指盛装气体或者液体，承载一定压力的密闭设备。储运容器、反应容器、换热容器和分离容器均属于压力容器。

1. 压力容器的界定

与一般容器（常压容器）不同，只有同时满足以下三个条件的容器，才能被称为压力容器。

（1）工作压力（是指压力容器在正常工作情况下，其顶部可能达到的最高压力）大于或者等于0.1MPa（不含液体静压力）。

（2）内直径（非圆形截面指其最大尺寸）大于等于0.15m，且容积（压力容器的几何）大于等于0.025立方米，工作压力与容积的乘积大于或者等于2.5MPa–L。

（3）盛装介质为气体、液化气体及介质最高工作温度高于或者等于其标准沸点的液体。

2. 压力容器的使用

压力容器是工业生产中的常用设备，也是容易发生破坏事故的特种设备。在操作时要注意以下事项。

（1）压力容器操作人员要熟悉本岗位的工艺流程，有关容器的结构、类别、主要技术参数和技术性能，严格按操作规程操作。掌握处理一般事故的方法，认真填写有关记录。

（2）操作人员需取得质监部门统一颁发的"压力容器操作人员证"后，方可上岗工作。对工作中发生的异常情况应及时处理并向上级汇报。

（3）压力容器严禁超温、超压运行。实行压力容器安全操作挂牌制度或采用机械连锁机构防止误操作。检查减压阀是否失灵否。装料时，避免过急过量，液化气体严禁超量装载，并防止意外受热等。

（4）压力容器要平稳操作。压力容器开始加载时，速度不宜过快，要防止压力突然上升。对于高温容器或工作温度低于0℃的容器，加热或冷却都应缓慢进行。尽量避免操作中压力的频繁和大幅度波动。

（5）压力容器上必须有警示标志，如"严禁烟火"等，同时其管理人员应经常检查安全装置、附件、辅助工设备及控制装备，以确保这些设备能发挥正常效能，检查所有配件是否安装妥当及接口有无渗漏。

（6）对于快开门式压力容器，当压力容器的内部压力完全释放、安全联锁装置脱开后，方能打开快开门的联锁联动功能。压力容器的使用压力不能超过压力容器的最高工作压力，以保证压力容器的安全运行。

（7）经常检查安全阀、压力表有无失效、有无按规定送校验。安全阀每年至少校验一次，压力表每半年校验一次。新安全阀在安装之前，应根据压力容器的使用情况送校验后，方可安装使用。

（8）压力容器内部有压力时，不得进行任何修理。对压力容器的受压部件进行重大修理和改造，应符合《压力容器安全技术监察规程》和有关标准的要求，并将修理和改造方案报市局特种设备安全监察科审查，经同意后方可施工。

要点03：压力管道的管理

压力管道是在一定温度和压力下，用于运输流体介质的特种设备。

1. 压力管道的组成及结构

压力管道由管道组成件、管道支吊架（管道支承件）等组成，是管子、管件、法兰、螺栓连接、垫片、阀门、其他组成件、受压部件和支承件的装配总成。

（1）管道组成件

用于连接或装配成管道的元件，包括管子、管件、法兰、垫片、紧固件、阀门以及管道特殊件。管道特殊件，即非普通标准组成件，是按工程设计条件特殊制造的管道组成件，包括膨胀节、特殊阀门、爆破片、阻火器、过滤器、挠性接头及软管等。

（2）管道支吊架

用于支承管道或约束管道位移的各种结构的总称，但不包括土建的结构。有固定支架、滑动支架、刚性吊架、导向架、限位架和弹簧支吊架等。在国家标准GB50184-2011《工业金属管道工程施工质量验收规范》中也称为管道支承件，包括管道安装件和附着件。

①管道安装件

指将负荷从管子或管道附着件上传递到支承结构或设备上的元件，包括吊杆、弹簧支吊架、斜拉杆、平衡锤、松紧螺栓、支撑杆、链条、导轨、锚固件、鞍座、垫板、滚柱、托座和滑动支架等。

②附着件

用焊接、螺栓连接或夹紧方法附装在管子上的零件，包括管吊、吊（支）耳、圆环、夹子、吊夹、紧固夹板和裙式管座等。

2．工业管道识别色

根据管道内物质的一般性能，工业管道可分为八类，并相应规定了八种基本识别色和相应的颜色标准编号及色样。具体内容如表9-1所示。

表9-1　工业管道的识别

物质种类	基本识别色	颜色标准编号
水	艳绿	G03
水蒸气	大红	R03
空气	淡灰	B03
气体	中黄	Y07
酸或碱	紫	P02
可燃液体	棕	YR05
其他液体	黑	
氧	淡蓝	PB06

3．压力管道使用

（1）压力管道的设计选用

①压力管道设计合理是压力管道安全运行的基础保证，要求根据国家的相关标准进行设计。

②合理选择材料也是管道安全的重要因素，要避免出现选材的差错。

③压力管道外应标明管道内物质的名称和流向等。◄----┐

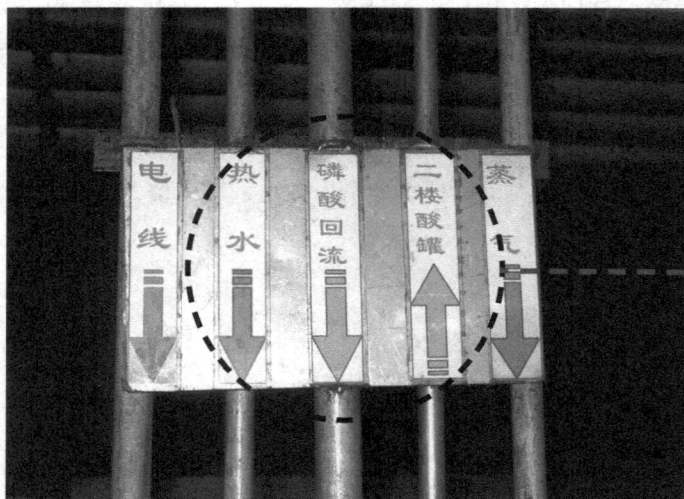

④有些压力管道通往不同的车间，企业要在压力管道外注明。◄----┐

（2）压力管道的使用

压力管道的可靠性首先取决于其设计、制造和安装的质量。在用压力管道由于介质和环境的侵害、操作不当、维护不力，往往会引起材料性能的恶化、失效而降低使用性能和缩短使用周期，甚至导致事故发生。

①压力和温度的控制

压力和温度是压力管道使用过程中两个主要的工艺控制指标。使用压力和使用温度是管道设计、选材、制造和安装的依据。只有严格按照压力管道安全操作规程中规定的操作压力和操作温度运行，才能保证管道的安全使用。

②腐蚀性介质含量控制

压力管道的设计、选材、安装的焊接工艺、焊接材料、焊后热处理等均取决于管道输送的介质、介质的成分及相应的运行工况。在用压力管道对腐蚀介质含量及工况应有严格的工艺指标进行监控。腐蚀介质含量超标、原料性质恶劣必然对压力管道产生危害。例如，对于高强钢压力管道，H_2S含量超过一定值，并在伴有水分的情况下，大大增加了管壁产生应力腐蚀开裂的可能性。压力管道介质成分的控制是压力管道运行控制中极为重要的内容之一。

（3）压力管道的质量监检和检验管理

压力管道的异常情况是逐渐形成和发展的，因此要加强压力管道在运转中的检查和定期检验，做到早期发现早期处理，防止事故的发生。质量检验是整个质量保证体系中十分重要的环节。压力管道的安全运行离不开质量检验，在新装置的安装过程中也要及时做好质量检查。

在管道检验中，应着重留意以下易发生泄漏部位；泵、压缩机的出口部位；膨胀节、三通、弯头、大小头、支管连接部位及排气排液部位、流动的死角部位；注入点部位；支吊架损坏部位的管道及焊缝；曾经出现过影响管道安全运行问题的部位；生产流程中的重要管道和重要装置以及和关键设备直接连接的管道；工作条件苛刻及载荷反复变化的管道。

（4）压力管道的档案管理

在压力管道管理的各项工作中，抓好技术档案资料管理也同样重要。通过建立技术档案和档案管理可以掌握每条管道在设计、制造、维修、检验、使用过程中遗留的质量问题。

要点04：电梯设备的管理

电梯是指由动力驱动，利用沿刚性导轨运行的箱体或者沿固定线路运行的梯级（踏步），进行升降或者平行运送的机电设备。包括载人（货）电梯、杂物电梯和液压电梯等。

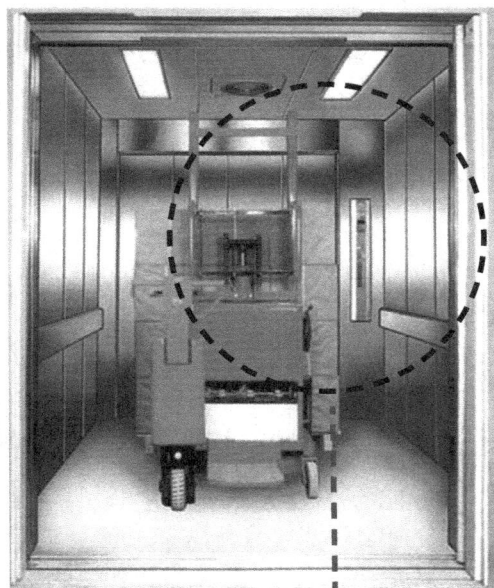

1．电梯的基本技术特点

电梯是垂直交通运输工具中使用最普遍的一种电梯，主要包括以下结构：

（1）曳引系统：由曳引机、曳引钢丝绳、导向轮及反绳轮等组成。

（2）导向系统：由导轨、导靴和导轨架等组成。

（3）门系统：由轿厢门、层门、开门机、联动机构、门锁等组成。

（4）轿厢：用以运送货物的电梯组件。

（5）重量平衡系统：由对重和重量补偿装置组成。

（6）电力拖动系统：由曳引电机、供电系统、速度反馈装置、调速装置等组成，对电梯实行速度控制。

（7）电气控制系统：由操纵装置、位置显示装置、控制屏、平层装置、选层器等组成，它的作用是对电梯的运行实行操纵和控制。

（8）安全保护系统：包括机械和电气的各类保护系统。

2．电梯安装的注意事项

（1）作业开工前，用安全栅栏围住地坑周围，摆放"无关人员不得入内"的标识。

（2）使用梯子进出地坑，请勿手持物品进出地坑。

（3）在地坑周围设置防跌落的设施。

（4）使用云梯作业时，应将云梯水平地摆放在地面。

（5）不要进行上下交叉作业。

（6）绝对不要进入到起吊机的下面。

（7）确认联系信号。

（8）运行时先进行信号联系，确认无人后再操作。

（9）临时设置通电后，调整可动部分时，切断电源，设置"禁止闭合开关"的标识。

（10）户外安装时，如风势较大应停止载车板的吊入作业。

（11）在油类附近作业时，应注意防火，并设置消防器材。

请注意

企业使用的主要是载货电梯，电梯公司安装电梯时，企业应派人在一旁协助。

3．电梯的使用管理

电梯在交付使用前，应由有资格的检测部门进行安全检验，检验合格后需在相关特种设备安全监督管理部门登记后，电梯才可投入使用。电梯外必须贴上安全检验合格标签。使用单位应根据电梯制造、安装单位提供的资料和文件，建立电梯安全技术档案，以利于今后的管理。安全技术档案应当包括以下内容。

（1）电梯的设计文件、制造单位、产品质量合格证明、使用维护说明等文件，以及安装技术文件和资料。

（2）电梯的定期检验和定期自行检查的记录。

（3）电梯的日常使用状况记录。

（4）电梯及其安全附件、安全保护装置、测量调控装置及有关附属仪器仪表的日常维护保养记录。

（5）货梯旁边要做好标示，如注明"货梯，严禁坐人"等字样。

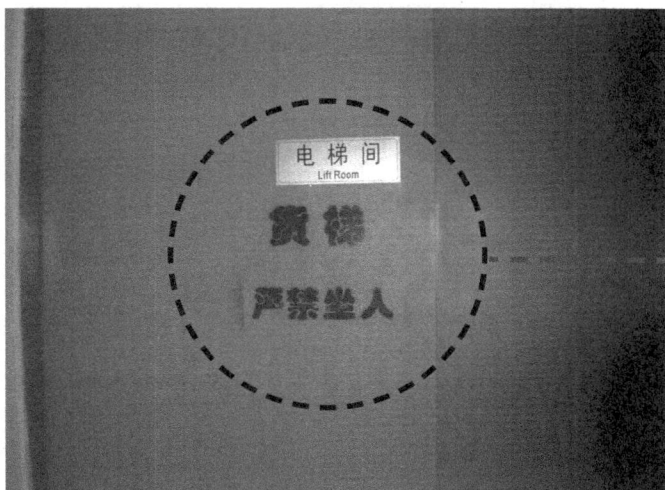

（6）电梯运行故障和事故记录。

要点05：起重机械管理

起重机械是指用于垂直升降并水平移动重物的机电设备，主要用于吊运或顶举重物。

1. 起重机械的工作结构

一般起重机械包括起升机构、运行机构、变幅机构和旋转机构。起重机械通过某一机构的单独运动或多机构的组合运动，来达到搬运物料的目的。

（1）起升机构：是用来实现物料垂直升降的机构，是任何起重机械中不可缺少的部分，因而是起重机械最主要、最基本的机构。

（2）运行机构：是通过起重机械或起重小车的运行来实现水平搬运物料的机构，有无轨运行和有轨运行之分，按其驱动方式不同分为自行式和牵引式两种。

（3）变幅机构：是臂架起重机械特有的工作机构。变幅机构通过改变臂架的长度和仰角来改变作业幅度。

（4）旋转机构：是使臂架绕着起重机械的垂直轴线作回转运动，在环形空间内运移物料的机构。

2. 起重机械的类型

（1）轻小型起重设备：主要包括起重滑车、吊具、千斤顶、手动葫芦、电动葫芦和普通绞车，这些机械大多体积小、重量轻、使用方便。

（2）升降类型起重机械：升降机主要作垂直或近于垂直的升降运动，具有固定的升降路线，包括电梯、升降台、矿井提升机和料斗升降机等。

（3）桥架类型起重机械：桥架类型起重机械主要在一定范围内垂直提升并水平搬运重物的多动作起重机械。

（4）臂架类型起重机械：如门座起重机械、塔式、流动式起重机械等。它具有刚性吊挂轨道所形成的线路，能把物料运输到厂房的各部分，也可扩展到厂房的外部。

3．起重机械的安全使用

起重机械的事故发生具有不确定性的特点，其中事故不仅在起重机械的非正常工作状态下可能发生，即使是在正常工作状态下也有可能发生。

起重作业波及范围内的现场人员，将其置身于庞大金属结构移动区域里，使地面人员始终处于可能发生重物坠落的危险区内。起重机械的维护检修、拆装以及安全检验人员都面临高处作业和触电的危险。

在使用起重机械时应注意以下问题。

（1）操作人员接班时，应对制动器、吊钩、钢丝绳和安全装置进行检查，发现性能不正常时，应在操作前排除。

（2）开动前，必须鸣铃或报警，操作中接近人时，也应给以断续铃或报警。

（3）操作应按指挥信号进行，不论何人发出紧急停车信号，都应立即执行。

（4）当起重机械上或其周围确认无人时，才可以闭合主电源；如电源断路装置上加锁或有标牌时，应由有关人员除掉后才可闭合主电源。

（5）闭合主电源前，应使所有的拉制器手柄置于零位。

（6）工作中突然断电时，应将所有的控制器手柄扳回零位；在重新工作前，应检查起重机械动作是否都正常。

（7）对于在轨道上露天作业的起重机械，当工作结束时，应将起重机械锚定。当风力大于6级时，一般应停止工作，并将起重机械锚定；对于门座起重机械等，当风力大于7级时，应停止工作，并将起重机械锚定。

（8）操作人员进行维护保养时，应切断主电源并挂上警示牌或加锁，如有未消除的故障，应通知接班司机。

（9）起重机械必须有安全标志。操作人员在使用时，应检查起重机械是否有安全标志（如"当心起重作业"标志、起重量标志牌、技术监督部门的安全检查合格标志），以及臂架、起重机械平衡臂、吊臂头部、外伸支腿、有人行通道的桥式起重机械端架外侧等是否按规定要求喷涂安全标志色。

当心起重作业

要点06：场（厂）内专用机动车辆管理

场（厂）内专用机动车辆是指除道路交通、农用车辆以外仅在工厂厂区、旅游景区、游乐场所等区域使用的专用机动车辆。

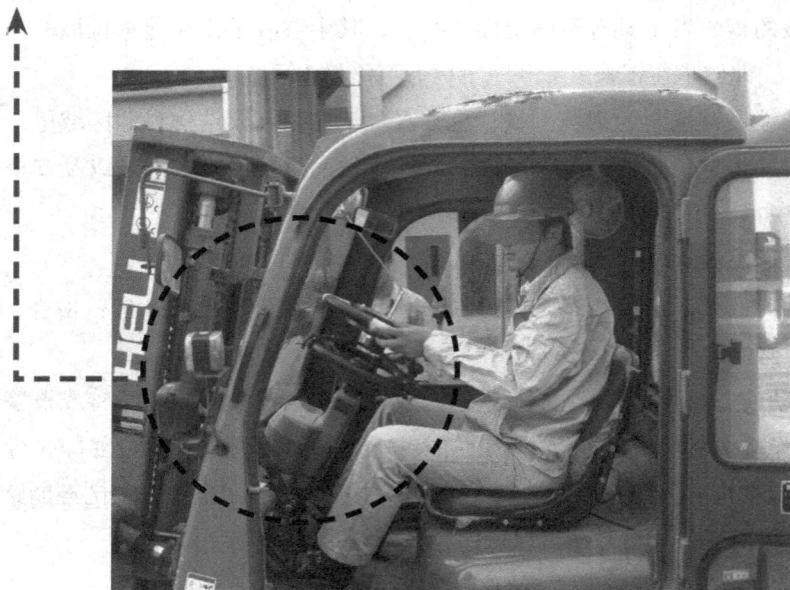

1. 场（厂）内专用机动车辆的分类

场（厂）内专用机动车辆的分类如表9-2所示。

表9-2　场（厂）内专用机动车辆的分类

序号	分类方式	具体内容
1	按车辆的动力来源分	（1）内燃车辆，由内燃机（柴油机、汽油机）驱动 （2）电动车辆，由电动机驱动，由蓄电池或电网供给能量 （3）内燃电动车辆，由内燃机带动发电机，再由电动机驱动
2	按传动方式分	（1）机械传动车辆 （2）液压传动车辆 （3）液机传动车辆 （4）电力传动车辆
3	按用途分	（1）汽车类（大、小吨位卡车，电瓶货车等） （2）工程车辆（叉车、装载机、小翻斗车等）

2．车辆驾驶员基本要求

（1）场（厂）内专用机动车辆驾驶员不但要取得公安部门的驾驶执照，同时还必须取得技术监督局系统安全监察部门颁发的场（厂）内专用机动车辆作业人员证书。

（2）必须熟悉场（厂）内专用机动车辆的整机性能。

（3）牢固掌握场（厂）内专用机动车辆的安全操作规程，仔细阅读场（厂）内专用机动车辆说明书。

（4）要有良好的职业道德，忠于职守、遵章守法、安全行车、钻研技术、规范操作、遵守劳动纪律。

3．车辆使用前的准备工作

（1）不要在有明火的地方检查燃油、漏油、油位以及检查电气仪表、灯光，不要在发动机运转时加燃油。

（2）检查轮胎气压，轮毂螺栓的松紧情况。

（3）前、倒退档手柄应在中间位（零档位置）。

（4）在燃油系统工作及检查电瓶时不要吸烟。

（5）检查各手柄及踏板情况。

（6）做好启动前的准备工作。

（7）松开驻车制动器。

（8）进行工作机构的运行及转向制动的试动作。

（9）液压油污染大于12级应进行清洁。

4．车辆使用注意事项

（1）为车辆进行编号，方便管理。

（2）驾驶员要注意观察周围环境，不得撞到人或其他设备。

（3）驾驶员要注意做好与相关人员的沟通工作。

（4）设备使用中出现故障时，驾驶员必须联系维修人员尽快前来维修。

学习笔记

通过学习本章内容，想必您已经掌握了不少学习心得，请仔细填写下来，以便继续巩固学习。如果您在学习中遇到了一些难点，也请如实写下来，方便今后重复学习，彻底解决这些难点。

同时本章列举了大量实景图片，与具体的文本内容互为参照和补充，方便您边学边用，请如实填写您的运用计划，以使工作与学习相结合。

我的学习心得：

1. _____
2. _____
3. _____
4. _____
5. _____

我的学习难点：

1. _____
2. _____
3. _____
4. _____
5. _____

我的运用计划：

1. _____
2. _____
3. _____
4. _____
5. _____

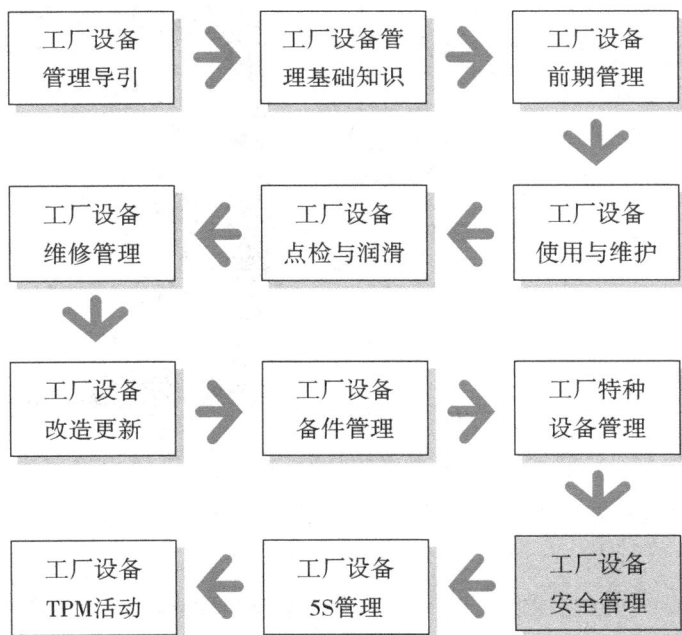

第10章

工厂设备安全管理

导视图

工厂设备
管理导引 → 工厂设备管
理基础知识 → 工厂设备
前期管理

工厂设备
维修管理 ← 工厂设备
点检与润滑 ← 工厂设备
使用与维护

工厂设备
改造更新 → 工厂设备
备件管理 → 工厂特种
设备管理

工厂设备
TPM活动 ← 工厂设备
5S管理 ← 工厂设备
安全管理

·············· 关键指引 ·······

设备是企业的重要资产，也是容易出事故的点，因此，企业各级人员都要严格做好设备的安全管理工作，如进行设备安全教育，制定设备安全管理制度等，全方位确保设备及人员安全。

要点01：设备安全教育

安全教育是做好安全工作的重要步骤，企业应通过安全教育让员工认识到保证设备的安全能减少设备事故的发生。

1．安全教育的内容

（1）根据设备的特点介绍安全技术基础知识。

（2）讲解本岗位使用的设备、工器具的性能，防护装置的作用、使用方法和注意事项。

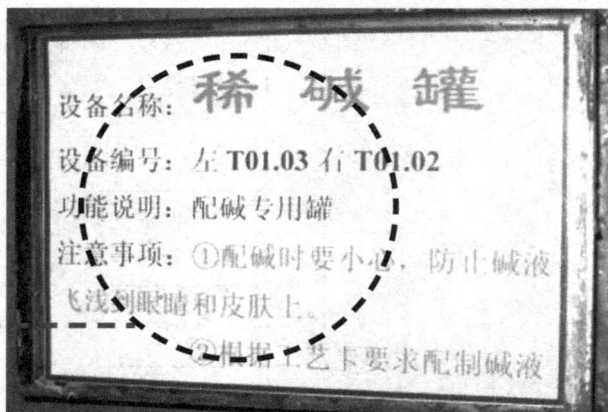

（3）讲解本工种的安全操作规程和岗位责任，强调思想上应时刻重视安全生产，自觉遵守安全操作规程，不违章作业，爱护和正确使用机器设备和工具。

（4）介绍各种安全活动以及作业环境的安全检查和交接班制度。

（5）讲解如何正确使用、爱护劳动防护用品和文明生产的要求。

（6）讲解事故多发部位、原因、相关的特殊规定和安全要求，介绍常见事故，对典型事故案例进行剖析等。

2．安全教育的方式

（1）专栏

企业可以设置与安全相关的专栏，例如"安全知识专栏"，"安全事故专栏"等。

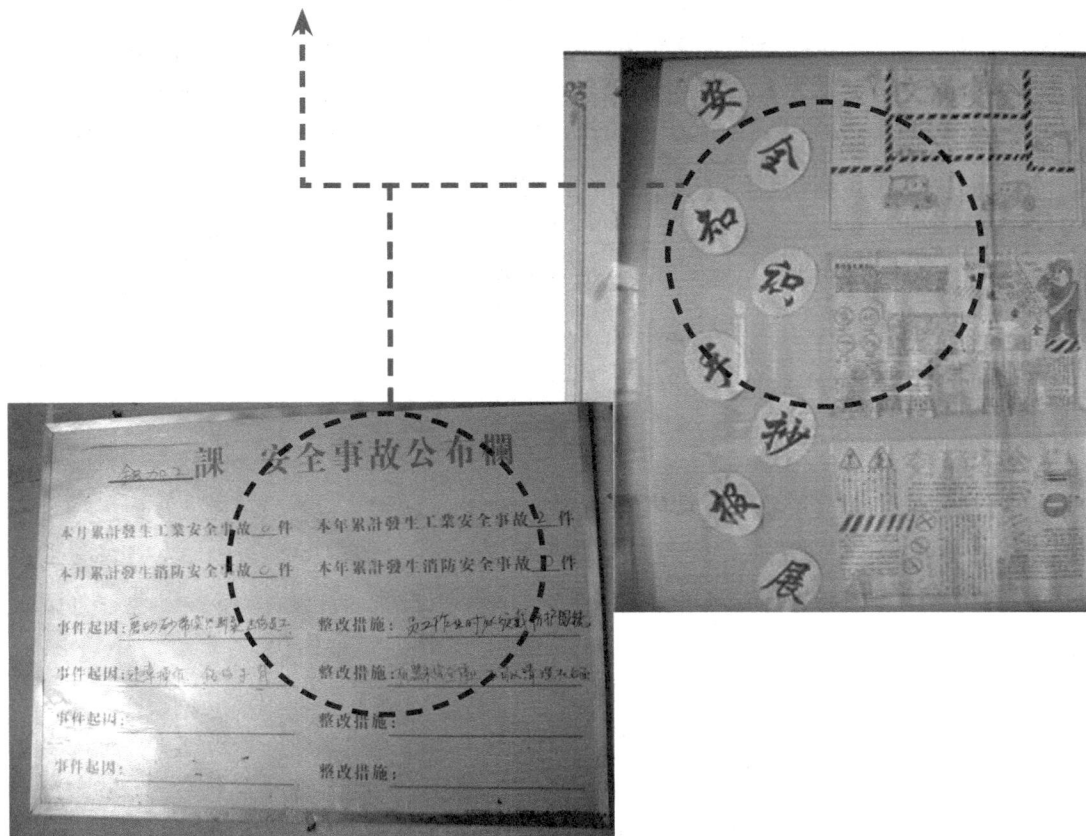

（2）宣传画

　　不同的安全宣传画以不同的方式促进安全。宣传画主要分为两类：一类是正面宣传画，说明小心谨慎、注意安全的好处；另一类是反面宣传画，指出粗心大意、盲目行事的恶果。

通过宣传画，可以使员工认识到安全生产的重要性，不安全生产会造成什么样的后果，给员工以警示，对其进行劝告或指导。

（3）影片

由于宣传画只给出危害的印象，并不能说明事故的全部情节，也不能表示出其环境、起源、危险状况和产生的后果以及如何预防事故等问题，现在人们已更多地利用电影、电视等来提高人们的安全意识，这同时也可以避免员工不愿意接受枯燥的命令和劝告。但应注意电影所反映的情况应符 合正常劳动条件，应如实地反映出员工的感觉、习惯和情况。

为培训而专门摄制的影片、录像片对解释新的安全装置或新的工作方法特别有效。电影可以给出说明、示范、实验室试验、分析技术过程，用有条理的方法解决疑难、复杂的问题，并用慢动作再现快速的事件序列，使员工看到其中的细节。

（4）幻灯片

幻灯片的优越性是只要需要就可以放映，同时能给出更详细的解释，并可以询问问题。

（5）报告、讲课和座谈

报告、讲课和座谈也是安全宣传教育的有力工具。特别是在新员工刚入厂时，通过这种形式的安全教育，可以使他们对安全生产问题有一个概括的了解，针对事故状况、安全规则、保护措施等问题进行专题讲座，使听众与讲解人有直接接触、交流的机会，加强宣传教育的效果。

（6）安全竞赛及安全活动

企业还可以开展多种形式的安全竞赛活动，提高员工安全生产的积极性。可把安全竞赛列入企业的安全计划中去，在车间班组进行安全竞赛，对优胜者给予奖励。竞赛的成功与否不在于谁胜谁负，而在于降低整个企业的事故发生率，加强员工安全意识。

安全竞赛、安全日、安全周或安全月等安全活动在必要时，还可得到政府有关部门的支持和赞助，通过报刊、广播、电视、电影等向人们宣传。这项活动可以包括展览、放映电影、示范表演、竞赛、讨论等。

（7）展览及安全出版物

① 展览是以非常现实的方式使员工了解危害和怎样排除危害的措施。将展览与其他的安全活

动结合起来效果更好。例如，通过展览物，把员工的注意力集中到有关企业近来发生的事故上，例如，一个坏砂轮中飞出的砂轮碎片被防护罩挡住，或安全帽保证了人员安全等。这种展览体现了安全预防措施及其实用价值。

② 利用安全出版物，如定期出版的安全杂志、简报，还有描述新的安全装置、操作规则等方面的调查和研究成果，以及预防事故的新方法等有图示说明的文章等。

③ 安全宣传资料的其他形式还有小册子、传单，以及安全邮票上的图示和标语等。

要点02：设备安全制度管理

要使设备安全运行并发挥最佳效益，企业必须建立起严格的设备使用及操作制度。

1．岗位责任制

设备使用维护工作必须体现在操作人员的岗位责任制中。严格贯彻岗位责任制可保证设备使用维护的各项规章制度得到贯彻，从而保证设备处于良好的技术、安全状态，为企业生产经营创造有利的条件。

2．定人定机制度

企业实行定人定机制度，更容易落实岗位责任制。企业主要设备的操作人员，由车间提出定人定机名单，经设备动力部门审批备案后方可执行。做到重点设备定人定机，重点管理，并执行交接班制度。操作人员凭设备操作证上岗作业。

机械设备标识牌			
设备名称	弯曲机	编　号	4#
规格型号	GWJ-40	操作司机	●●●
机修责任人	●●●	电气负责人	●●●
进场日期	2009.8.1	状　态	良好

3．操作证制度

主要设备的操作人员，包括学徒、实习生等均应经过培训，考试合格并取得操作证后，才能独立操作设备。每个人原则上只允许操作同一种型号的设备。熟练技工，经一专多能专业培训考试合格后，方可允许其操作操作证上所规定的型号的设备。

操作人员必须经技术培训，熟练掌握技术操作规程和安全操作规程后，方可取得操作证。操作证由企业相关部门统一发放，禁止转借。特殊工种操作人员，须经培训取得特殊工种操作证后，方能上岗。

设备应在设备使用的场所张贴相应警示标示，如"必须持证上岗"等，对员工进行警示。应不断提高设备操作人员的技术水平，加强技术培训，并定期进行考试。对考试合格者予以奖励；考试不合格者，可吊销其操作证并调离原岗位。

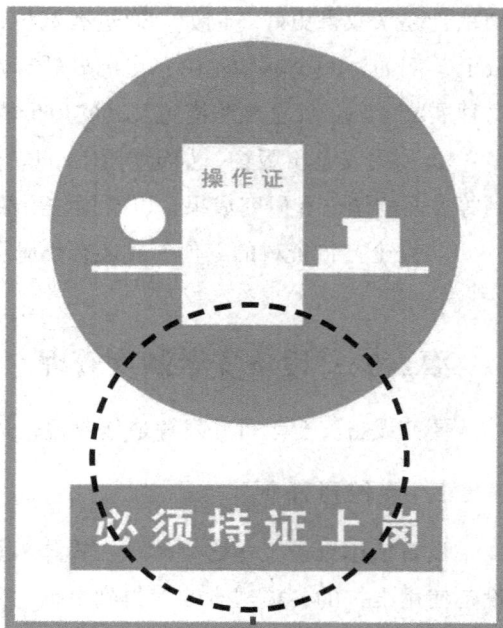

4．安全检查、检验制度

（1）制定安全检查制度是设备安全管理的重要措施，是防止设备故障和事故发生的有效方法。通过检查可全面掌握设备的技术状况和安全状况的变化及设备的磨损情况，及时查明和消除设备安全隐患，根据检查发现的问题开展整改，确保设备的安全运行。

（2）安全检验是按一定的方法与检测技术，对设备的安全性能进行预防性试验，以确定设备维修计划或安全运行年限的一种活动。

锅炉房设备维修保养制度

一、锅炉的检修保养计划应由主管设备的领导、技术人员及司炉长参加共同制定，并明确检修保养的炉号、项目、方法、时间和责任。

二、对采暖锅炉和停用的生产锅炉，应根据停用的时间采用有效的保养方法。

三、制定好锅炉的小修、大修计划，并定期检查落实情况。设备的检修期限应根据设备需要检修量确定，不能单纯为了抢生产进度而随意缩短检修期限，影响质量，甚至挤掉检修时间。

四、认真编制和执行停炉检修计划，并报送主管部门和当地技术监督部门。

五、运行中的锅炉设备在发生影响安全的故障时，应采取相应的检修措施，严禁违章运行。

5．维修保养制度

设备长期使用，必然造成各种零部件的松动、磨损，从而使设备状况不良，动力性能下降，安全可靠性降低。因此，建立维修保养制度，根据零部件磨损规律制订出切实可行的计划，定期对设备进行清洁、润滑、检查、调整等作业，是延长设备使用寿命，防止损坏，避免运行中发生事故的有效方法。

6．设备交接班制度

企业的主要设备，有些处于连续使用状态，因此必须建立设备交接班手续，形成设备交接班制度，以明确设备维护保养的责任，提供设备使用的第一手资料，为设备故障的动态分析和生产情况分析提供可靠的依据。设备交接班工作应该做好以下几项。

（1）凡多班制设备，操作人员都必须执行交接班制度，并认真、准确地填写"设备交接班记录"。一班制设备，操作人员应填写"设备使用日记"。设备交接班记录的具体内容见表10-1。

表10-1　设备交接班记录

设备名称		设备编号		型号规格	
交班人		交接班时间	___年___月___日	班次	第　　班
接班人			___时___分		
任务情况：					
设备运行情况：					
保养情况：					
设备附属工具情况：					
注意事项：					

（2）交班人员下班前必须认真清扫、擦拭设备，向接班人员介绍润滑、安全装置、转动系统、操作机构等各部位的情况。运行中有无可疑情况，以及维护、调整、检修情况。双方清点工具、仪表和检测仪器，认真进行交接，并填写记录。

（3）接班人员必须提前10~15分钟到达现场，了解设备情况，并认真检查记录填写情况。如果确认设备情况正常，记录填写无误，即可签字接班，否则，应立即提出疑问，并及时报告本班班组长处理。设备接班后发生的问题，由接班人员负责。

（4）交班组长应将本班组内设备的使用与故障情况记录在组长值班记录内，向接班组长交代清楚并签字。如有较大问题、故障或危险隐患，应及时向设备主管报告。

（5）值班机、电钳工，都应进行交接班，交接所负责区域内的设备情况，并填写交接班记录。

（6）车间设备员、安全员、设备工程师、设备主任、设备管理部设备管理员、设备管理部部长，应定期或不定期地抽查设备交接班制度的执行情况。

（7）"设备交接班记录簿"、"设备运行记录簿"、"设备安全状况记录簿"填写完毕后，应由车间保管，其中主要记录应于当月底摘抄记入设备管理档案中。

> **请注意**
>
> 设备运行的安全保护是设备安全管理的重点，企业要建立相关制度予以保障，以确保其正常运转。

要点03：设备安全操作规程管理

要做好设备的安全管理，必须制定设备安全操作规程，它是正确使用设备的规范依据。

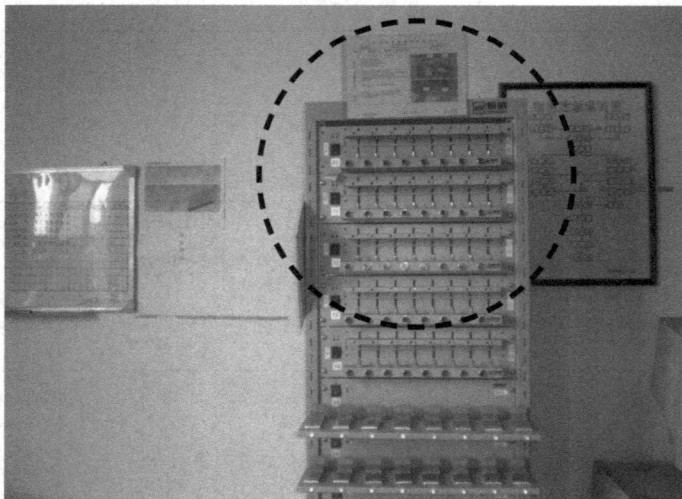

1．安全操作规程的编制原则

安全操作规程的编制原则是制定要贯彻"安全第一，预防为主"的方针，其内容要结合设备的实际运行情况，突出重点、文字简洁、通俗易懂。规程条款的先后顺序最好与操作顺序相同。根据设备使用说明书的操作维护要求，结合生产及工作环境进行编制。

安全操作规程的编制依据是国家、行业的有关法律、法规、规程、标准。

2．操作规程内容

（1）设备安全管理规程：管理规程主要是对设备使用过程的维修保养、安全检查、安全检测、档案管理等的规定。

（2）设备安全技术要求：安全技术要求是对设备应处于什么样的技术状态所做的规定。

（3）设备操作过程规程：操作过程规程是对操作程序、过程安全要求的规定，它是岗位安全操作规程的核心。

如果安全操作规程的内容较多，一般将设备系统或工作系统划分为若干部分展开编写。实际划分可根据设备组成情况、作业性质、操作特点等而定。

3．设备安全操作规程的通用要求

设备安全操作规程的通用要求有以下内容。

（1）开动设备、接通电源以前应清理好工作现场，仔细检查各部位是否正确、灵活，安全装置是否齐全可靠。

（2）开动设备前首先检查油池、油箱中的油量是否充足，油路是否畅通并按润滑图表卡片进行润滑工作。

（3）变速时，各变速手柄必须转换到指定位置。

（4）工件必须装卡牢固，以免松动甩出，造成事故。

（5）对已卡紧的工件不得再行敲打校正，以免损伤设备精度。

（6）要经常保持润滑工具及润滑系统的清洁，不得敞开油箱、油眼盖，以免灰尘、杂质等异物进入。

（7）开动设备时必须盖好电器箱盖，不允许有污物、水、油进入电机或电器装置内。

（8）设备外露基准面或滑动面上不准堆放工具、产品等，以免碰伤而影响设备精度。

（9）严禁超性能、超负荷使用设备。

（10）采取自动控制时，首先要调整好限位装置，以免超越行程造成事故。

（11）设备运转时，操作人员不得离开工作岗位，并应经常注意各部位有无异常（异音、异味、发热、振动等）。一旦发现故障，应立即停止操作、及时排除。凡属操作人员不能排除的故障，应及时通知维修人员排除。

（12）操作人员离开设备时，以及装卸工件、对设备进行调整、清洗或润滑时，都应停止并切断电源。

（13）不得随意拆除设备上的安全防护装置。

（14）调整或维修设备时，要正确使用拆卸工具，严禁乱敲乱拆。

（15）人员思想要集中，穿戴要符合安全要求，站立位置要安全。

（16）特殊危险场所的安全要求等。

4．安全操作规程的制定的步骤

安全操作规程的制定可按下列步骤进行。

（1）调查、收集资料信息

安全操作规程应具有很强的针对性和可操作性，为了制定出合理的安全操作规程，企业必须对设备运行情况进行深入调查，并收集、分析相关资料信息。这些资料包括以下内容。

①该类设备现行的国家、行业安全技术标准，安全管理规程，有关的安全检测、检验技术标准规范。

②该设备的使用操作说明书，设备工作原理资料及设计、制造资料。

③同类设备曾经出现的危险、事故及其原因情况。

④同类设备的安全检查表。

⑤作业环境条件、工作制度、安全生产责任制等。

（2）编写规程

企业在确定规程内容后即可按统一格式编写安全操作规程。安全操作规程的格式一般可分为"全式"和"简式"两种。

全式一般由总则或适用范围、引用标准、定义或名词说明、操作安全要求构成，通常用于适用范围较广的规程，如行业性规程。简式的内容一般就由操作安全要求构成，其针对性很强，企业内部制定的安全操作规程通常采用简式。

以下是一份简式的操作规程，仅供参考。

【参考范本】××有限公司设备安全操作规程

××有限公司设备安全操作规程

××有限公司设备安全操作规程

1．设备操作人员必须熟悉所使用机床的特点，认真学习并严格遵守设备安全操作规程，不违章作业，并劝阻他人不违章操作。

2. 班前、班后检查所使用的工具、设备，保证安全可靠，并做到正确使用。保持作业现场整洁，爱护和正确使用防护用具。

3. 开动机床前要详细检查机床上危险部件的防护装置是否安全可靠；机床的紧急停止装置、连锁装置、安全报警装置、自动停车装置等是否确保安全；润滑机床，并做空载试车。

4. 工作时，工作地点要保持整洁、有条不紊。待加工和已加工工件应摆在架子上，不能将工件或工具放在机床上，尤其不能放在机床的运动部件上以及工作地点通道上，防止物料倾倒伤人；工件及刀具的装夹要牢靠，以防工件和刀具从夹具中脱落；装卸笨重工件工装时，应使用起重设备。

5. 使用设备时，操作人员应穿好紧身合适的防护衣服，把袖口扣紧或者把衣袖卷起，腰带端头不应悬摆。留有长发时要戴防护帽或头巾，头巾及领带的端头要仔细塞好。操作人员应佩戴防打击的护目镜（硬质玻璃目镜、胶质黏合玻璃片护目镜、钢丝网护目镜）。护目镜应选用没有气泡、杂质，表面平滑的平光镜；还要注意镜片与镜架衔接是否牢固、镜架是否圆滑无锐角，以免造成擦伤或有压迫感。

6. 旋转运动加工零件的机床在旋转运行时，禁止带手套操作设备；禁止用手调整机床或测量工件；禁止把手肘支撑在机床上；禁止用手触摸机床的旋转部分；禁止取下安装护板或防护装置；不要用手清除切屑；以防止机床操作人员的局部卷入或夹入机床旋转部件而造成的伤害事故。

7. 直线运动加工零件的机床在运行时，操作人员应集中注意力，正确操作。禁止用手调整机床或测量工件；禁止用手触摸机床的旋转部分；禁止把手肘支撑在机床上；禁止用手取放工件；禁止取下安装护板或防护装置；使用脚踏开关时，禁止将脚一直放在开关上；防止操作人员与机床相碰撞（操作人员和机床相互碰撞、操作人员撞机床、机床撞操作人员）引起的伤害事故。

8. 不要使污物或废油混入机床冷却液，严禁使用乳化油、煤油、机油洗手，以防止冷却液对皮肤的侵蚀。

9. 当切屑飞溅严重，必须使用压缩空气清除切屑时，应在机床周围安装挡板，隔离操作区。不能用压缩空气吹去衣服或头发上的尘土及脏物，否则会引起耳朵和眼睛的损伤。

10. 机床运转时，操作人员不能离开工作地点。发现机床运转不正常时，应立即停车，请维修工检查。当停止供电时，要立即关闭机床或其他电动机构，并把刀具退出工作部位。

11. 工作结束后，应关闭机床和电动机，把刀具和工件从工作位退出，清理安放好所使用的工、夹、量具，仔细地进行清理工件。

12. 发生事故立即报告班组长，保护现场，向事故调查人员如实介绍情况。

要点04：设备伤害防范

设备伤害是指由于设备误操作或防护不到位而给设备操作人员造成的伤害。

1．设备伤害的类型

设备伤害主要有以下一些基本类型。

（1）卷入和绞缠

引起卷入和绞缠伤害的是做回转运动的设备部件（如轴类零件），包括联轴节、主轴、丝杠等；回转件上的凸出物和开口，如轴上的凸出键、调整螺栓或销、圆轮形状零件（链轮、齿轮、皮带轮）的轮辐、手轮上的手柄等。在运动情况下，这些部件容易将人的头发、饰物（如项链等）、衣袖或下摆卷缠而引发伤害事故。

（2）卷入和碾压

引起卷入和碾压伤害的主要危险是相互配合的运动的部件，例如相互啮合的齿轮之间以及齿轮与齿条之间，皮带与皮带轮、链与链轮进入啮合部位的夹紧点。两个做相对回转运动的辊子之间的夹口引发的卷入；滚动的旋转件引发的碾压，例如轮子与轨道、车轮与路面等。

（3）挤压、剪切和冲撞

引起挤压、剪切和冲撞伤害的是做往复直线运动的零部件，诸如相对运动的两部件之间，运动部件与静止部件之间由于安全距离不够产生的夹挤，做直线运动部件的冲撞等。直线运动有横向运动（如大型机床的移动工作台、牛头刨床的滑枕、运转中的带链等部件的运动）和垂直运动（如剪切机的压料装置和刀片、压力机的滑块、大型机床的升降台等部件的运动）。

（4）飞出物打击

由于发生断裂、松动、脱落或弹性位能等机械能释放，使失控的物件飞甩或反弹出去，对人造成伤害。例如，轴的破坏引起装配在其上的皮带轮、飞轮、齿轮或其他运动零部件坠落或飞出；螺栓的松动或脱落引起被它紧固的运动零部件脱落或飞出；高速运动的零件破裂碎块甩出；切削废屑的崩甩等。另外，还有弹性元件的位能引起的弹射，例如，弹簧、皮带等的断裂；在压力、真空下的液体或气体位能引起的高压流体喷射等。

（5）物体坠落打击

处于高位置的物体具有势能，当它坠落时，势能转化为动能，容易造成伤害。例如，高处掉下的零件、工具或其他物体坠落；悬挂物体的吊挂零件破坏或夹具夹持不牢引起物体坠落；由于质量分布不均衡、重心不稳，在外力作用下发生倾翻、滚落；运动部件运行超行程脱轨导致伤害等。

（6）切割和擦伤

容易造成这类伤害的部件有：切削刀具的锋刃，零件表面的毛刺，工件或废屑的锋利飞边，设备的尖棱、利角和锐边，粗糙的表面（如砂轮、毛坯）等。无论物体的状态是运动的还是静止的，这些由于形状产生的危险都会构成伤害。

（7）碰撞和刮蹭

容易造成这类伤害的部件有：设备结构上的凸出、悬挂部分（例如起重机的支腿、吊杆，机床的手柄等），长、大加工件伸出机床的部分等。这些物件无论处于什么状态（运动或是静止），都可能产生危险。

（8）跌倒、坠落

由于地面堆物无序或地面凸凹不平导致的磕绊跌伤，接触面摩擦力过小（光滑、油污、冰雪等）造成打滑、跌倒。假如由于跌倒引起二次伤害，那么后果将会更严重。

例如，人从高处失足坠落，误踏入坑井坠落；电梯悬挂装置破坏，轿厢超速下行，撞击坑底对人员造成伤害。

2．实现设备安全的措施

设备安全应考虑其使用的各个阶段，包括设计、制造、安装、调整、使用（设定、示教、编程或过程转换、运转、清理）、查找故障和维修、拆卸及处理。还应考虑设备的各种状态，包括正常作业状态、非正常状态和其他一切可能的状态。

决定设备安全性的关键是设计阶段要采用安全措施，还要通过使用阶段采用安全措施来最大限度地减小风险。不同阶段的安全措施，如表10-2所示。

表10-2　设备安全的措施

阶段	措施
由设计者采取的安全措施	本质安全技术（直接安全措施）
	安全防护（间接安全措施）
	使用信息（指示性安全措施）
	附加预防措施

（续表）

阶段	措施
由员工采取的安全措施	个人劳动防护装备
	作业场地与工作环境的安全性
	安全管理措施

（1）由设计者采取的安全措施

①本质安全技术

这是指在设备的功能设计中采用的、不需要额外的安全防护装置而直接把安全问题解决的措施，因此也称为直接安全技术措施。本质安全技术是设备设计优先考虑的措施。

②安全防护

当直接安全技术措施不能或不完全能实现安全时，必须在设备总体设计阶段设计出一种或多种专门用来保证人员安全的装置，也称为间接安全技术措施。

③使用信息

对于本质安全技术和安全防护都不能有效防预的风险，可通过使用文字、标记、信号、符号或图表等信息进行具体说明，并提出警告，将遗留风险通知员工，提供指示性安全技术措施。

④附加预防措施

a．着眼紧急状态的预防措施，如急停装置、陷入危险时的躲避和援救保护措施。

b．附加措施，如设备的可维修性、断开动力源和能量泄放措施，设备及其重型零部件容易而安全的搬运措施，安全进入设备的措施，设备及其零部件稳定性措施等。

c．在设备上贴上一些提示标志或警示标志，使员工有所警觉，避免危险情况的发生。

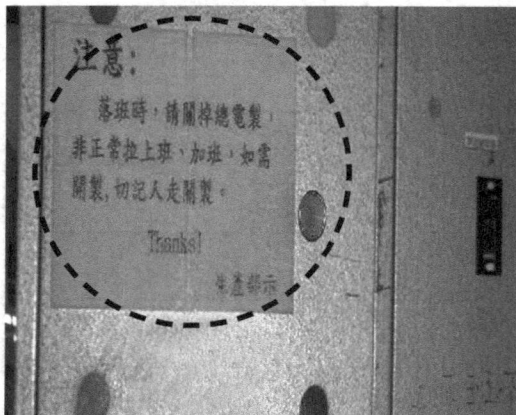
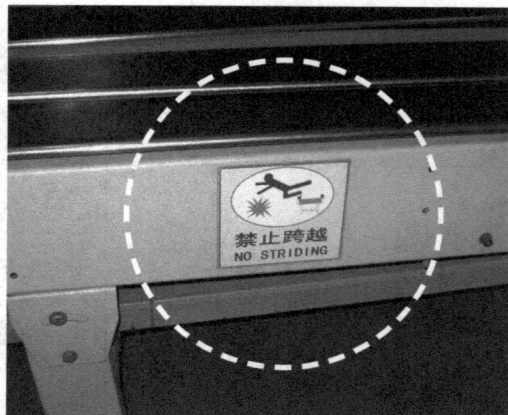

（2）由员工采取的安全措施

①个人劳动防护用品

个人劳动防护用品是保护劳动者在设备的使用过程中的人身安全与健康所必备的一种防御性用品，在意外事故发生时，对避免或减轻伤害能起到一定的作用。按防护部位不同，劳动防护用品可分为九大类：安全帽、呼吸护具、眼防护具、听力护具、防护鞋、防护手套、防护服、防坠落护具和护肤用品。

使用个人劳动防护用品时应注意以下几点。

a．根据接触危险能量的作业类别和可能出现的伤害，按规定正确选配。该用的一定要坚持佩戴，不该用的坚决不用。如果使用不该用的防护用品，不但不会保护作用，还可能造成无谓的伤害。

b．防护用品一定要达到保护功能的要求并合乎使用条件的技术指标。使用中应注意用品的有效使用期，并及时检查报废，否则起不到应有的防御作用。

c．个人劳动防护用品既不是也不可取代安全防护装置，它不能避免或减少面临危险的功能，只能在危险来临时起一定的防御作用。因此，防护用品应与安全防护装置配合使用。

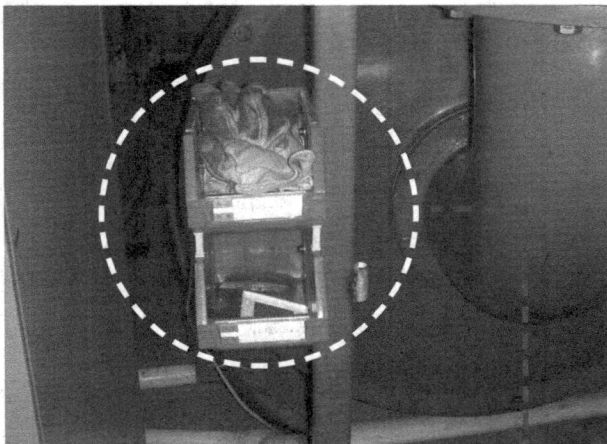

d．必要的防护用品如手套等，应放置在设备旁边，方便取用。

②作业场所与工作环境的安全性

作业场所是指利用设备进行作业活动的地点、周围区域及通道。作业场所与工作环境的安全要求有以下几点：

a．设备布局应方便操作，设备之间、设备与固定建筑物之间应保持安全距离；通道宽敞无阻，充分考虑人和物的合理流向，满足物料输送的需要并有利于安全。

b．作业场所不得过于狭小，工、卡、量具应按规定摆放，原材料、成品、半成品应堆放整齐、平稳，防止坍塌或滑落。

c．地面平整、无坑凹、无油垢水污，废屑应及时清理；室外作业场所应有必要的防雨雪遮盖；在有障碍物或悬挂突出物，以及设备可移动的范围内，应设防护或加醒目标志。

d．保证足够的作业照明度，满足通风、温度、湿度要求，严格控制尘、毒、噪声、振动、辐射等有害物，使其不得超过规定的卫生标准。

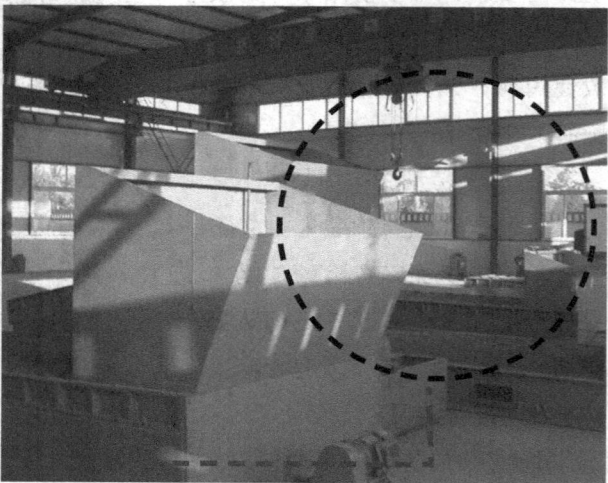

③安全管理措施

安全管理措施包括对人员的安全教育和培训，建立安全规章制度，对设备（特别是重大、危险设备）的安全监察等。

要点05：电气设备安全管理

企业的用电量往往很大，各种电气设备也很多，因此必须做好电气设备的安全管理。

1．制定电气作业规章制度

规章制度是人们从长期生产实践中总结出来的操作规程，是保障安全、促进生产的有效手段。安全操作规程、电气安装规程、运行管理和维修制度及其他规章制度都与安全有直接的关系。

2．电气安全教育

电气安全教育是为了使工作人员了解关于电的一些基本知识，认识安全用电的重要性，掌握安全用电的基本方法，从而能安全、有效地进行工作。

3．电气安全检查

电气设备长期带缺陷运行、电气工作人员违章操作是发生电气事故的重要原因。为了及时发现并排除隐患，企业应教育所有电气工作人员严格执行安全操作规程，而且必须建立一套科学、完善的电气安全检查制度，并严格执行。检查时如果发现设备门未关闭，应及时关闭。

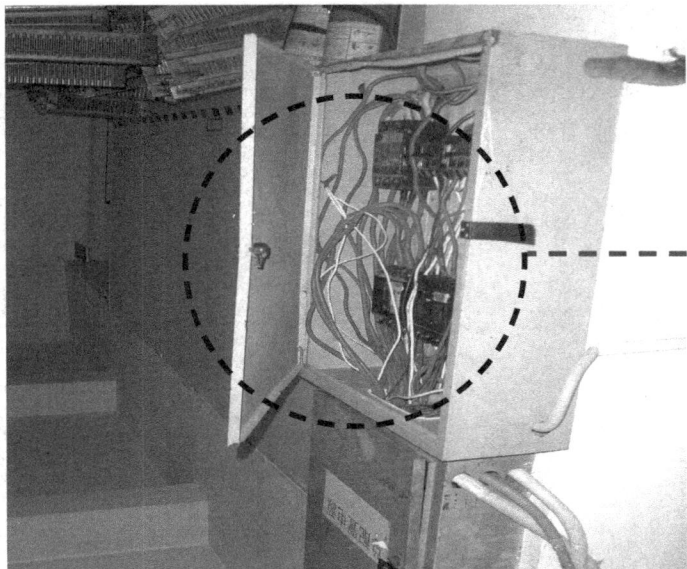

4. 电气设备安全提示

在电气设备上悬挂安全提示标志，如"高压电箱开关、严禁触摸"、"当心触电"等，提醒使用人员注意。

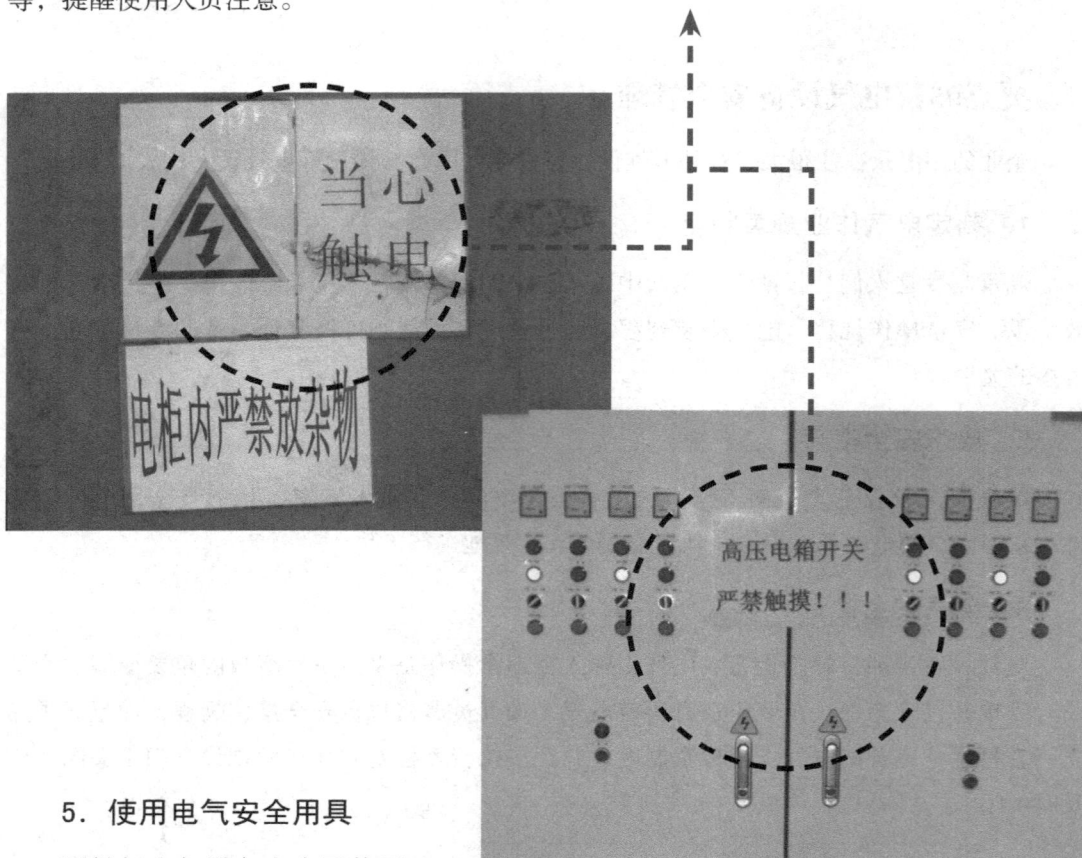

5. 使用电气安全用具

要做好电气设备安全要使用安全用具，并做好其保管工作。

（1）存放用具的地方要干净、通风良好、无堆放任何杂物。

（2）凡橡胶制品，不可与油类接触，并小心损伤。

（3）绝缘手套、靴、夹钳等，应存放在柜内，使用中应防止受潮、受污等。

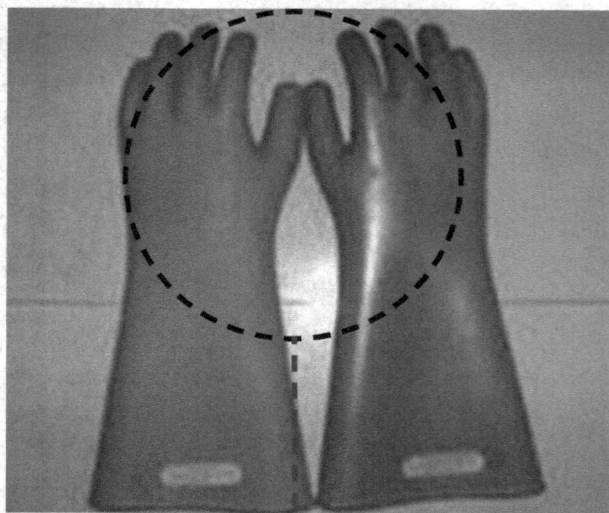

（4）绝缘棒应垂直存放；验电器用过后应存放于盒内，并置于干燥处。

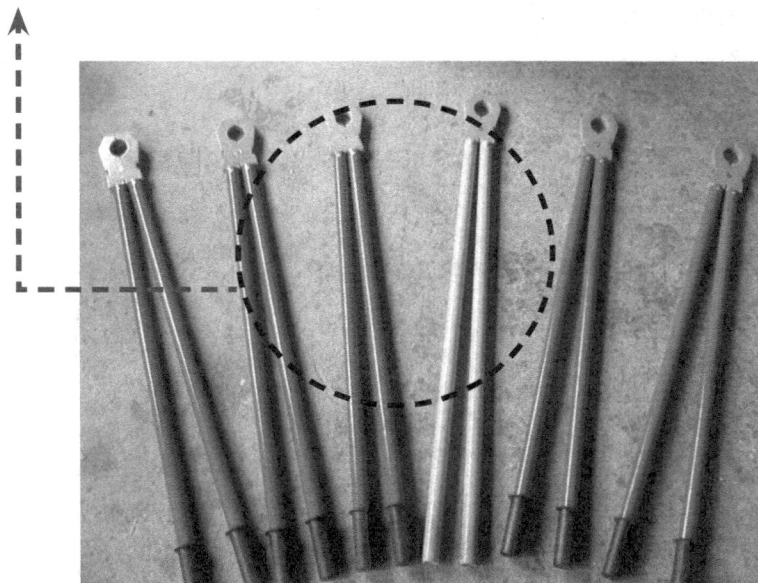

（5）电气安全用具均不可作其他用途。

要点06：设备安全检查

安全检查的目的是及时发现设备的安全隐患并采取对策消除隐患，从而保障生产安全。

1．实施检查

（1）作业岗位日常检查

作业岗位员工每天操作前，对自己岗位的设备进行自检，确认安全才操作。检查内容主要包括设备的防护、保险、报警装置情况，控制机构、使用规程等要求的完好情况。

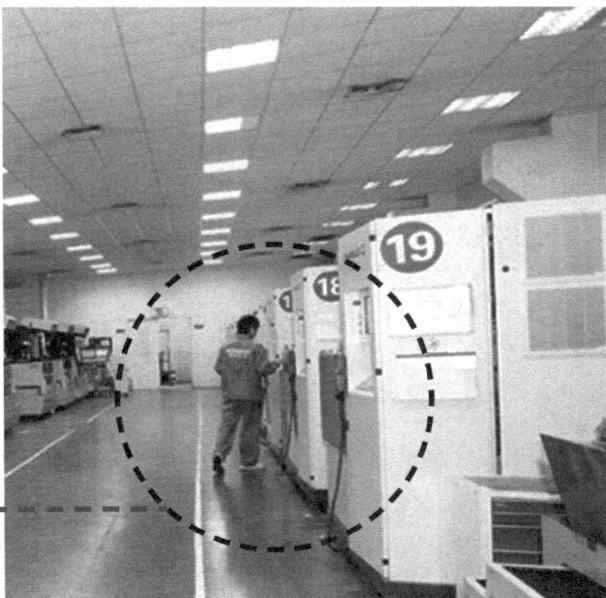

对检查中发现的问题应及时解决，例如发现设备警示标志脏污，要及时通知清洁人员前来擦洗干净。问题处理完毕才能作业，如无法处理或无把握，应立即向班组长报告，待问题解决后才可作业。

（2）安全人员日常巡查

企业安全委员会主任、安全员等安全人员应每日到生产现场进行巡视，检查设备安全情况。巡查工作要按照"巡检牌"的要求进行。

（3）设备管理人员检查

设备管理人员也要经常对设备进行检查，确保设备处于正常运转状态。

（4）定期综合性安全检查

企业应定期实行综合性安全检查，从检查范围来讲，包括全厂检查和车间检查，检查周期根据实际情况确定，一般全厂性的检查每年不少于两次，车间的检查每季度一次。

2．制作安全检查表

（1）表格的制作

检查表的内容应符合专业安全技术防护措施要求，如设备结构的安全性、设备安装的安全性、设备运行的安全性及运行参数指标安全性、安全附件和报警信号装置的安全可靠性、安全操作的主要要求及特种作业人员的安全技术考核等。

（2）注意事项

检查表要力求系统完整，不漏掉任何能引发事故的关键危险因素，因此编制安全检查表时，应注意以下事项。

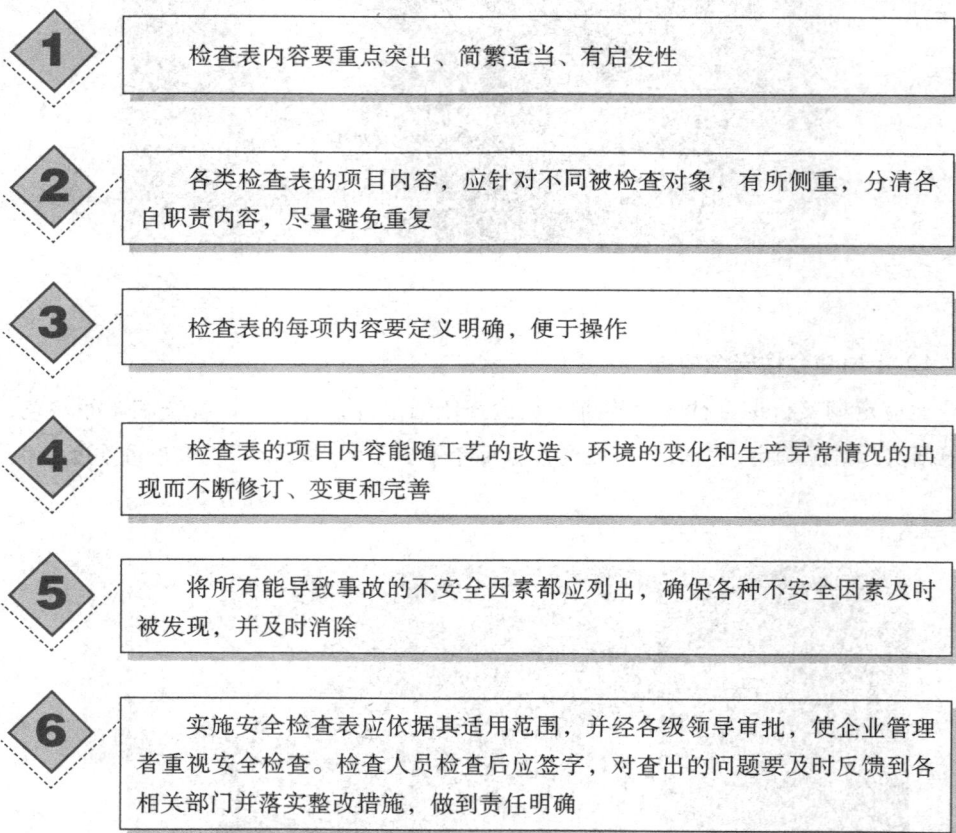

1 检查表内容要重点突出、简繁适当、有启发性

2 各类检查表的项目内容，应针对不同被检查对象，有所侧重，分清各自职责内容，尽量避免重复

3 检查表的每项内容要定义明确，便于操作

4 检查表的项目内容能随工艺的改造、环境的变化和生产异常情况的出现而不断修订、变更和完善

5 将所有能导致事故的不安全因素都应列出，确保各种不安全因素及时被发现，并及时消除

6 实施安全检查表应依据其适用范围，并经各级领导审批，使企业管理者重视安全检查。检查人员检查后应签字，对查出的问题要及时反馈到各相关部门并落实整改措施，做到责任明确

图10-1 检查注意事项

常见的检查表可参见表10-3、表10-4、表10-5。

表10-3　常规设备安全检查表

检查时间：　　　　　　　　　　　　　　　　　检查人：

序号	检查内容	检查结果		备注
		是（√）	否（×）	
1	各种气体管线是否有潜在危险性			
2	液封中的液面是否保持得适当			
3	如果外部发生火灾是否会使设备内部处于危险状态			
4	如果发生火灾、爆炸，有无抑制火势蔓延和减少损失的必要设施			
5	使用玻璃等易碎材料制造的设备是否采用了强度大的韧性材料，未用这种材料时应采取何种防护措施，否则会出现何种危险			
6	是否在特别必要的情况下才装设视镜玻璃，在受压或有毒的反应容器中是否装设耐压的特殊玻璃			
7	紧急用阀或紧急开关是否易于接近操作			
8	重要的装置和受压容器最后的检查期限是否超过日期			
9	是否实现了有组织的通风换气，如何进行评价			
10	是否考虑了防静电措施			
11	对有爆炸敏感性的设备是否进行了隔离，是否安设了屏蔽物和防护墙			
12	为了缓和爆炸对建筑物的影响，是否采取了必要的措施			
13	压力容器是否符合国家有关规定并进行了登记			
14	压力容器是否进行了外部检查、无损探伤和耐压试验			
15	压力容器是否具备档案，检查过没有			
16	重要设备是否制定了安全检查表			
17	设备的可靠性、可维修性如何			
18	设备本身的安全装置如何			
...				

表10-4　电气安全检查表

检查时间：　　　　　　　　　　　　　　　　　　检查人：

序号	检查内容	检查结果		备注
		是（√）	否（×）	
1	电气系统是否与生产系统完全平行地进行设计： （1）如果装置的某一部分发生故障，其他独立部分会受到什么影响 （2）由于其他部分的缺陷和电压波动，装置的仪表能否得到保护			
2	内部连锁或紧急切断装置是否能自动防止故障： （1）所用的内部连锁和紧急切断装置在何种情况下才会发生作用 （2）对这种装置来说是否已经把重复性和复杂性降至最小限度 （3）保险用的零部件和设施能够连续使用的情况如何 （4）对于特别选用的零部件具备标准中规定的条件如何			
3	使用的电气设备是否符合国家标准（按照生产上的要求分类）			
4	对电气系统的设计是否进行了最简便、最合理的布置，能否对传输负荷、减少误操作都起到作用			
5	如何做到使用电气用具不致妨碍生产，为了进行预防性检修，是否能从设备外部操作			
6	监视装置操作的电气系统是否已经仪表化，是否能以最少的时间了解到由超负荷引起的故障			
7	有无防止超负荷和短路的装置： （1）布线上是否配备了将发生缺陷部分分离的措施 （2）在切断电源的情况下，电容能达到何种程度 （3）连锁装置安装得是否齐全 （4）对所用零部件的寿命如何进行现场试验			
8	接地措施： （1）如何防止发生和消除静电 （2）对落雷采取何种措施 （3）动力线发生损坏时如何防止触电			

（续表）

序号	检查内容	检查结果		备注
		是（√）	否（×）	
9	对照明的检查要求： （1）能否保证日常的安全操作（危险区与最危险区有否区别） （2）能否保证日常的维修作业 （3）在动力电源受到损坏时，避难通路和地点是否需要照明			
10	贮罐的地线有没有采取阴极保护			
11	动力切断器和起动器发生故障时，能否采取措施			
12	在大风的情况下，通信网能否安全地传递信息（电话、无线电、信号、警报等），通信网与动力线的隔离防护情况如何			
13	内部连锁如何进行点检，并如何以进度表格说明			
14	进行程序控制时，对控制装置变化前后的关键步骤，能否同时进行警报和自动点检			

表10-5　机械装置安全检查表

检查时间：　　　　　　　　　　　　　　　　　检查人：

序号	检查内容	检查结果		备注
		是（√）	否（×）	
1	由于热膨胀对管线造成的外力是否在允许范围之内，是否有适当的伸缩性和支撑			
2	正常运转速度和危险界限速度有否明确的概念			
3	泵、压缩机、动力机械在不做反向转动和逆流时，逆止阀能否灵活动作			
4	进行冲击性操作时变速机齿轮有否适当的安全率			
5	对铝制轴承使用润滑油系统是否全部经过过滤器			
6	蒸气透平的吸入侧和排出侧是否都装设了排水管的抽出口			

（续表）

序号	检查内容	检查结果		备注
		是（√）	否（×）	
7	凡蒸气透平中能够产生冷凝水的地方，能否见到排水管的阀门中有水流出			
8	被驱动机械的耐受能力对透平运行速度是否适应			
9	平常运转或紧急停车时，是否考虑了对重要机械的紧急润滑			
10	对重要机械是否准备了备机或备件			
11	动力发生故障时，对运转或安全紧急停车考虑的情况如何			
12	是否在冷却塔送风机警报器或连锁装置装备了联动开关；通风装置固定地面输入侧燃烧时，为了进行冷却是否安装了喷水装置			
…				

要点07：设备事故的处理

设备事故的发生有多种原因，企业在进行处理时，要做到及时而有效。

1. 设备事故发生的原因

（1）设备的不安全状态

①防护、保险、信号等装置缺乏或有缺陷

a. 无防护：无防护罩、无安全保险装置、无报警装置、无安全标志、无护栏或护栏损坏、设备电气未接地、绝缘不良、噪声大、无限位装置等。

b. 防护不当：防护罩没有安装在适当位置，防护装置调整不当，安全距离不够，电气装置带电部分裸露等。

②设备、设施、工具、附件有缺陷

a. 设备在非正常状态下运行：设备带"病"运转，超负荷运转等。

b. 维修、调整不良：设备失修，保养不当，设备失灵，未加润滑油等。

c. 强度不够：机械强度不够，绝缘强度不够，起吊重物的绳索不符合安全要求等。

d. 设计不当：结构不符合安全要求，制动装置有缺陷，安全间距不够，工件上有锋利毛刺、毛边，设备上有锋利倒棱等。

（2）操作人员的不安全行为

①操作错误、忽视安全、忽视警告，包括未经许可开动、关停、移动机器，开动、关停机器时未给信号，开关未锁紧，造成意外转动，忘记关闭设备，忽视警告标志、警告信号，操作错误，供料或送料速度过快，机械超速运转，冲压机作业时手伸进冲模，违章驾驶机动车，工件刀具紧固不牢，用压缩空气吹铁屑等。

②使用不安全设备。临时使用不牢固的设施，如工作梯；使用无安全装置的设备，拉临时，线不符合安全要求等。

③设备运转时加油、修理、检查、调整、焊接或清扫。

④造成安全装置失效。拆除了安全装置，安全装置失去作用，因调整错误而造成安全装置失效。

⑤用手代替工具操作。用手代替手动工具、用手清理切屑、不用夹具固定、用手拿工件进行机械加工等。

⑥攀、坐不安全位置，如平台护栏、吊车吊钩等。

⑦不按要求进行着装。如在有旋转零部件的设备旁作业时，穿着过于肥大、宽松的服装；操纵带有旋转零部件的设备时，戴手套；穿高跟鞋、凉鞋或拖鞋进入车间等。

⑧在必须使用个人防护用品的作业场所中，没有使用个人防护用品，或未按要求使用防护用品。

⑨无意或为排除故障而接近危险部位，如在无防护罩的两个相对运动零部件之间清理卡住物时，可能造成挤伤、夹断、切断、压碎或因人的肢体被卷进而造成严重的伤害。

（3）技术和设计上的缺陷

①设计错误

预防事故应从设计开始。设计人员在设计时应尽量采取避免操作人员出现不安全行为的技术措施并消除机械的不安全状态。

设计错误包括强度计算不准、材料选用不当、设备外观不安全、结构设计不合理、操纵机构不当、未设计安全装置等。即使设计人员选用的操纵器是正确的，如果在控制板上配置的位置不当，也可能使操作人员混淆而发生操作错误，或不适当地增加了操作人员的反应时间而忙中出错。

设计人员还应注意作业环境设计，不适当的操作位置和劳动姿态都可能使操作人员产生疲劳或思想紧张而容易出错。

②制造错误

如果设备的设计准确无误，但制造设备时发生错误，也容易成为事故隐患。在生产关键性部件和组装时，应特别注意防止发生错误。

常见的制造错误有加工方法不当、加工精度不够、装配不当、装错或漏装了零件、零件未固定或固定不牢。工件上的划痕、压痕、工具造成的伤痕以及加工粗糙可能造成设备在运行时出现故障。

③安装错误

安装时，旋转零件不同轴，轴与轴承、齿轮啮合调整不好，过紧或过松，设备不水平，地脚螺拧得过紧，设备内遗留工具、零件、棉纱而忘记取出等，都可能使设备发生故障。

④维修错误

a．没有定时对运动部件加润滑油，在发现零部件出现恶化现象时，没有按维修要求更换零部件等，都是维修错误。

b．当设备大修重新组装时，可能会发生与新设备最初组装时发生过的类似错误。

c．安全装置是维修人员检修的重点之一。安全装置失效而没有及时修理，设备超负荷运行而未制止，设备带"病"运转，都属于维修不良。

（4）管理缺陷

①无安全操作规程或安全规程不完善；

②对规章制度执行不严，有章不循；

③对现场工作缺乏检查或指导错误；

④劳动制度不合理；

⑤缺乏监督。

2．事故的处理

（1）事故处理程序

发生事故时，负伤人员或最先发现的人应立即报告直接管理人员，并进行相应处理，处理流程如图12-2所示。

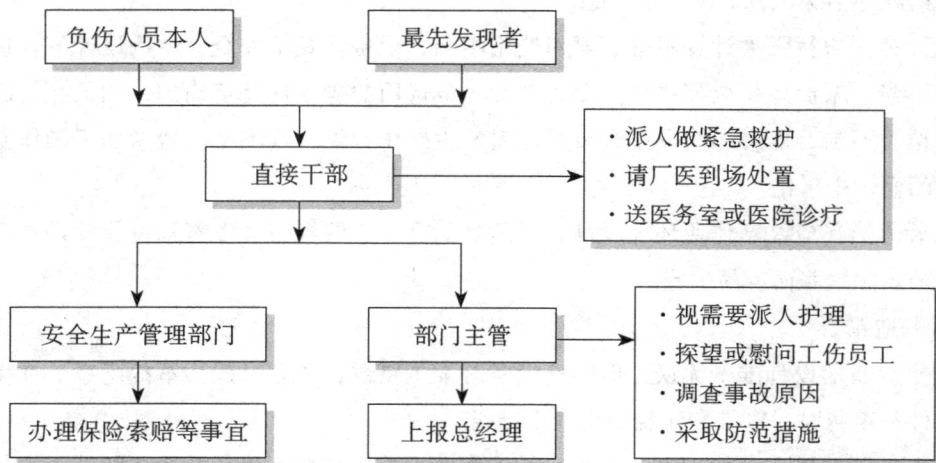

图12-2　事故处理程序

（2）事故紧急处理措施

①切断有关动力来源，如气（汽）源、电源、火源、水源等；

②救出伤亡人员，对伤员进行紧急救护；

③大致估计事故的原因及影响范围；

④及时寻求援助，同时尽快移走易燃、易爆和剧毒等物品，防止事故扩大并减少损失；

⑤采取灭火、防爆、导流、降温等紧急措施，尽快终止事故；

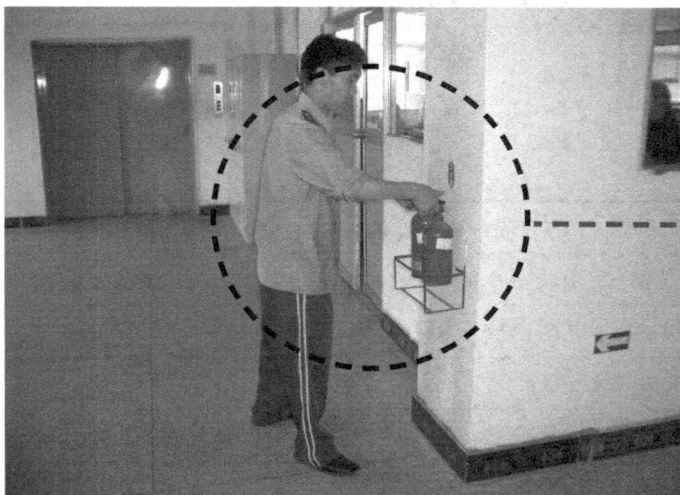

⑥事故被终止后，要保护好现场，以供调查分析。

（3）事故的调查分析

事故调查分析主要是为了弄清事故情况，从思想、管理和技术等方面查明事故原因，从中吸取教训，以防止类似事故再次发生。

①在事故调查分析后，要填写"设备事故报告表"，以备核实。"设备事故报告表"的格式一般如表10-6所示。

表10-6　设备事故报告表

单位：　　　　　　　　　　　　　　　　　　　填报日期：＿＿＿年＿＿月＿＿日

设备名称		型号规格		本厂编号		安装地点	
事故发生日期		事故责任者		技术等级		事故类别	
直接损失费		间接损失费		合计			
事故发生经过及其原因				事故责任者本人意见			

（续表）

损坏损失情况		车间机械员意见	
车间主任审核处理意见		人力资源部处理意见	
设备部处理意见		总经理批示	

下例是某公司设备安全事故分析报告，仅供参考。

【参考范本】××有限公司设备事故报告书

××有限公司设备事故报告书

单位：××公司　　　　　　　　　　　　　　　　填报日期：2013年9月10日

设备名称、规格、用途		10T单梁桥式起重机、跨距16米、起重设备		
事故部位及影响范围		行走小车制动电机紧固螺栓螺纹磨损、螺帽松动脱落致使电机坠落		
事故起止时间	2013年9月7日下午5：40左右			
事故性质	设备故障性事故			
事故损失	事故损失金额（万元）	设备管理部统计	日计划产量（t）	热处理工部统计
	其中：设备修复费（万元）	设备管理部统计	减产数量（t）	热处理工部统计
	影响生产时间（h）		热处理工部统计	

事故经过：

　　2013年9月7日星期三下午5：40分左右，热处理车间操作员郝××、龚××在正常的工作状态下，使用10T单梁桥式起重机（遥控型）起吊工件，2人将工件摆放至成品区后，由郝××使用遥控操作起重机准备离开，在二人背对着坠落点走出大概1.5～2米之间的距离后，突然听到"砰"的一声，回头一看是一台电机坠落，于是二人便赶紧通知工部主任，而后又通知了设备管理部。

事故原因：

　　1. 行走小车制动电机紧固螺栓螺纹磨损、螺帽松动脱落。
　　2. 设备无定期检查维护记录，未对设备定期进行检查维护。
　　3. 厂家设计缺陷，设备质量差，设备安装未使用合格的高强度紧固螺栓。
　　4. 设备安装完毕后，无专人验收，无工程项目验收记录手续。
　　5. 设备使用频率高，操作员未按照"三好四会"标准操作设备。

事故教训及防范措施：

　　此次事故所幸未对人员造成伤害，属故障性设备事故。试想如果电机坠落砸住下方操作员，后果将不堪设想。此次设备事故的教训，应引起公司领导以及各级干部职工的高度重视。

（续表）

1. 设备管理部要负责对全公司范围内的所有起重设备（包括可能发生坠落的其他设备设施）组织专人负责进行专项检查。 2. 建立完善设备定期维护保养检查记录，制订检查计划，定期对设备进行维护保养检查。 3. 安管科要组织全员进行安全教育，加强全员安全防范意识。 4. 严格执行设备安全操作规程。 5. 设备管理部要求退货。 6. 公司决定将厂内其余的3台有线手动操作单梁桥式起重机改为无线遥控操作，以有效控制操作者在起吊过程中发生类似的事故。

事故责任划分：

　　此次事故，厂家负主要责任，设备管理部负次要责任，热处理车间负间接责任。

　　1. 厂家承担70%责任。

　　2. 设备管理部承担20%责任。

　　3. 热处理车间承担10%责任。

对责任车间（班组）及责任人的处理（考核）意见：

罚设备管理部长冯××200元

罚热处理车间主任薛××100元

设备管理部意见：	公司总经理意见：
主管领导意见：	

填报人：李××

　　②企业要编制"设备事故划分统计表"，为事故的预防处理提供资料，如表10-7所示。

表10-7　设备事故划分统计表

事故次数			事故原因分类（次）							事故损失			事故频率（次／台）			故障停机		备注
总计（次）	重大事故（次）	一般事故（次）	违章作业	脱岗	超负荷运转	无安全措施	未按时检修	检修质量差	设备先天不足	其他	修理费用（元）	停产损失	设备开动台数	事故频率	重大事故频率	停机台时	停机率	

学习笔记

通过学习本章内容，想必您已经掌握了不少学习心得，请仔细填写下来，以便继续巩固学习。如果您在学习中遇到了一些难点，也请如实写下来，方便今后重复学习，彻底解决这些难点。

同时本章列举了大量实景图片，与具体的文本内容互为参照和补充，方便您边学边用，请如实填写您的运用计划，以使工作与学习相结合。

我的学习心得：

1. _____
2. _____
3. _____
4. _____
5. _____

我的学习难点：

1. _____
2. _____
3. _____
4. _____
5. _____

我的运用计划：

1. _____
2. _____
3. _____
4. _____
5. _____

第11章

工厂设备5S管理

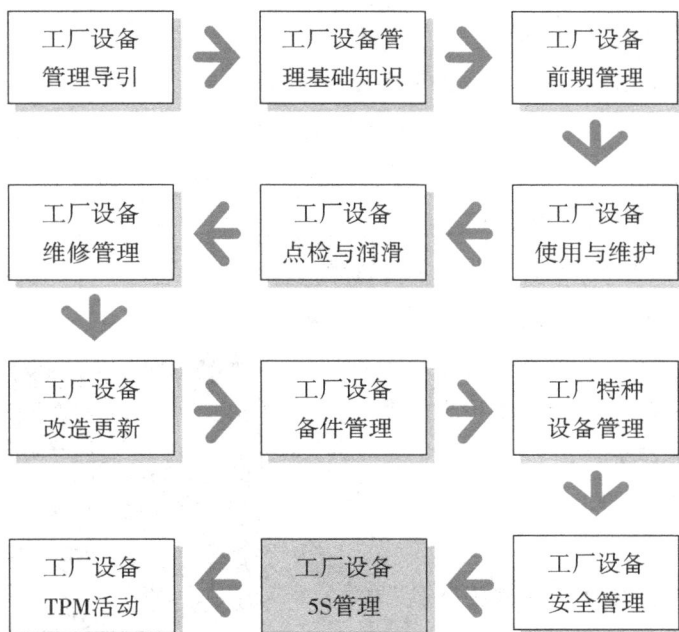

导视图

工厂设备
管理导引

工厂设备管
理基础知识

工厂设备
前期管理

工厂设备
维修管理

工厂设备
点检与润滑

工厂设备
使用与维护

工厂设备
改造更新

工厂设备
备件管理

工厂特种
设备管理

工厂设备
TPM活动

工厂设备
5S管理

工厂设备
安全管理

·· 天键指引 ········

5S是指整理、整顿、清扫、清洁和素养，是一种常见的生产及设备管理方法。通过5S管理，可以清除设备污迹，使其保持干净整洁；明确设备摆放位置，加强设备保养；进而确保设备能够长期正常运转。

··

要点01：设备整理

整理就是将工作场所中的设备清楚地区分为需要与不需要，对于需要的，加以妥善的保管；对不需要的，则进行相应的处理。

1．整理的目的

（1）腾出空间，改善和增加作业面积

在生产现场有时会有一些不用的、报废的设备等滞留，这些东西既占据现场的空间又阻碍现场的生产。因此，必须将这些东西从生产现场整理出来，以便留给作业人员更多的作业空间，以方便操作。

（2）消除管理上的混放、混料等差错事故

在未经整理的工作现场，各类大大小小的设备杂乱无章地堆放在一起，这会给管理上带来难度，很容易造成工作上的差错。

（3）减少磕碰机会，提高产品质量

现场往往有一些无法使用的设备，如果不及时清理，时间长了会使现场变得凌乱不堪。这些地方通常是管理的死角，也是灰尘的堆场，如果在一些对无尘要

求相当高的企业，将直接影响产品的质量，而通过整理就可以把这一质量影响因素消除。

2．区分必需设备与非必需设备

（1）"要"与"不要"的基准

在实施整理过程中，对"要"与"不要"必须制定相应的判别基准。

①真正需要的设备：包括正常的设备，电气装置，车、推车、拖车、堆高机，正常使用的工具等。

②不要的设备：主要是指不能或不再使用的设备、工具。

（2）保管场所基准

保管场所基准指的是到底在什么地方"要"与"不要"的判断基准。可以根据设备的使用次数、使用频率来判定应该将其放在什么地方才合适。制定时，应对保管对象进行分析，根据设备的使用频率来明确应放置的适当场所，作出"保管场所分析表"，如表11-1所示。设备的使用与保管场所主要如表11-2所示。

表11-1　保管场所分析表

序号	设备名称	使用频率	归类	是必需品还是非必需品	建议场所
		1年没用过1次			
		也许要用			
		3个月用1次			
		1星期用1次			
		3天用1次			
		每天都用			

表11-2　设备的使用与保管场所

	使用频率	处理方法	建议场所
不用	全年一次也未使用	废弃特别处理	待处理区
少用	平均2个月～1年用1次	分类管理	集中场所
普通	1～2个月用1次或以上	置于车间内	各摆放区
常用	1周使用数次、1日使用数次、每小时都使用	工作区内随手可得	作业台

备注：应视企业具体情况决定划分的类别及相应的场所。

3．处理非必需设备

（1）改用。将其等改用于其他项目，或称至其他需要的部门。

（2）修理、修复。对故障设备进行修理、修复，以恢复其使用价值。

（3）作价卖掉。由于销售、生产计划或规格变更，购入的设备用不上，可以考虑与供应商协商退货，或者（以较低的价格）卖掉，回收货款。

（4）废弃处理。对那些实在无法发掘其使用价值的设备，必须及时实施废弃处理。处理时要注意不得污染环境。

> **请注意**
>
> 明确整理的标准才能让员工知道如何将需要和不需要的设备分类，并做出相应的处理。处理时要按照规则进行。

4．建立一套非必需设备废弃的程序

为维持整理活动的成果，企业应建立一套非必需设备废弃申请、判断、实施及后续管理的程序。一般来说，该程序一定要包括以下内容。

（1）设备所在部门填写"设备废弃申请单"（见表11-3），提出废弃申请。

（2）技术或主管部门确认设备的利用价值。

（3）相关部门确认再利用的可能性。

（4）财务等部门确认。

（5）高层负责人作最终的废弃处理认可。

（6）由指定部门实施废弃处理，填写废弃单，保留废弃单据备查。

（7）由财务部门做账面销账处理。

表11-3　设备废弃申请单

申请部门			设备名称		
设备编号			设备型号		
废弃理由			购买日期		
可否再利用	类别	判定部门	判定		负责人签字
			□可　□不可		
			□可　□不可		
			□可　□不可		
			□可　□不可		
其他判断			□可　□不可		
			□可　□不可		
认可	□废弃□其他处理		总经理		
废弃	仓库部门：	凭证	提交财务		

要点02：设备整顿

整顿就是将整理后所留下来的需要品或所腾出来的空间作一个整体性的规划，旨在提高使用设备的效率。

1．设备整顿常用方法

（1）全格法

依设备的形状用线条框起来。如小型空压机、台车、铲车的定位，一般用黄线或白线将其所在区域框起来。

（2）直角法

只定出设备关键角落。如对小型工作台、办公桌的定门，有时在四角处用油漆画出定位框或用彩色胶带贴出定置框。

2. 设备的整顿要点

（1）设备旁必须挂有一些"设备操作规程"、"设备操作注意事项"等，设备的维修保养也应该做好相关记录。这不但能给予员工正确的操作指导，也可让前来考察的客户对企业有信心。

（2）设备之间的摆放距离不宜太近，近距离摆放虽然可省空间，却难以清扫和检修，而且还会相互影响操作而导致意外。如果空间有限，则首先考虑是否整理做得不够彻底，再考虑设备是否有整顿不合理的地方，浪费了空间，多考虑技巧与方法。

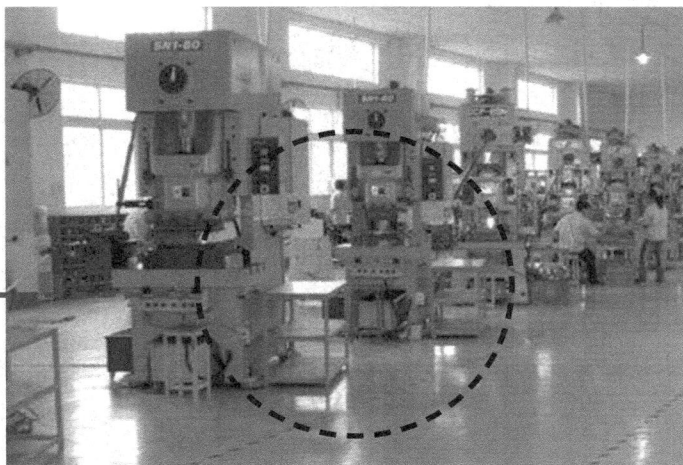

（3）把一些容易相互影响操作的设备与一些不易相互影响操作的设备作合理的位置调整。在设备的下面再加装滚轮，便可轻松地推出来清扫和检修了。

（4）将一些电子设备的附件，如鼠标等进行形迹定位，方便操作。

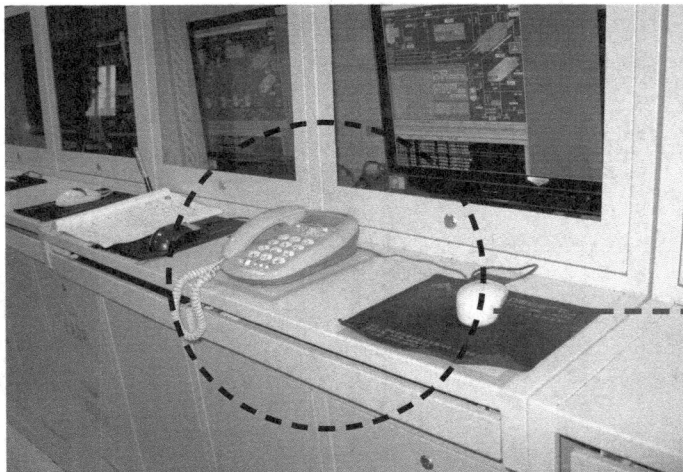

3．工具的整顿

（1）工具等频繁使用物品的整顿

对频繁使用的物品，应重视并遵守使用前能"立即取得"，使用后能"立刻归位"的原则。

① 应充分考虑能否尽量减少作业工具的种类和数量，利用油压、磁性、卡标等代替螺丝，使用标准件，将螺丝共通化，以便可以使用同一工具。

例如，平时使用扳手扭的螺母是否可以改成用手扭的手柄呢？这样就可以节省工具了。或者想想能否更改成兼容多种工具使用的螺母，即使主工具突然坏了，也可用另一把工具暂代使用。又或者把螺母统一化，只需一把工具就可以了。

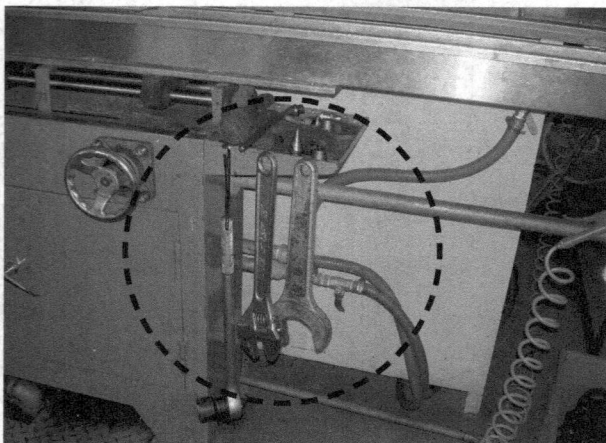

② 将工具放置在作业环节最接近的地方，避免取用和归位时过多的步行和弯腰。

③ 对需要不断地取用、归位的工具，最好用吊挂式或放置在双手展开的最大极限之内。采用插入式或吊挂式"归还原位"，也要尽量使插入距离最短，挂放方便又安全。

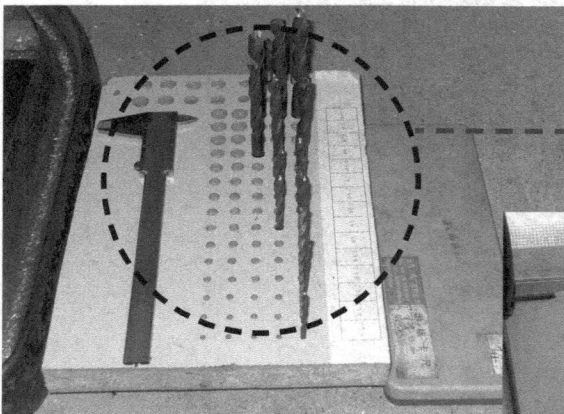

④要使工具准确归还原位，最好以复印图、颜色、特别记号、嵌入式凹模等方法进行定位。

工具最好能够按需要分类管理，如平时使用的锤子、铁钳、扳手等工具，可列入常用工具集中共同使用；个人常用的可以随身携带；对于专用工具，则应独立配套。

（2）切削工具类的整顿

这类工具需重复使用，且搬动时容易发生损坏，在整顿时应格外小心。

①经常使用的，应由个人保存；不常用的，可以存放于"磨刀房"等处所，则尽量减少数量，以通用化为佳。先确定必需的最少数量，将多余的收起来集中管理。

②刀具在存放时要方向一致，以前后方向直放为宜，最好能采用分格保管或波浪板保管，且避免堆压。

③一支支或一把把的刀具可利用插孔式的方法，把每支刀具分别插入与其大小相适应的孔内，这样可以对刀锋加以防护，并且节省存放空间，且不会放错位。

④对于一片片的锯片等刀具可分类型、大小、用途等叠挂起来，并勾画形迹，易于归位。

⑤注意防锈，在抽屉或容器底层铺上易吸油类的绒布。

4. 整顿的注意事项

（1）在进行整顿前，一定要先关上设备的电源，确保安全第一。

（2）设备不能靠得太近，以留有适合的操作空间。

（3）对于一些难以移动的重型设备，可以充分考虑一些技巧如安装轮子等。

要点03：设备清扫

将设备内部和外部清扫干净，并保持现场干净整洁，有利于改善员工的心情，保证产品的品质，减少设备故障。

1. 清扫前的准备

（1）安全教育

企业应对员工做好清扫的安全教育，对可能发生的事故（触电、挂伤碰伤、涤剂腐蚀、坠落砸伤、灼伤等不安全因素）进行预防和警示。

（2）设备常识教育

企业应对员工就设备的老化、出现的故障、可以减少人为劣化因素的方法，减少损失的方法等进行教育，使他们通过学习设备基本构造，了解其工作原理，能够对出现尘垢、漏油、漏气、震动、异常等状况的原因进行分析。

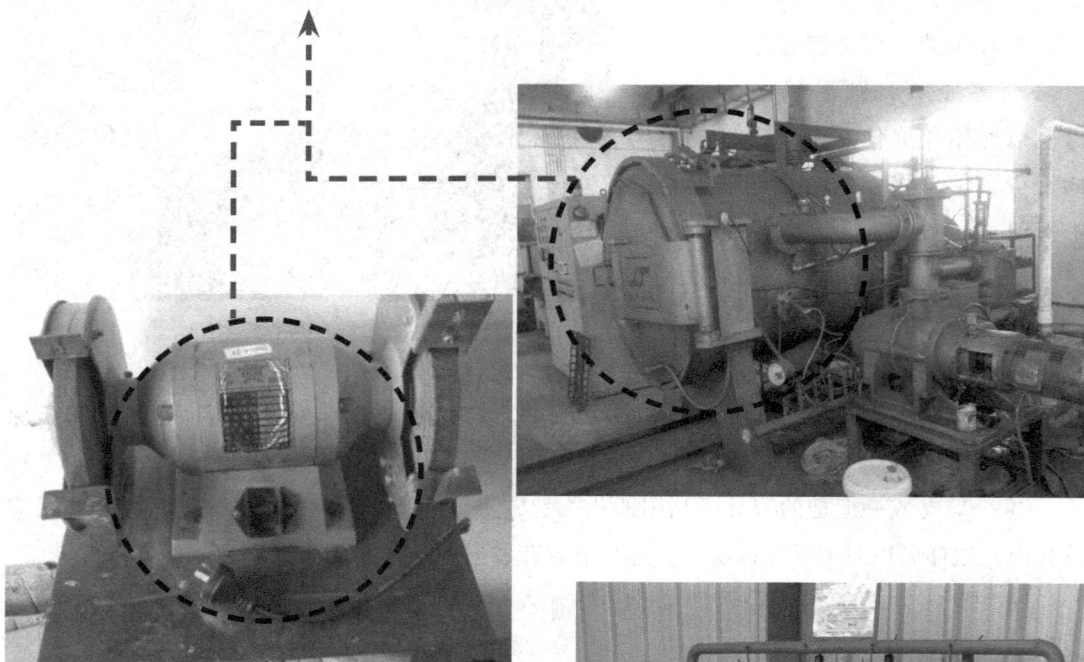

（3）技术准备

技术准备是指清扫前制定相关作业指导书、相关表格，明确清扫工具、清扫重点、加油润滑的基本要求、螺丝钉卸除和紧固的方法及具体顺序步骤等。其中，要明确清扫重点，可以使用清扫重点检查表，具体如表11-4所示。

表11-4　清扫重点检查表

方法	重点	是	否	备注
用眼睛看	1. 压力表位置是否容易点检			
	2. 压力表的正常值是否容易判读			
	3. 油量计位置是否适当			
	4. 油面窗是否干净			
	5. 油量是否处于正常范围内			
	6. 油的颜色是否正常			
	7. 给油口的盖子是否锁紧了			
	8. 油槽各部位是否存在可让灰尘跑进去的空隙呢			
	9. 给油口盖子的通气孔是否阻塞			
	10. V形皮带装置数量是否正确			
	11. V形皮带装置形式是否正确			
	12. 皮带是否固定牢固，不振动			
	13. 皮带及皮带轮的安全盖是否透明且容易点检			
	14. 皮带及皮带轮是否正常、无倾斜			
	15. 马达及减速器的连轴器是否正常无损耗			
	16. 马达及减速器是否调整正确			
	17. 减速器的润滑油是否干净、未被污染（如水分、金属、油泥等）			
	18. 马达的冷却风扇是否干净无灰尘			
	19. 吸气过滤器的滤网是否干净			
用耳朵听	1. 马达帮浦是否有异音			
	2. 皮带、链条是否有滑动声			
	3. 设备是否会发出奇怪的声音			
用鼻子闻	气门阀运作时，是否有异味产生			
用手摸	1. 马达帮浦外表是否有异常的发热现象			
	2. 马达帮浦是否有振动、转动不匀的现象			
	（以下各项均须关掉设备电源进行点检）			
	3. 马达及各处的安全盖是否松动			

（续表）

方法	重点	是	否	备注
用手摸	4. 皮带的张力是否不足			
	5. 各部螺丝是否有松动的状况			
	6. 各处配管是否有交叉接触现象			
	7. 各处配管是否有摩擦而致破损的状况			
	8. 设备各部是否有漏水的状况			
	9. 设备各部是否有漏油的状况			
	10. 若有漏油、漏水的情况，把设备擦干净，查看漏水（油）的状况是否严重			

2．实施清扫

（1）不仅设备本身，其周围环境、附属、辅助设备也要清扫。◄ - - - - - ┐

（2）对容易发生跑、冒、滴、漏部位要重点检查确认并将漏出的油渍清洗干净。

（3）清扫时油管、气管、空气压缩机等看不到的内部结构要特别留心。

（4）核查并清除注油口周围有无污垢和锈迹。

（5）核查并清除表面操作部分有无磨损、污垢和异物。

（6）检查操作部分、旋转部分和螺丝连接部分有无松动与磨损，若有，则通知设备管理部前来处理。

（7）每完成一台设备的清扫工作之后，自行检查，确保设备干净整洁。

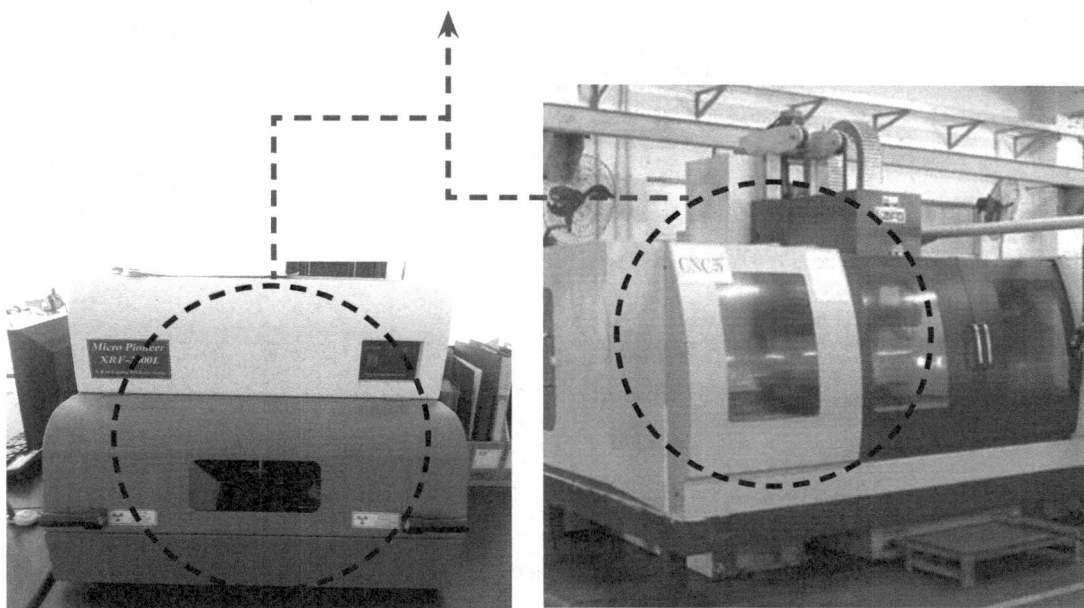

3．查找设备的"六源"

员工在开展清扫工作的同时，也要注意查找设备的"六源"，具体要求如下。

（1）查污染源

污染源是指由设备引起的灰尘、油污、废料、加工材屑等。更深的包括有毒气体、有毒液体、电磁辐射、光辐射以及噪声方面的污染。设备整顿人员要寻找、收集这些污染源的信息后，通过源头控制，采取防护措施等办法加以解决。

（2）查清扫困难源

清扫困难源是指指设备难以清扫的部位，包括设备周边角落；设备内部深层无法使用清扫工具的部位；污染频繁，无法随时清扫的部位；人员难以接触的区域，如高空、高温、设备高速运转部分等。解决清扫困难源通过控制源头，采取措施，使其不被污染；设计开发专门的清扫工具。

（3）查危险源

危险源是指和设备有关的安全事故发生源。由于现代企业的设备都有向大型、连续化方向发展的趋势，一旦出了事故，可能就会给企业乃至社会带来危害。设备安全工作必须做到"预防为主、防微杜渐、防患于未然"，必须消除可能由设备引发的事故和事故苗头，确保设备使用的元器件符合国家有关规定、设备的使用维护修理规范符合安全要求等。对特种设备，如输变电设备、压力容器等设备，要严格按照国家的有关规定和技术标准，由有资质的单位进行定期检查和维修。

（4）查浪费源

浪费源是指和设备相关的各种能源浪费。第一类浪费是"跑、冒、滴、漏"，包括漏水、漏油、漏电、漏气、漏汽以及各种生产用介质等的泄漏；第二类是"开关"方面的浪费，如"人走灯还亮"、"设备空运转"，冷气、热风、风扇等方面的能源浪费。要采取各种技术手段做好防漏、堵漏工作，要通过在开关处设置提示信息，帮助员工养成节约的好习惯。

（5）查故障源

故障源是指设备自身故障。要通过日常的统计分析，逐步了解掌握设备故障发生的原因和规律，制定相应的措施以延长设备正常运转时间。如因润滑不良造成故障，应采取加强改造润滑系统；因温度高、散热差引起的故障，应通过加强冷风机或冷却水来实现等。

（6）查缺陷源

缺陷源是指现有设备不能满足产品质量的要求。围绕保障和提高产品质量，寻找影响产品质量的生产或加工环节，并通过对现有的设备进行技术改造和更新来实现。

要点04：设备清洁

清洁就是对清扫后状态的保持，将前3S（整理、整顿、清扫）实施的做法规范化，并贯彻执行及维持成果。

1. 编制设备的现场工作规范

企业编制设备的现场工作规范能够巩固前3S的成果，将其制度化。

企业在编制现场工作规范时，要组织技术骨干，包括设备部门、车间、维护组、一线生产技术骨干，选择典型设备、生产线、典型管理过程进行攻关，调查研究、摸清规律、进行试验，通过"选人、选点、选项、选时、选标、选班、选路"，制定适合设备现状的设备操作、清扫、点检、保养和润滑规范，确定工作流程，制定科学合理的规范。

> **请注意**
>
> 对不同的区域和设备应设置不同的规范标准，做到设备管理的规范化、制度化，使设备管理更有效。

如果在保养检查中发现异常，操作人员自己不能处理时，要通过一定的反馈途径，将保养中发现的故障隐患及时报告到下一环节，直到把异常状况处理完毕为止，并逐步推广到企业的所有设备和管理过程，最终达到台台设备有规范，各个环节有规范。要使设备工作规范做到文件化和可操作化，最好用视板、图解的方式加以宣传与提示。

2．开展5分钟3S活动

企业应积极开展5分钟3S活动，鼓励员工每天工作结束之后，花5分钟时间对自己的工作范围进行整理、整顿、清扫。以下是5分钟3S的必做项目。

（1）整理工作台面，将材料、工具、文件等放回规定位置。

（2）清洗次日要用的换洗品，如抹布、过滤网、搬运箱。

（3）清扫设备，并检查设备的运行状况。

（4）清倒工作垃圾。

要点05：员工素养

素养活动的目的是使员工时刻牢记5S规范，并自觉地贯彻执行，不能流于形式。

1．提高员工素养

除规范设备日常工作外，要做好设备管理工作，企业还要从思想和技术培训上提高人员的素养。

（1）养成良好的工作习惯

良好的工作习惯首先体现在正确的姿势上。同时，要使员工在思想意识上破除"操作人员只管操作，不管维修；维修人员只管维修，不管操作"的习惯。

操作人员要主动打扫设备卫生和参加设备排除故障，把设备的点检、保养、润滑结合起来，实现在清扫的同时，积极对设备进行检查维护以改善设备状况。设备维护修理人员要认真监督、检查、指导使用人员正确使用、维护保养好设备。

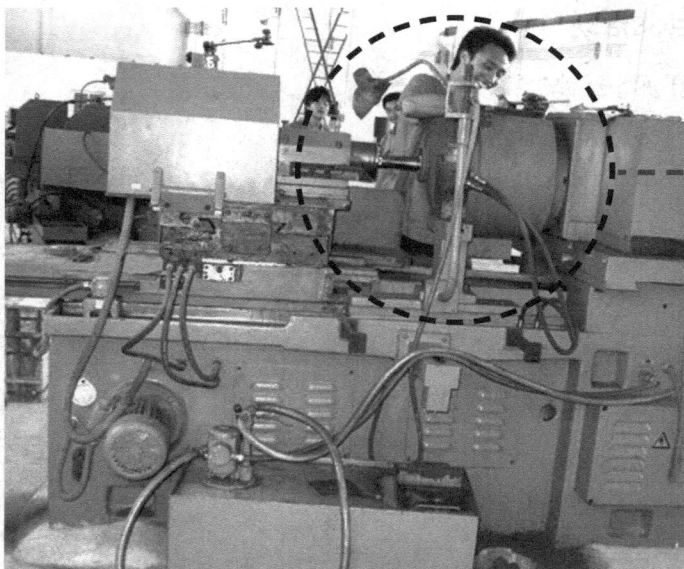

（2）人员的技术培训

企业应对设备操作人员进行技术培训，使每个设备操作人员真正达到"三好四会"。"三好"即管好、用好、修好；"四会"就是会使用、会保养、会检查、会排除故障。

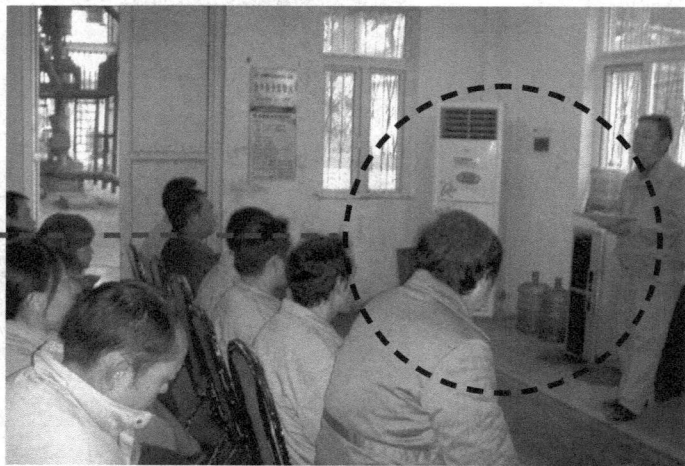

2．定期考核评估

（1）对设备管理工作进行量化考核和持续改进

"5S"管理中，实现提高员工技术素养、改善企业工作环境，设备管理的各项工作有效开展，要靠组织管理、规章制度，以及持续有效的检查、评估考核来保证。

企业应将开展"5S"前后产生的效益对比统计出来，并制定各个阶段更高的目标，做到持续改进，让经营者和员工看到变化与效益，从而真正调动全员的积极性，变"要我开展5S管理"，为"我要开展5S管理"，避免出现"一紧、二松、三垮台、四重来"的现象。

统计对比应围绕生产率、质量、成本、安全环境、劳动情绪等进行。对设备进行考核统计的指标主要有：规范化作业情况、能源消耗、备件消耗、事故率、故障率、维修费用和设备有关的废品率等。

企业应根据统计数据，以一年为周期，不断制定新的发展目标，实行目标管理。实施过程中要建立设备主管部门、车间、工段班组、维护组、操作人员等多个环节互相协助、交叉的检查考核体系。同时要确保考核结果同员工的奖酬、激励和晋升相结合。

（2）5S的评估

设备5S的评估是对5S活动的定期总结，有利于发现不足并持续改善，可采用表11-5的形式进行。

表11-5　设备5S评估表

第一步骤（不正常部位的发现）		所属单位		部班
		评估人		
项目	评估重点		得分	小计
传动部	1．减速机的油液面标示是否清楚			
	2．马达、减速机、皮带、链条、电磁离合器等是否有吱吱叫和打滑的声音			
	3．安全护盖是否安装牢固			
	4．皮带张力是否设定			
	5．马达空间冷却风扇是否积存污垢			
油、空压	1．泵、电磁阀、接头等处是否漏油			
	2．压力表是否正确显示数值及可正常归零			
	3．给油口的封盖是否栓紧			
	4．空压3点组合、定位是否适当及正确使用			
	5．配管、固定夹是否无松脱现象			

（续表）

项目	评估重点	得分	小计
电气	1. 电压、电流表示的界限数值是否正确		
	2. 照明类灯管是否不亮，灯罩有无不良现象		
	3. 极限开关、光电开关、近接开关是否沾有水、油、粉尘		
	4. 是否存在机器破损或安装不良（松动）现象		
	5. 配线、配管、软管有无松脱		
螺丝、螺帽	1. 是否有松动（适当锁紧：M10–280千克/厘米）		
	2. 安装孔的附近，是否放置着螺丝或螺帽（马达、减速机、汽缸、轴承、电磁阀、极限开关等）		
	3. 螺丝的长度是否超出螺帽2~3个螺牙度		
	4. 调整螺丝的固定螺帽是否有松动现象		
	5. 会产生振动的部件是否使用了齿形垫圈		
评定：好——5分，普通——3分，差——1分		总分	

学习笔记

　　通过学习本章内容，想必您已经掌握了不少学习心得，请仔细填写下来，以便继续巩固学习。如果您在学习中遇到了一些难点，也请如实写下来，方便今后重复学习，彻底解决这些难点。

　　同时本章列举了大量实景图片，与具体的文本内容互为参照和补充，方便您边学边用，请如实填写您的运用计划，以使工作与学习相结合。

我的学习心得：

1. ＿＿＿＿＿＿＿＿＿＿＿＿＿＿＿＿＿＿＿＿＿＿
2. ＿＿＿＿＿＿＿＿＿＿＿＿＿＿＿＿＿＿＿＿＿＿
3. ＿＿＿＿＿＿＿＿＿＿＿＿＿＿＿＿＿＿＿＿＿＿
4. ＿＿＿＿＿＿＿＿＿＿＿＿＿＿＿＿＿＿＿＿＿＿
5. ＿＿＿＿＿＿＿＿＿＿＿＿＿＿＿＿＿＿＿＿＿＿

我的学习难点：

1. ＿＿＿＿＿＿＿＿＿＿＿＿＿＿＿＿＿＿＿＿＿＿
2. ＿＿＿＿＿＿＿＿＿＿＿＿＿＿＿＿＿＿＿＿＿＿
3. ＿＿＿＿＿＿＿＿＿＿＿＿＿＿＿＿＿＿＿＿＿＿
4. ＿＿＿＿＿＿＿＿＿＿＿＿＿＿＿＿＿＿＿＿＿＿
5. ＿＿＿＿＿＿＿＿＿＿＿＿＿＿＿＿＿＿＿＿＿＿

我的运用计划：

1. ＿＿＿＿＿＿＿＿＿＿＿＿＿＿＿＿＿＿＿＿＿＿
2. ＿＿＿＿＿＿＿＿＿＿＿＿＿＿＿＿＿＿＿＿＿＿
3. ＿＿＿＿＿＿＿＿＿＿＿＿＿＿＿＿＿＿＿＿＿＿
4. ＿＿＿＿＿＿＿＿＿＿＿＿＿＿＿＿＿＿＿＿＿＿
5. ＿＿＿＿＿＿＿＿＿＿＿＿＿＿＿＿＿＿＿＿＿＿

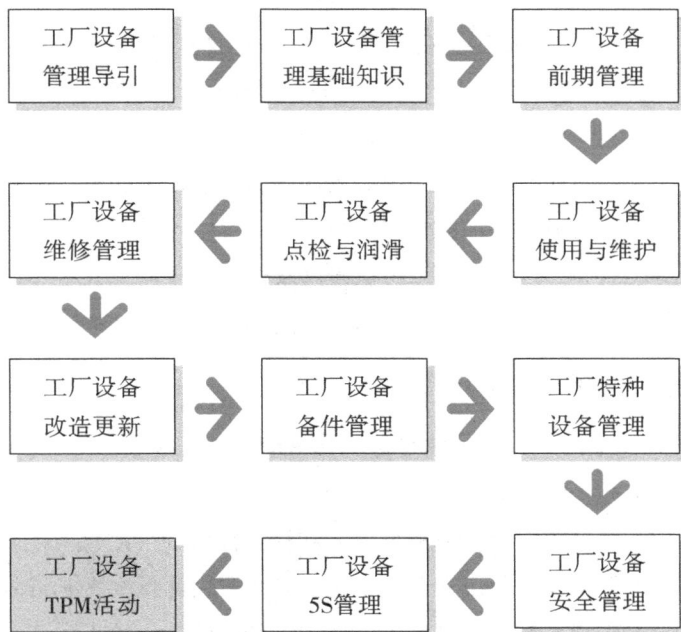

第 12 章

工厂设备TPM活动

导视图

工厂设备 管理导引 → 工厂设备管 理基础知识 → 工厂设备 前期管理

工厂设备 维修管理 ← 工厂设备 点检与润滑 ← 工厂设备 使用与维护

工厂设备 改造更新 → 工厂设备 备件管理 → 工厂特种 设备管理

工厂设备 TPM活动 ← 工厂设备 5S管理 ← 工厂设备 安全管理

.... 关键指引 ....

> TPM是指全员参与生产性维护，通过开展TPM活动，可以提高各级员工对设备管理的认识水平，加强设备管理，提高设备使用效率，延长设备寿命。因此，企业应积极推行TPM活动，动员全体员工都来参加，在最大范围内取得活动成功。

要点01：TPM概述

1．TPM定义

TPM（Total Productive Maintenance）的意思就是是"全员生产维护"或"全员生产维修"，这是日本人在20世纪70年代提出的一种全员参与的生产维护方式。TPM活动帮助企业解决经营管理难题，提升管理水平。TPM的五个要素如下：

（1）TPM致力于设备综合效率最大化的目标。

（2）TPM在设备的整个生命周期内建立起彻底的预防维护体制。

（3）TPM由各个部门共同推行。

（4）TPM涉及每个员工（从最高管理者到现场工人）。

（6）TPM通过动机管理，即自主的小组活动来推进。

2．TPM活动的目标

TPM活动必须有明确的目标，具体如下：

（1）在企业内倡导团队合作和主人翁精神。

（2）使设备效率保持最大化，和提高设备的可靠性。

（3）保持设备使用寿命最大化，最大限度降低突发和计划外的维护及停机次数。

（4）挑战零事故、零损失、零缺陷和零浪费，追求生产和经营效率的极限。

（5）提高员工技能，培养多面手，提高员工士气。

3．不推行TPM活动容易造成的问题

企业不推行TPM活动容易造成以下问题。

（1）设备停机时间损失（停机时间损失）。

（2）设置与调整停机损失。

（3）闲置、空转与暂短停机损失。

（4）速度降低（速度损失）。

（5）残、次、废品损失，边角料损失（缺陷损失）。

（6）产量损失（由安装到稳定生产间隔）。

4．TPM活动与5S的关系

TPM活动与5S具有非常紧密的关系，具体内容如下。

（1）5S是TPM工作推进的基本工具。

（2）通过开展5S活动，定期对设备进行检查、清洁、清扫可以发现设备存在的问题。

（3）通过清洁、清扫设备等一系列自主维护工作，提高了员工对TPM活动的参与度。

（4）通过5S活动，员工维护设备的技能得以提高，对5S和TPM的思想意识也随之改变，从而达到减少设备损失、提高设备效率的目标。

要点02：TPM活动组织的建立

1．建立TPM活动推进组织

TPM活动的有效推进有赖于建立起一个强有力的活动推进组织。TPM活动推进组织的一般构成方式如图12-1所示。

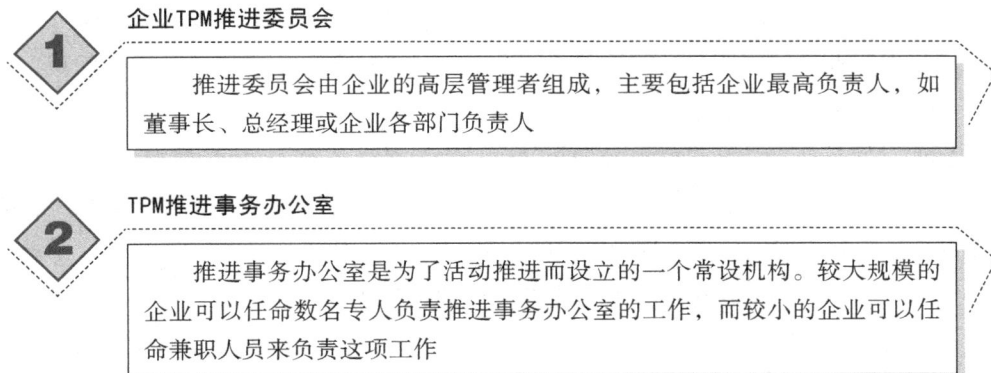

1 企业TPM推进委员会

推进委员会由企业的高层管理者组成，主要包括企业最高负责人，如董事长、总经理或企业各部门负责人

2 TPM推进事务办公室

推进事务办公室是为了活动推进而设立的一个常设机构。较大规模的企业可以任命数名专人负责推进事务办公室的工作，而较小的企业可以任命兼职人员来负责这项工作

3 部门活动组织

> 部门活动组织主要由企业任命的兼职人员组成，主要负责部门活动的推进和指导、配合事务办公室工作，以及对活动成果的总结等等

图12-1　TPM活动推进组织

2．选择TPM活动推进人员

一般来说，活动推进人员首先应该是一位积极向上的人，具体的选拔条件可由企业根据具体条件确定，相关要点如下。

（1）在具体决定推进人员的时候还会碰到人力资源不足的可能，这时就不能拘泥于企业制定的评价表，而要根据平时的考核结果进行选拔。

（2）工作积极认真、行动力强、在员工中信赖程度高、有号召力的人可成为很好的活动推进人选。企业应为TPM活动设置活动场所，如设立推进室等，以方便活动的开展。

要点03：TPM活动策划

1．决定活动的方针和目标

TPM推进组织要为员工描绘一个明确的活动目标，这个目标必须既有挑战性又有实际意义，特别要强调活动将给员工带来什么，如企业效益改善、员工可能得到的回报、工作环境的改善、工作及改善能力的提升等。

目标的设定要在对现状进行充分调查的基础上进行，不能盲目设定目标值。好的目标应该是那种经过努力可以实现的，而且又具有挑战意义的。不好的目标则正好相反，要么目标太高不切实际，要么目标太低没有挑战意义。

设定TPM活动方针和目标时，要考虑与企业的经营方针和目标进行整合。反过来，在设定企业经营方针、计划时，要明确指出TPM活动在企业经营活动中的地位和重要性。

2．制订TPM活动计划

导入TPM活动的过程中，企业TPM活动推进委员会应首先制作样板区或样板设备，再将样板区或样板设备的经验推广，获得以点带面的效果。制作样板区或样板设备的好处就是通过局部的制作和改善向企业上层与员工展示TPM活动的效果和威力，让企业高层管理者和员工对TPM活动满怀信心，积极地投入TPM的开展之中。

3．提升员工改善能力和技能水平

（1）培育员工的自主性，给予员工自主实施的机会。

（2）及时进行关注和指导，并及时帮助员工解决推进过程中遇到的困难。

（3）不要强制员工参与TPM活动，而要多做鼓动、引导，并适时表达对其活动过程和成果的认同。

（4）不要过于追求效果，而要多着眼于员工的成长。

要点04：TPM活动培训与宣传

1．培训

由于TPM是全员参与的自主维护活动，因此企业必须对全体员工进行相关培训。

（1）了解TPM活动的内涵和作用。

企业TPM推进委员会应组织开展全员培训活动，各部门推进组织应积极配合培训活动。通过培训，使员工明白开展TPM活动的目的和步骤，以及自己在活动中的职责等。

（2）培训自主维护基本技能。

各部门推进组织要结合现场事例，让员工逐步掌握TPM活动的技能，并体会现场改善的成就感。一般来说，这个阶段的培训内容包括：5S基本知识、TPM与5S的关系、TPM活动概要推进方法、目视管理活动的概要和实施要领等。

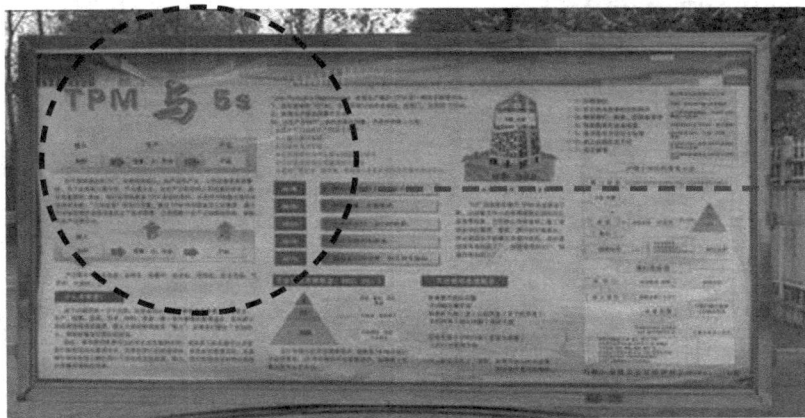

2. 宣传

（1）悬挂TPM标语

企业可以悬挂一些宣传标语营造活动气氛。

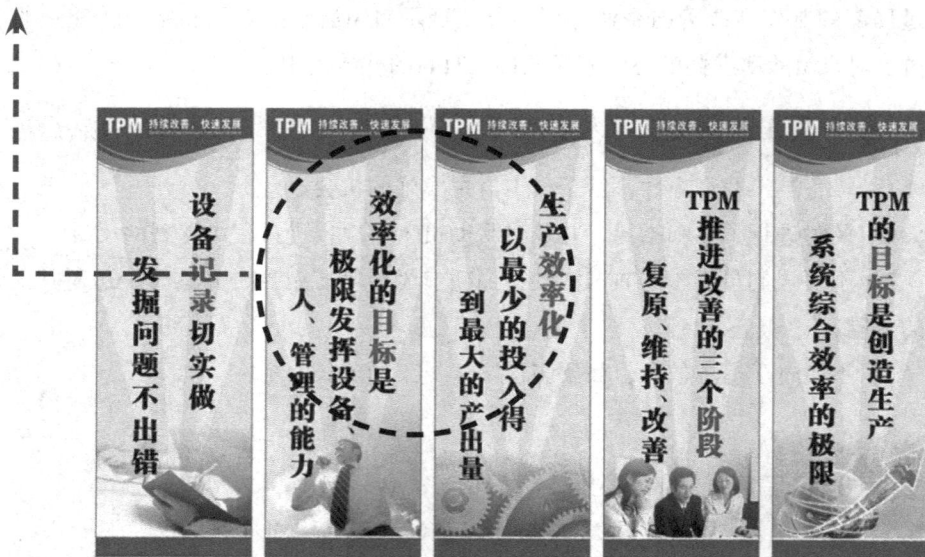

（2）设置宣导看板

通过看板进行宣导，有利于TPM活动开展。

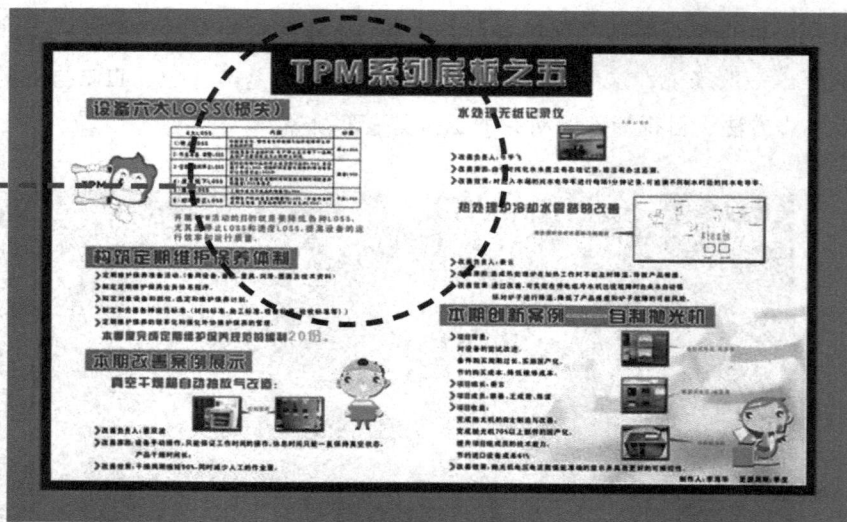

要点05：TPM活动开展

制订计划并开展相关知识培训之后，企业就应当积极开展TPM活动。开展活动时应注意以下事项。

1．加强点检

点检是TPM活动的重要手段，在点检的同时还可以对设备进行维护。

（1）点检的基本内容

点检的内容主要包括设备的日常检查等，如电机运行电流的确认、螺丝紧固情况的确认等等。点检还要求对设备的状况及运行参数进行尽可能全面的检查和测试，并保证维护工作的及时进行。

（2）提高点检作业效率。

随着点检工作的进行、点检经验的积累、技术水平的提高、维护备用品与维护工具条件的改善，需要对点检项目进行优化，以实现TPM活动水平的提高和点检作业的效率化。

2．调动员工积极性

调动员工参与活动的积极性，激活TPM活动氛围是推进过程最关键的工作。企业可以采取以下措施调动员工的积极性。

（1）将TPM活动与日常绩效考核挂钩，活动开展好的班组将获得更多奖励。

（2）强调TPM活动的重要意义，提高员工的认识。

（3）企业各级领导积极带头开展活动，起到以身作则的作用。

3．将企业设备管理制度与TPM活动结合

应将企业设备管理制度与TPM活动结合，以方便活动开展，具体事项如下。

（1）负责企业设备、测量设备的进厂验收和使用、维护、修理、革新改造直到报废全过程管理工作，保证设备正常运行和动力供应的安全稳定。

（2）组织拟定设备管理的各项规章制度、技术标准，编制设备修理的图纸资料，做好设备技术档案管理工作。

（3）组织编制设备的保养检修计划和动力预防性试验计划，保证计划检修及节假日设备检修的实施。

（4）组织设备润滑管理，搞好润滑"五定"工作，并监督设备润滑作业质量。

（5）应用现代化管理方法管好设备，总结推广维护新技术，对关键、重点连续生产设备实行预防维护。

（6）搞好设备资产管理工作。

要点06：进行TPM活动总结

企业应对有价值和有典型意义的TPM活动事例加以总结，并作为改善成果进行交流和展示。

1．总结内容

总结内容包括改善前的状况、改善方法、改善后的状况、本改善事例中总结出的经验等。为了使总结更直观可信，将改善前后的照片进行对比，是一种较有效的方法。

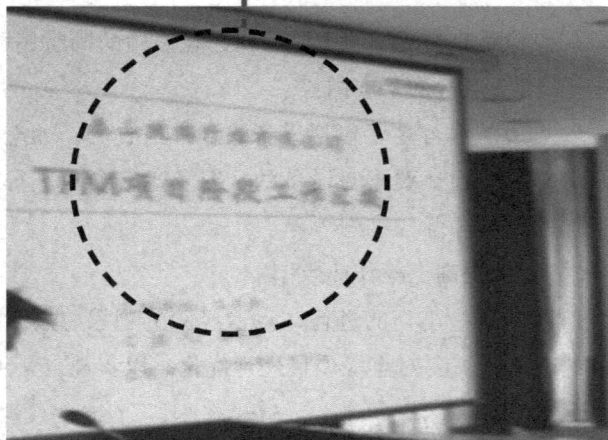

2．总结形式

改善活动成果的体现形式是多一种多样的，因此在总结活动成果的时候，总结的模式也应该是多样化的。例如制作个人改善事例集，制作改善活动专栏，交流优秀改善事例，召开课题改善效果总结以及报告会等。

要点07：建立自主管理体制

企业可以通过TPM活动建立自主管理体制，从而全面加强TPM管理。

1．制定活动管理文件

TPM活动的推进过程就是TPM活动体制的建立过程，因此，企业一开始就应重视有关TPM活动文件标准的制定，以明确职责，规范活动的开展。

2．检查与纠正

企业对TPM活动工作的实施是否符合管理标准的要求和计划的安排，必须进行定期监督检查，同时应明确工作发生偏离时的纠正措施。

3．诊断和认证

各部门主管在认为TPM活动体制得以建立，并能保障活动持续有效开展的情况下可向推进部门提出诊断申请，推进部门对申请部门的TPM活动体制进行诊断，符合规定要求时给予认证，发给认证证书，并定期进行复审。

要点08：改善提案活动

改善提案活动通常是作为TPM活动的一部分与整体TPM活动同时进行的。但很多企业会将改善提案活动单独开展，以便更有针对性地改善设备管理水平。

1．改善提案活动的作用

改善提案活动可以发挥以下四项作用。

（1）培养员工的问题意识和改善意识，改善员工精神面貌，创建积极进取、文明健康的企业文化。

（2）提高员工发现问题和解决问题的能力，提高员工的技能水平。

（3）改善员工工作环境，提高员工满意度；改善设备的运行条件，提高设备运行效率。

（4）培养员工从细微处着眼消除各种浪费、损耗现象，降低成本，提高效率。

2．改善提案活动的特点

改善提案活动的具体特点如下。

（1）制度化的奖励措施。

（2）鼓励改善提案的自主实施。

（3）不限定提案内容。

（4）提案格式标准化。

（5）提案活动不能片面的追求所谓的经济利益。

3．明确改善提案活动要求

企业坚持开展改善提案活动，可以造就自主、积极进取的员工，塑造积极向上的企业文化。改善提案活动的具体要求如下。

（1）尽量不拒绝任何提案

任何提案，只要有积极意义企业都应给予受理、评价和奖励，长期坚持这样做才能有效地保持员工提案的积极性。

（2）积极鼓励先进

在任何一个TPM活动中，企业都要坚持以表扬为主的原则，让员工从表扬中体会到参与的成就感和乐趣，以便后进员工学习和仿效。

（3）按规定进行评价和奖励

企业的评价奖励工作要及时，不能拖拉。事先在奖励制度中约定的奖金一定要及时兑现，不能以任何形式和理由克扣奖金。

4．树立对改善提案活动的正确认识

企业树立员工对改善提案活动的正确认识的具体措施如下。

（1）鼓励全体人员积极提出提案。只要是有益的，再小的提案都是可取、可喜的。员工提出的提案数量越多，说明员工对企业存在的问题越关注。

（2）员工写提案不会影响正常工作，原因是提案并不是随笔就能写好的，它需要员工了解和熟悉工作，有很强的观察事物和发现问题的能力，还需要有很强的责任心。

5．改善提案活动宣传造势

企业应在改善活动推行之前进行宣传造势，具体措施如下。

（1）用宣传栏、手册、宣传画、范例讲解等进行宣传教育。

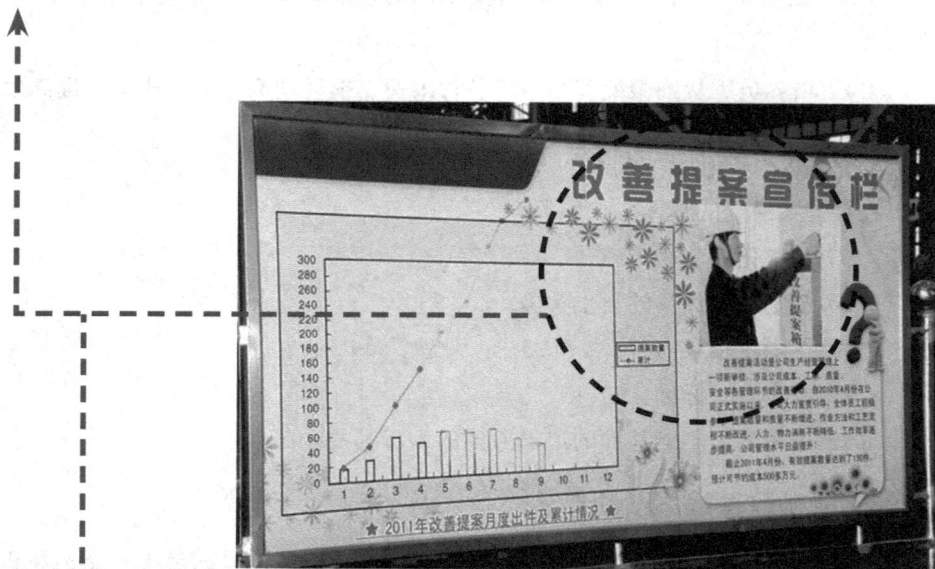

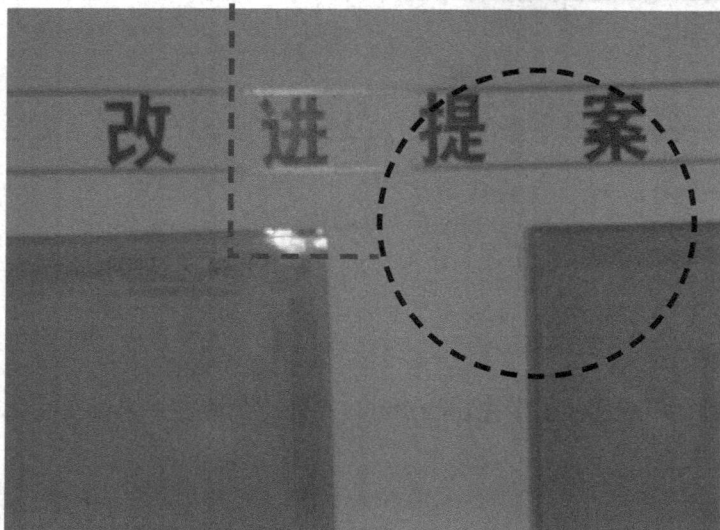

（2）设置改善提案看板，将改善提案的相关信息登在看板上，使各级员工明确了解。

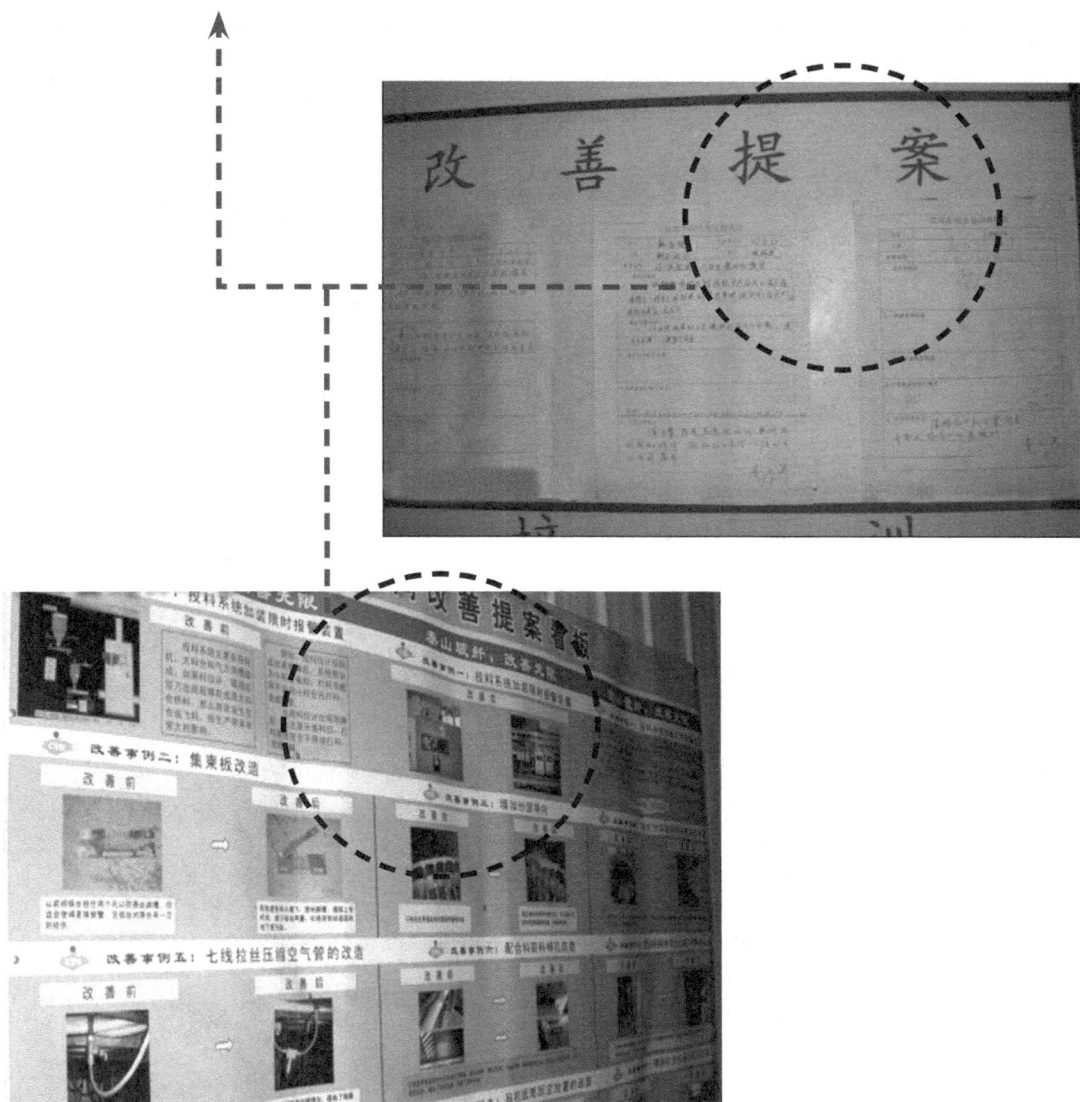

（3）制造推行的气氛：各单位主管组织进行讨论或举办知识问答赛。

（4）总经理在员工大会上宣布提案委员会的成立及强调提案的重要性，引起大家的重视。

（5）总经理参与颁奖并经常过问活动推进情况。

6. 改善提案活动要点

企业开展改善提案活动需要掌握以下要点。

（1）提前编制好提案书（见表12-1），让员工按照提案书的要求进行提案的编写。

表12-1　提案书

提案题目					
提案人		所属部门		提案日期	
提案内容概述：					
陈述问题：					
分析原因：					
对策建议：					

（2）定期召开提案推进会议，随时检讨提案的管理制度，及时处理存在的问题。

（3）经常进行技术和管理培训，提高员工素质。

（4）定期向总经理汇报提案推进情况。

（5）选择重点、优秀的提案在全企业范围进行发

请注意

标准的提案书模板应便于员工填写，使员工在提出提案时，用不着花费很大的精力去组织语言。

表，鼓励员工多写提案。

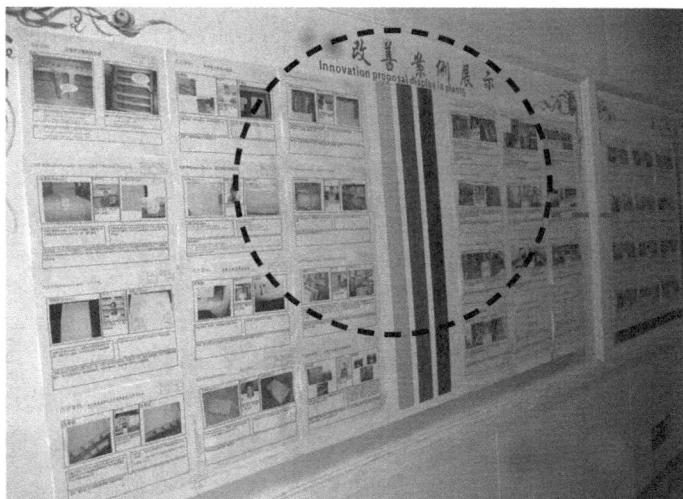

（6）公布评分办法。

7. 积极开展各类评比和展示活动

随着活动的推进，开展各类评比展示活动是很有必要的，原因如下。

（1）做好评比展示工作可以营造一种良好的、热烈的改善氛围。

（2）让员工从中体验到成就感。

（3）为员工提供一个相互学习和借鉴的园地。

（4）改善企业面貌，展示企业积极向上的氛围。

8. 明确提案效果核算标准

制定统一的提案等级评价基准是做好等级评价工作的前提条件。提案效果核算标准包括以下两方面内容。

（1）有形效果核算标准

企业有必要制作一份统一的改善效果（有形效果）核算基准。这一基准可以包括对成本或效率产生影响的一些主要项目，主要包括设备投资及折旧费用，材料、零件、产品损耗费用等。

（2）无形效果的核算标准

有形效果是可以量化的，无形效果以及其他项目（创意、工作难度、努力程度等等）的评价基准比较难以确定，多数情况下要靠主观判断来决定改善的效果。为了使各部门能较有效、客观地进行级别评判，企业可以规定在涉及较高级别的评价时，通过讨论的形式决定提案的级别。

9．确定奖励金额标准

对改善提案的提案人实施奖励（物质和精神）是激发这项活动的最根本的措施，具体的奖励标准有以下两类。

（1）物质奖励标准

物质奖励一般分为现金奖励或物品奖励，这里以现金奖励为例进行说明。对各个级别的提案应发放多少奖励金，企业要根据奖金预算（财务部门或企业高层管理者认可的预算额度）来决定。

（2）精神奖励标准

除了物质奖励之外，企业可以辅之以精神鼓励，例如，颁发月度、季度、年度冠军奖状或锦旗。企业还可以通过评选提案之星来鼓励员工积极提案。◀ ━ ━ ━ ┐

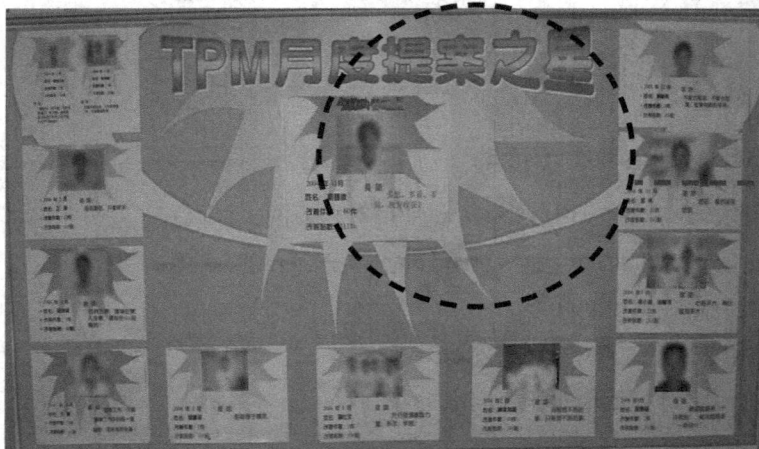

学习笔记

通过学习本章内容，想必您已经掌握了不少学习心得，请仔细填写下来，以便继续巩固学习。如果您在学习中遇到了一些难点，也请如实写下来，方便今后重复学习，彻底解决这些难点。

同时本章列举了大量实景图片，与具体的文本内容互为参照和补充，方便您边学边用，请如实填写您的运用计划，以使工作与学习相结合。

我的学习心得：

1. _____
2. _____
3. _____
4. _____
5. _____

我的学习难点：

1. _____
2. _____
3. _____
4. _____
5. _____

我的运用计划：

1. _____
2. _____
3. _____
4. _____
5. _____

附　件

进口设备管理办法

一、进口设备管理按重点设备管理规程的各条规定执行。

二、进口设备由引进部门按上级有关规定办理手续。

三、进口设备选型要在总工程师的主持下，组织工艺、设备、技改等有关部门进行技术、经济分析论证，报厂长批准实施。

（1）设备主管部门参与与外商的谈判，提出有关维修技术资料及必需的维修配件供应。

（2）进口设备入厂后，及时会同商检部门进行开箱清点，做好记录。对不符合技术文件项目要求的，要及时与外商交涉，在合同期内处理和索赔。技术资料交厂资料室翻译，原稿、译稿由设备档案室存查。

（3）设备管理部门要积累资料，做好备件国产化工作。

（4）随机配件由设备工具处清点注册，交备件库保管。

设备移装、借用及调拨管理办法

一、设备移装

（1）厂内设备移装，由调入单位提出申请，经设备工具处协调平衡，提出调动方案，报主管副厂长批准执行。设备调动移装，要填写设备调迁单一式四份，调出单位、调入单位、设备工具处、成本处各一份，同时变更有关账卡。

（2）调出单位必须保证原设备面貌，不得乱拆乱卸。否则按有关规定惩处，并配全零部件。

（3）移装的全部费用由调入单位列支。

二、设备借用

（1）部门临时借用设备，经主管批准，填写借用单。操作人员必须熟悉借用设备的性能。在借用期间，设备的维护保养、故障的排除或事故的处理均由借用单位负责。

（2）外厂借用设备（不迁移），须经设备所在单位同意，设备工具处签署意见，报主管副厂长批准，签订借用合同后，方可使用。

三、设备调拨

（1）调拨设备由设备工具处根据设备的使用年限、原值、结合完好状况及市场销售情况拟定价格，报厂长批准后，办理有偿调拨手续。

（2）机电设备固定资产的出厂手续由设备工具处办理。

附3

设备封存及启封管理办法

一、设备封存

（1）对因生产任务不足和利用率过低而停用半年以上的设备，由使用单位提出申请，填写"封存设备申请单"一式三份，报设备工具处核准，方可封存。设备封存申请单一份留设备工具处备查，一份由使用部门留底，一份交成本处停提折旧。

（2）对批准封存的设备，封存时应切断电源，放净存油及冷却液并擦拭干净，各滑动导轨面及无漆表面应涂油防锈，并加纸覆盖。对于随机附件及专用工具，要清点归位，随同主机一齐封存，罩上塑料罩，挂牌显示。同时指定专人负责，定期检查和维护保养。保证封存设备完好，并列入设备检查范围。

二、设备启封

由使用单位提出申请，报设备工具处办理启封手续，方可使用。同时通知成本处开始计算折旧。

附4

设备故障及事故管理办法

生产设备及动力设施，因非正常损坏，造成停产或效能降低者，均为设备事故。

一、事故划分

（1）造成下列情况之一的为一般事故：

①精、大、稀、关键设备修复费用在1 000~30 000元以内；

②一般设备修复费用在500~1 000元以内。

（2）造成下列情况之一的为重大事故：

①精、大、稀、关键设备修复费用在30 000元以上；

②一般设备修复费用在10 000元以上；

③因设备事故，使全厂电力供应中断30分钟以上。

（3）造成下列情况之一的为特大事故：

①修复费用在50 000元以上；

②因设备事故造成全厂停产两天以上或分厂停产两天以上。

二、事故性质

1. 责任事故

凡属人为原因，如违反操作规程、擅自离开工作岗位、超负荷运转、加工工艺不合理及维护保养不良，致使设备损坏、停产或效能降低。

2. 质量事故

凡属设备原设计、制造安装等原因，致使设备损坏、停产或效能降低。

3. 自然事故

凡属自然原因，如风灾、水灾、火灾、地震等非人为能抗拒的灾害，致使设备停产或效能降低。

三、事故分析与处理

（1）设备事故发生后，发生事故单位应立即切断电源、保持现场、逐级上报。一般事故由事故单位设备领导组织有关人员，在设备工具处参与下，根据"三不放过"原则（即事故原因不清楚不放过，事故责任者与群众未受到教育不放过，没有防范措施不放过），进行调查分析。重大或特大事故由主管设备副厂长、组织设备工具处和事故单位有关人员进行分析。

（2）发生事故单位根据事故分析结果，在事故发生三日内认真填写设备事故报告单，报送设备工具处。一般事故报告单由设备工具处签署处理意见，重大事故报告单由主管副厂长签署处理意见。

（3）重大或特大事故发生后，设备工具处应在一日内报上级主管部门，同时抄报机械电子工业部，并于一个月内写出事故情况、分析报告和处理结果，报送上级主管部门，同时抄报机械电子工业部。

（4）对事故责任者的处理应根据情节轻重、认识态度好坏，分别给予通报批评、经济赔偿、行政处分，直至追究刑事责任。对隐瞒事故不报、情节恶劣或屡教不改者，加重处理。

（5）对修复费用低于500元或全厂供电中断10分钟以下的设备故障也应查明原因、分清责任、做好统计、加强管理，防止类似故障的重复出现，控制故障发生的频率。

（6）凡属设备事故，必须将事故报告单及处理结论装入设备档案内存档。

附5

设备改装、闲置及报废管理办法

一、设备的改装

（1）对于设备的改装和加装先进部件，其费用不单独入账，只能办理设备增值。

（2）设备的改装要有根据，改装设备单位要有具体方案，并进行周密的研究和试验，经设备工具处同意，报请主管副厂长或总工程师批准后，方可改动。

二、设备闲置

（1）因工艺调整、产品转产或其他原因闲置两年以上不用的设备可列入闲置。

（2）闲置设备由使用单位提出申请，报设备工具处，并填写设备闲置单。

（3）经有关部门研究确定，报主管副厂长批准，由设备工具处负责闲置处理，即进行转让出售或其他处理。任何单位与个人无权处理。

（4）闲置设备处理所得收入列入设备更新改造资金。

三、设备报废

1. 设备报废的条件

（1）按国家及上级部门的有关规定，凡超过规定役龄，主要结构陈旧老化，精度低劣，达不到生产工艺要求。

（2）能耗严重或严重影响安全、环保的生产设备。

（3）役龄较短，但损坏严重、难以修复或经济上不值得修复的设备。

（4）因建筑物改造或工艺布局改变不能迁移、必须拆毁的设备。

（5）技术落后、设计结构不合理、制造质量低劣、精度不能满足工艺要求、难以修复改造或经济上不值得修复、改造的设备。

（6）国家规定必须淘汰的设备。

2. 设备报废手续

（1）对符合报废条件的设备，由所在单位提出申请，设备工具处组织有关人员进行鉴定认为符合报废条件的，定期统一填写设备报废申请书，做出技术鉴定，按有关规定办理设备报废手续。

（2）精、大、稀、关键设备的报废由省主管部门确定。

（3）设备报废后，使用单位、设备工具处、财务处、成本处等有关部门应及时办理注销等有关手续。

3. 设备报废后的处理

（1）报废后的设备原则上不准继续使用，可按质论价转让给其他单位或按废处理，回收残值。

（2）设备报废后，处理所得收入应充作设备更新改造资金。

（3）报废设备的处理由设备工具处负责，提出意见，报主管副厂长批准执行，任何个人或部门无权处理。

（4）报废的受压容器及国家规定不准转让的设备，不得转售其他单位。

附6

设备使用、维修管理办法

一、设备的使用

1. 定人定机、凭证操作。

凡主要生产设备的操作者，必须凭证操作。特种设备操作者需经安技环保处复训。没有操作证一律不得擅自使用设备。

（1）操作人员在独立使用设备前，应对其进行设备结构、性能、技术规范、维护知识和安全操作规程及实际技能培训考试，经设备工具处、教育处、劳资处审查合格后发给操作证。

（2）重点设备，进口设备，精、大、稀、关键设备操作人员经培训后，还须由设备工具处会同有关部门进行考试合格后，发给操作证。

（3）确有操作多面设备能力者，经考试合格，允许操作同工种2~3台设备。多人操作的设备必须实行台机长负责制。

（4）临时操作使用设备人员，培训后经主管和机械员同意，方可临时使用设备。

（5）调离本厂或工种变动而不再使用原设备人员，必须收回操作证，并交设备工具处注销。

2. 操作人员应掌握设备使用的"三好"、"四会"、"四项要求"、"五项纪律"。

（1）"三好"内容

管好、用好、修好。

（2）"四会"内容

会使用、会保养、会检查、会排除故障。

（3）"四项要求"内容

①整齐：工具、工件、附件放置整齐，安全防护装置齐全，线路、管道安全完整。

②清洁：设备内外清洁，各滑动面、丝杠、齿条、齿轮等处无油垢，无碰伤。各部分不漏水、不漏油，切屑垃圾清扫干净。

③润滑：按时加油换油，油质符合要求；油壶、油枪和油杯齐全；油毡、油线、油标清洁，油路畅通。

④安全：实行定人定机，凭证操作和交接班制度，熟悉设备结构和遵守操作规程，合理使用，精心维护，安全无事故。

（4）"五项纪律"内容

①凭操作证使用设备，遵守安全操作规程。

②经常保持设备清洁，并按规定加油。

③遵守设备交接班制度。

④管理好工具、附件，不得遗失。

⑤发现异常，立即停车，自己不能处理的问题应及时通知有关人员检查处理。

3. 严格遵守设备操作规程，严禁精机粗用、超负荷、超规范、拼设备。操作者有权拒绝超负荷、超规范加工产品。分厂机械员、设备工具处有权制止不合理使用设备。

4. 设备三班制或两班制运转时，操作者必须严格执行交接班制度，认真填写交接班记录。

二、设备的区域维修负责制

（1）所有设备实行按区域划分，分片负责的区域维修负责制。

（2）区域内操作人员要掌握设备使用的"三好"、"四会"，遵守操作设备的"四项要求"、"五项纪律"，做好设备的一级保养与日点检工作。

（3）区域内维修钳工、电工要认真搞好设备的巡回检查、反馈与处理，搞好设备日常机械、电气维修，指导与监督操作人员正确使用设备，指导操作人员进行设备一级保养；按时、按质、按量完好设备二级保养；落实各项安全措施，做好设备维修记录，积累设备技术状况资料，搞好设备故障与事故的分析处理工作，保证设备技术状况良好。

三、设备的三级保养制

1. 设备日常保养

（1）操作人员每日应对所操作的设备进行维护保养。严格执行班前加油检查、班后清扫维护及每班一小擦（10~20分钟）、每周一大擦（周末30分钟）、每月彻底擦（月末4小时）的日常维护保养制度。

（2）维修人员实行区域维修负责制，按照区域分工对所管范围设备进行1~2次日常巡回检查，及时处理点检或日保中发现的问题，做好预防维修工作。

（3）公用设备由班组指定专人日常保养。

（4）封存、闲置设备由专人定期进行维护。

2. 设备一级保养

（1）设备累计运行700小时，按计划进行一级保养。由设备工具处下达计划，组织以操作人员为主、维修人员配合进行保养，机械员验收，同时填写一保完工单留存。

（2）一级保养标准：清洗所有规定的部位，畅通油路，更换油线、油毡，调整设备各部位配合间隙，紧固各零部件。

3. 设备二级保养

（1）设备累计运行3000小时，按计划进行二级保养，由设备工具处下达指令性计划，组织以维修人员为主，操作人员参加进行保养，机械员填写二保完工单，经设备工具处验收合格签字后存入单台设备档案。

（2）二级保养标准：对设备局部解体修理，更换、修复磨损零件，恢复精度，润滑系统清洗换油，电机系统检查修理，电机清洗换油。

四、设备润滑

（1）全厂设立8个润滑站，归设备工具处领导，负责全厂设备润滑工作。

（2）严格执行设备润滑"五定"工作（定人、定点、定时、定质、定量）。

（3）设备工具处负责编制润滑技术资料及年度清洗换油计划，下达月度计划。润滑人员同操作人员一起按计划清洗换油，并做好油质的取样化验与废油回收利用工作。

（4）各润滑站认真填写各类设备润滑卡片，统计实耗数量，巡回检查设备润滑状态，保证设备润滑良好，逐步消除"三漏"现象。

（5）设备工具处负责编制全厂生产设备用油消耗定额。

五、设备检修

1. 定期精度检查和精度调整

全厂精、大、稀、关键、重点、质量控制点设备进行定期检查，设备工具处组织，以维修人员为主，操作人员参加进行精度检查和精度调整修复。分厂无能力进行精度检查或调整修复由机修分厂承担。

2. 二级保养（见设备三级保养制中的"二级保养"）

3. 项目性修理

以维修人员为主对设备局部修理，使损坏部位恢复原有精度或满足工艺要求。

4. 设备大修理

（1）设备全部解体，按大修理标准，全面恢复设备的工作能力，配齐安全防护装置和必要的附件。设备工具处负责全厂设备大修理计划安排、质量检验、费用结算、用户反馈。

（2）大修设备的确定

由设备工具处汇总年度大修理设备申请明细，组织设备修理技术鉴定小组对需修设备进行鉴定，确定修理计划。

（3）大修理计划的编制

设备大修年度计划由设备工具处在前一年10月开始编制，11月完成，经厂部综合平衡后，列入厂年度经营计划。由设备工具处结合生产情况下达季度滚动计划和月度计划。

（4）大修理计划的实施

主要由维修部承担，设备使用部门也可承担部分修理任务。

（5）大修理质量及完工验收

①大修设备完工后，由设备工具处检验员根据精度检验标准进行验收，使用单位进行试车。合格后，填写精度验收单，由修理人员、大修技术员、使用单位操作人员、机械员、设备工具处检验员签字后存入单机档案。

②大修设备保修期一般为3个月，返修率≤2%。使用单位在3个月内由机械员填写"质量信息反馈单"，反馈单一式两份，一份交设备工具处，一份自存。

③下列设备精度检验标准可适当降低，但必须保证达到产品加工工艺要求：

a. 已经经过三次以上大修或严重损坏的设备；

b. 原制造产品有严重缺陷，无法修复到出厂标准的设备；

c. 使用10年以上的陈旧设备。

《图说工厂设备管理（实战升级版）》
编读互动信息卡

亲爱的读者：

感谢您购买本书。只要您通过以下三种方式之一成为普华公司的**会员**，即可免费获得普华每月新书信息快递，在线订购图书或向我们邮购图书时可获得免付图书邮寄费的优惠：①详细填写本卡并以**传真（复印有效）**或邮寄返回我们；②登录普华公司官网注册成普华会员；③关注微博：@普华文化（新浪微博）。会员单笔定购金额满300元，可免费获赠普华当月新书一本。

哪些因素促使您购买本书（可多选）

○本书摆放在书店显著位置　　　　○封面推荐　　　　　　　○书名
○作者及出版社　　　　　　　　　○封面设计及版式　　　　○媒体书评
○前言　　　　　　　　　　　　　○内容　　　　　　　　　○价格
○其他（　　　　　　　　　　　　　　　　　　　　　　　　　　　）

您最近三个月购买的其他经济管理类图书有

1.《　　　　　　　　　　　》　　　2.《　　　　　　　　　　　》
3.《　　　　　　　　　　　》　　　4.《　　　　　　　　　　　》

您还希望我们提供的服务有

1. 作者讲座或培训　　　　　　　　2. 附赠光盘
3. 新书信息　　　　　　　　　　　4. 其他（　　　　　　　　　）

请附阁下资料，便于我们向您提供图书信息

姓　　名　　　　　　　　联系电话　　　　　　职　　务
电子邮箱　　　　　　　　工作单位
地　　址

地　　址：北京市丰台区成寿寺路11号邮电出版大厦1108室　北京普华文化发展有限公司（100164）

传　　真：010-81055644

读者热线：010-81055656

编辑邮箱：xuwenying@puhuabook.com

投稿邮箱：tougao@puhuabook.com，或请登录普华官网"作者投稿专区"。

购书电话：010-81055656　　　　　　淘宝店网址：http://shop60686916.taobao.com

媒体及活动联系电话：010-81055656　　邮件地址：hanjuan@puhuabook.com

普华官网：http://www.puhuabook.com.cn

博　　客：http://blog.sina.com.cn/u/1812635437

新浪微博：@普华文化（关注微博，免费订阅普华每月新书信息速递）